【増補新版】

レッドアローとスターハウス

もうひとつの戦後思想史

原 武史

新潮選書

序——もうひとつの戦後思想史

第二次大戦後、国内に戦火の及ばなかったアメリカは、その圧倒的な軍事力・経済力を背景に、アメリカ文明をきわめて意識的に世界中に伝播させようと試みるようになる。冷戦下において、その動きは、アメリカの世界戦略の一環として位置づけられてもいた。アメリカに占領された日本では、ほぼすべての社会・文化領域にアメリカの影響が行き渡るようになり、高度成長がもたらした大衆社会化は、戦前から始まっていたアメリカ化を深化させていった。戦後日本は、アメリカから見れば、「明白な運命」が行き着いた場所であったのかもしれない。(中野勝郎「日米関係」、古矢旬・遠藤泰生編『新版アメリカ学入門』、南雲堂、二〇〇四年所収)

こうして「理想の時代」が始まった。「理想」とは、端的に言ってしまえば、(日本人が想定した)アメリカの視点にとって、肯定的なものとして現れる、社会や個人の状態のことである。アメリカを準拠とし、そのまなざしに対してポジティヴに映現する——と日本人が想定した——社会状態を、日本人は、「戦後民主主義」と呼んだ。アメリカという超越的な他者を受け入れ、措定することに成功しなかったならば、理想は機能しなかっただろう。

戦後の冒頭に設定されたこうした構成は、基本的には、今日まで持続していると考えてよい

のではないか。（大澤真幸『不可能性の時代』、岩波新書、二〇〇八年）

右に引用したのは、アメリカ政治を専門とする政治学者と、一九四五年から七〇年までの日本を「理想の時代」とする社会学者による、戦後日本社会の分析である。中野勝郎《かつろう》は戦後日本社会をアメリカナイゼーションの関数として位置付け、大澤真幸《まさち》は戦後民主主義をアメリカのまなざしとの関係で規定している。

冷戦が終わり、ソ連が解体し、アメリカ中心のグローバリゼーションが加速する今日から見れば、こうした分析にも説得力があるように見える。しかし、そこには現在を起点に過去を遡及する転倒した見方が入り込んではいないだろうか。少なくとも一九四五年を起点にした場合、世界は「熱戦」から冷戦への過渡期にあり、ＧＨＱの占領統治がうまくいくかどうかもわからなかった。拙著で論じたように、敗戦直後の昭和天皇が最も恐れていたのは、革命であった（原武史『昭和天皇』、岩波新書、二〇〇八年）。

注意すべきは、中野も指摘するように、同じく第二次世界大戦を戦いながら、戦勝国のアメリカ本国は日本軍による空襲を全くと言ってよいほど受けなかったのに対して、敗戦国の日本は米軍の空襲により、都市部を徹底的に破壊されたことである。空襲による被災人口は九百八十万人、被災した都市は約二百五十、被災した戸数は内地総戸数の二割以上に当たる二百三十三万戸に達した（井上亮『焦土からの再生』、新潮社、二〇一二年）。

この点で一九四五年当時の日本は、アメリカよりはむしろソ連に似ているといえよう。なぜならソ連では、「第二次大戦中ドイツ軍により１７１０の都市および７万以上の村落が全面的もしくは部分的に破壊されたが、それによって失われた建物は６００万以上におよび２５００万人が住居を失ったといわれる。いいかえれば、被占領地域の都市の全住宅面積の１／２以上、国全体の住宅フォンドの約１／３が破壊された」からである（有泉亨編『集団住宅とその管理』、東京大学出版会、一九六一年）。

占領期の日本では、ＧＨＱにより日本共産党が合法政党となり、労働組合の結成が相次ぐとともに、空襲で破壊された都市部を中心に、左はアナーキズムやマルクス・レーニン主義から右は社会民主主義に至るまで、社会主義への共鳴が広がった。四七年には日本社会党が衆議院第一党となって委員長の片山哲を首班とする連立内閣が発足し、四九年の総選挙では日本共産党が日本社会党の四十八議席に次ぐ三十五議席を獲得している。

十九世紀の南北戦争前後から民主党、共和党による二大政党制が続いてきたアメリカでは、社会主義政党が育たなかった。アメリカでは反共主義こそが、最も有力な政治象徴となるのである。政治学者の古矢旬《ふるやじゅん》は、「第二次大戦直後には、いまだニューディール期から米ソ同盟にいたる最盛期の余光をとどめるアメリカ共産党は六万をこえる党員を擁していた。この小さな第三政党は、冷戦の開始とともに激化した『赤狩り』の嵐に抗しつつ、一九四八年選挙においてはヘンリー・ウォレスの革新党を組織的に支援した。しかし、これを最後の目立った組織的政治活動として、以後この政党はマッカーシイズム期をへて、六〇年代には党員数はわずか数千を数えるにとどまり、全国的な選挙における得票も数万をこえることのない泡沫的な政治集団へと転落していった」と述べている（『アメリカニズム』、東京大学出版会、二〇〇二年）。

一方、日本共産党は五〇年代に入るや、レッドパージと党内の分裂により、アメリカ共産党同様、いったん勢力を失うものの、五五年の第六回全国協議会（六全協）で分裂を解消し、武装闘争路線を転換させたのを機に少しずつ勢力を回復してゆき、共産党から分かれた新左翼や全共闘（全学共闘会議）が大学を舞台に猛烈な共産党攻撃をしたにもかかわらず、七二年の総選挙では結党以来最高の三十八議席を獲得した。共産党の候補者が当選したのは、多くが東京、大阪、京都、神奈川、埼玉、兵庫といった都市部の選挙区においてであった。

東京都で見ると、すべての選挙区で当選者を出している。このうち、一区（千代田区、港区、新宿区）、四区（渋谷区、中野区、杉並区）、六区（墨田区、江東区、荒川区）、七区（多摩地域）、八区（中央区、文京区、台東区）では、トップ当選を果たしている。とりわけ七区では、共産党候補の土橋一吉《かずよし》が、二位の自民党候補、福田篤泰《とくやす》を三万票以上も引き離す二十万八千百十七票を獲得して圧勝している。労働者階級の多い東部や下町以上に、新中間階級が多く移り住んだ西部の多摩地域で支持を広げたことがわかろう。

共産党の攻勢はなおも続いた。七四年の参議院議員選挙では、共産党は地方区で七二年の総選挙の得票数を百二十万票も上回る六百八十五万票を獲得し、全国区と合わせて十三議席を獲得した。一方、自民党は改選議席の過半数を獲得できず、保革伯仲の時代を迎えたのである。七五年には、全国に樹立された革新自治体（都府県および市町村）の総数は都市部を中心に二百五十にのぼり、革新自治体で暮らす人口は四千七百万人と、総人口の約四三％に達した（不破哲三『日本共産党史を語る』下、新日本出版社、二〇〇七年）。

こうした日米間の違いは、アメリカナイゼーションの関数として戦後日本をとらえるだけでは到底見えてこない。一体なぜ、これほどの違いが生じたのか。

もちろん、反共主義の強弱や選挙制度の違い――アメリカは二大政党制になりやすい小選挙区制、日本は多党制になりやすい中選挙区制――といった政治的要因から説明することもできよう。だが本書では、社会的要因、より具体的にいえば、鉄道と団地という二つのインフラストラクチャーに注目してみたい。

日本では明治以来、東京、大阪の二大都市を中心に、鉄道が発達してきた。東京でも大阪でも、国有鉄道のほかに私鉄(私設鉄道および軌道)が発達し、昭和初期までに現在とほぼ同じ路線網が完成していた。確かに戦後にはモータリゼーションの影響から荒川線を除く東京都電や大阪市電が全廃されるが、その代わりに地下鉄が次々に開通した。

二〇〇三年の調査によれば、東京都の交通機関(自動車、バス、地下鉄、私鉄、JR)の輸送分担率のうち、自動車は一七%しかない。全国では自動車が六〇%を占めるのに比べると、その三割弱にしかならないわけだ。一方、地下鉄、私鉄、JRを合わせた鉄道の輸送分担率は、八一%を占めており、逆に全国の三二%を倍以上も上回っている(『公共交通の現状について―交通政策審議会交通体系分科会第一回地域公共交通部会資料3』、国土交通省、二〇〇六年)。たとえ全国で高速道路が次々に開通し、七一年以降、国内旅客輸送量で自動車が鉄道を上回っても、首都圏では依然として鉄道が輸送の主役であった(山本弘文編『交通・運輸の発達と技術革新―歴史的考察』、国際連合大学、一九八六年)。

したがって首都圏では、駅に駅ビルや百貨店、スーパーなどの商業施設ができ、バスターミナルができるなど、街の中心になる。物件の価値も、どの街道から、あるいは高速道路のどのインターチェンジから車で何分で行けるかではなく、何線の何駅から徒歩何分で行けるかによって決まってくる。自家用車で通勤する住民は、電車に比べれば圧倒的に少ないからである。

この点でもまた、日本はアメリカよりも、むしろ旧ソ連に似ている。日本で千人当たり五人しか乗用車を持っていなかった一九六一年の時点で、アメリカでは千人当たり三百四十五台も乗用車を持っていた(運輸省編『運輸白書(昭和39年度)』、大蔵省印刷局、一九六四年)。アメリカでインターアーバンと呼ばれる都市間の鉄道が発達したのは二十世紀の初頭までで、第一次世界大戦以降に自家用車が普及するとともに順次廃止され、六〇年代にはロサンゼルスのように、かつて二千キロを超えていた路線網が全廃された大都市まで現れたのである(西村弘『クルマ社会アメリカの模索』、白桃書房、一九九八年)。

一方、ソ連では六五年まで、自家用車の保持が自由化されていなかった。このためモスクワでは、東京と同様、公共交通が発達したが、その主な機関は地下鉄であった。地下鉄の総延長は六四年に百キロ、六六年に百三十キロを超えた。六六年のキロ当たりの輸送人員は千三百七十一万人(ニューヨーク地下鉄は四百万人、ロンドン地下鉄は百八十一万人)で、近郊鉄道駅と接続するコムソモリスカヤ駅の乗降客数は六十万人に達した(八雲香俊「モスクワ」、『運輸調査月報』第一〇巻第一・二号、一九六八年所収)。ちなみに、同年度に日本一となった国鉄新宿駅の乗降客数は、約八十二万人である。

話を首都圏の鉄道に戻そう。より微細に見れば、首都圏の鉄道は東京の東部よりも西部で発達した。その背景には、江戸時代の経世家、海保青陵《かいほせいりょう》が「江戸ヨリ西ハ皆原也《なり》。土モフカ〳〵シテ灰ノ如《ごと》ク水気無シ。菜モ一本ハヘヌ也。(中略)江戸ハ下町ノ分不残新築地ニテ元来ハ海ノ事ナレバ、井戸水塩気アリテ人ノ腹ニ不宜《よろしからず》トテ、玉川トイフ水ヲ十里西ヨリ取ラレタリ」(「東 驢《あずまのはなむけ》」、『日本思想大系44 本多利明・海保青陵』、岩波書店、一九七〇年所収)と述べたような、「江戸ヨリ西」と「下町」の地形や風土の違いがあった。約五千〜六千年前の縄文時代には、東京湾がいまの荒川や中川の流域に当たる東京の東部にまで入り込み、「奥東京湾」を形成していた(貝塚爽平『東京の自然史』、講談社学術文庫、二〇一一年)。

このため、東京の東部は西部よりも川や運河が多く、当初は水上交通が発達した。「明治四十二年当時、市内隅田川、荒川、小名木川《おなぎがわ》、油堀《あぶらぼり》の各川筋に設けられた二二の私営渡船場の年間利用者は一五七万余、都市化のすすむ大正九年の市内一二の渡船場で二二七万人余を数えており、市内交通機関として独自の役割を果たして」いたのである(東京都公文書館編『都史紀要35 近代東京の渡船と一銭蒸汽』、東京都、一九九一年)。

水上交通を補う形で、明治末期から市電や軌道が路線網を築いてゆく。東武(伊勢崎線)は一九三一年五月まで、京成は三一年十月まで、総武本線は三二年七月まで、それぞれターミナルが隅田川の東側にあり、隅田川を越えて都心には入れなかった。

一方、関東ローム層の堆積する台地や丘陵の広がる東京の西部の交通手段は、主に鉄道が担うようになる。鉄道の発達を促したのは、一九二三年の関東大震災による東部の壊滅的な被害であった。それらの鉄道は、甲武鉄道として開業しながら国有化された中央本線を除けば、新宿、池袋、渋谷、高田馬場といった山手線の駅ないしその付近をターミナルとする私鉄(私設鉄道および軌道)として開業し、今日に至っている。

具体的にいえば、現在の東武(東上線《とうじょうせん》)、西武、京王、小田急、東急がそれに当たる。中でも、戦前の武蔵野鉄道と旧西武鉄道が合併した西武鉄道は、池袋と西武新宿を起点に、池袋線と新宿線という二つの幹線が途中、乗換駅の所沢をはさんで四十キロ近くにわたり、一キロから五キロの距離を隔てて並走するにもかかわらず、その間の国鉄や他の私鉄との乗換駅は高田馬場を除いて一つもないという、他の私鉄には見られない路線網を形成していった（七三年四月に開業した武蔵野線の新秋津《しんあきつ》は池袋線の秋津から徒歩七、八分ほどかかり、純粋な乗換駅にはなっていない）。行政的には東京都と埼玉県にまたがっていて、池袋線は東久留米から所沢にかけて都と県の境界を三度も越えるが、そこには京成や総武本線や常磐線にとっての江戸川、東北本線や埼京線にとっての荒川、東急や小田急や東海道本線にとっての多摩川のような、都と県を分ける天然の障壁は全く見られない。

池袋線と新宿線にはさまれた区域では、鉄道やバスはもとより、百貨店やスーパー、遊園地など娯楽施設に至るまで、堤康次郎《つつみやすじろう》を総帥とする西武資本による一元的な支配が貫かれた。「練馬区民」「所沢市民」といった行政区分よりももっと強い、「西武沿線住民」という意識がつくられてゆくのである。そしてここに建設されたのが、ハンセン病患者の隔離施設である多磨全生園《たまぜんしょうえん》や多くの結核療養所であり、日本住宅公団が建設したひばりが丘団地や滝山団地であった。

住宅所有形態を全国的に見た場合、日本は戦前まで借家主体だったのが、敗戦を機に持ち家主体に変わった。生活空間計画を専攻する平山洋介によれば、自民党政権下の官僚は経済開発を重視する政策運営を展開し、その枠組みのなかで中間層の持ち家取得を推進した。一九五八年から二〇〇三年にかけて、持ち家の比率は五九・二％〜七一・二％でずっと推移するのに対して、公営、日本住宅公団（現・独立行政法人都市再生機構）、都道府県の住宅供給公社を合わせた賃貸の集合住宅は三・五％～七・六％と、持ち家よりもずっと少ない比率にとどまっている（『住宅政策のどこが問題か〈持家社会〉の次を展望する』、光文社新書、二〇〇九年）。

一見する限り、こうした比率はアメリカと似ている。なぜならアメリカでも、持ち家の比率は六八％と高い反面、社会賃貸住宅（民営でない賃貸住宅）の割合は二％と、極端に低くなっているからである（平山洋介『都市の条件』、NTT出版、二〇一一年）。建築家の隈《くま》研吾によれば、第一次大戦以降、アメリカでは住宅ローンによって一戸建を誘導する政策がとられる一方、集合住宅は共産主義の温床と見なされるようになる（隈研吾、原武史「団地以降の集合住宅」、『対談集つなぐ建築』、岩波書店、二〇一二年所収）。

しかし都市部では、全く違った比率になる。東京都の場合、持ち家の比率は一九五五年にいったん五〇％を超えるものの、これ以降は六〇年に四六・二％、六五年に三九・六％、七〇年に三八・五％、七五年に三八・四％という具合に下がり続ける（昭和30年、昭和35年、昭和40年、昭和45年、昭和50年の国勢調査報告より算定）。そのぶん、民営借家や公営、公団、公社の賃貸団地、社宅が増えているわけである。

その背景には、前述した戦災による深刻な住宅不足があった。もちろん、アメリカでも四五年以降、千六百万人もの兵士が帰還し、同時にベビーブームが始まったため、住宅が不足し、政府は帰還兵を対象に手厚い住宅融資制度を設けて都市部での住宅建設を促した。だが、これに応じて四七年にレヴィット・アンド・サンズ社がニューヨークの郊外に建設を始めたのは、一万七千四百戸もの庭付き一戸建住宅地「レヴィットタウン」であった（橋本健二『階級都市』、ちくま新書、二〇一一年)。

地理学者の山口幸男は、東京都の市区町村別に、1．持ち家が多い「持家型」、2．民営借家が多い「民借型」、3．民営借家と公営、公団、公社の借家の割合が拮抗する「準民借型」、4．公営、公団、公社の借家の割合が多い「公借型」に分けた分布図をつくっている。七〇年の分布図を見ると、1は千代田区、中央区と八王子市や青梅市、西多摩郡など、2は民営の木造賃貸共同住宅（木賃《もくちん》アパート）が密集していた豊島区、中野区、品川区、新宿区、渋谷区などがこれに当たる。一方、4は「持家率の減少が最も激しかった地域で公共の大型住宅団地によって特色づけられている」。具体的にいえば、武蔵村山市、清瀬市、町田市、東久留米市、昭島市、日野市、東村山市、福生《ふっさ》市、田無《たなし》市（現・西東京市）、東大和市、足立区、江東区がこれに当たる（「東京都における住宅所有関係の推移と現状」、『学芸地理』二八、一九七四年所収）。東京の東部は足立区と江東区だけで、あとはすべて西部の多摩地域が占めている。

このうち、武蔵村山市、清瀬市、東久留米市、昭島市、東村山市、田無市、東大和市は、いずれも西武池袋線、西武新宿線、西武拝島線の沿線に当たる。これらの地域では、公団の久米川団地、ひばりが丘団地、東久留米団地、滝山団地、清瀬旭が丘団地、都営の村山団地、久米川団地、東京街道団地、公社の久留米西団地など、五〇年代から六〇年代にかけて大団地の建設が相次いだ。六〇年代後半に建設された滝山団地や清瀬旭が丘団地には、賃貸ばかりか分譲の棟も建てられている。西武沿線は、これら以外の中小の団地も含めて、首都圏でも指折りの、団地が密集する沿線になるのである。

つまり、全国的な住宅所有形態の比率はアメリカに近づいたとしても、首都圏、とりわけ西武沿線に関する限り、それは全く当てはまらない。それどころか、フルシチョフの時代にモスクワやレニングラード（現・サンクトペテルブルク）など、大都市の郊外に集合住宅が建設されるソ連に近づいてゆくのだ。前述のように、四五年以降の日本とソ連は、戦災による絶対的な住宅不足に見舞われていたという点で共通していた。五五年に日本住宅公団が発足したのも、深刻化する住宅不足を解消すべく、大量の集合住宅を建設する必要があったからだ。

こうして見ると、庭付き一戸建の持ち家に住み、自家用車で通勤や買い物に行くというアメリカ型のライフスタイルは、首都圏、とりわけ西武沿線では全くといってよいほど定着しなかったのがわかる。その代わりに西武沿線では、団地に住み、西武バスや西武鉄道に乗って都心に通い、西武百貨店や西武ストアー（後の西友ストアー）で買い物をし、休日は豊島園や西武園、西武球場（現・西武ドーム）、さらには奥武蔵ハイキングに出かけるライフスタイルが定着してゆくのである。

石川達三の小説『傷だらけの山河』（新潮文庫、一九六九年）では、堤康次郎をモデルとする事業家の有馬勝平が、こう述べている。

ここに高速電車を通して置けば、途中に乗りかえは一つ出来るが、新宿まで四十分乃至《ないし》一時間二十分ですむから、立派な通勤区域になる。したがってこの沿線に団地をつくることは非常に有望だ。空気はいいし、日光はよく当るし、生活環境としては申分ない。そして団地ができれば電車の乗客は急増する。中心になる駅にはスーパーマーケットを造る。（中略）

是《これ》を要するに、私の言いたいのは、この沿線一帯の綜合開発ということだよ。ひとたび電車に乗った乗客はひとり残らず、その人がどこへ行こうと、何を食べようと、何をして遊ぼうと、すべて吾々の関係事業から外へは出さないということだ。団地に住むこと、野球を見ること、猿山を見物すること、農園で花を買うこと、マーケットで食糧を買うこと、…その人が何をしても、そのかねはことごとく吾々の会社にはいって来るという、そういう綜合計画が必要だということなんだ。

しかし、沿線住民は決して、親米反ソを信条とし、「西武天皇制」の「天皇」たらんとした堤康次郎と思想を同じくしていたわけではなかった。それどころか、六〇年代から七〇年代にかけて、日本共産党が勢力を伸ばしてゆくのは、西武沿線をはじめとする団地においてであった。特急電車の「レッドアロー」と星形住宅の「スターハウス」に象徴される西武鉄道と日本住宅公団が、あたかも手を携え合うかのように、結果としてアメリカとは異なる思想空間を、東京の西部につくりだしていったのである。

本書は、この思想空間で自己形成をした一人の体験者による、ナショナル・ヒストリーに解消されない戦後思想史の試みといえるかもしれない。

レッドアローとスターハウス　もうひとつの戦後思想史【増補新版】目次

朝霞市
新座市
埼玉県
板橋区
北区
練馬区
大泉学園
東京都
西武池袋線
豊島園
東伏見団地
練馬
豊島区
池袋
西武新宿線
野方
上石神井
JR山手線
中野区
高田馬場
武蔵野市
新宿区
JR中央本線
中野
吉祥寺
西武新宿
杉並区
新宿
三鷹市
渋谷区
世田谷区
渋谷

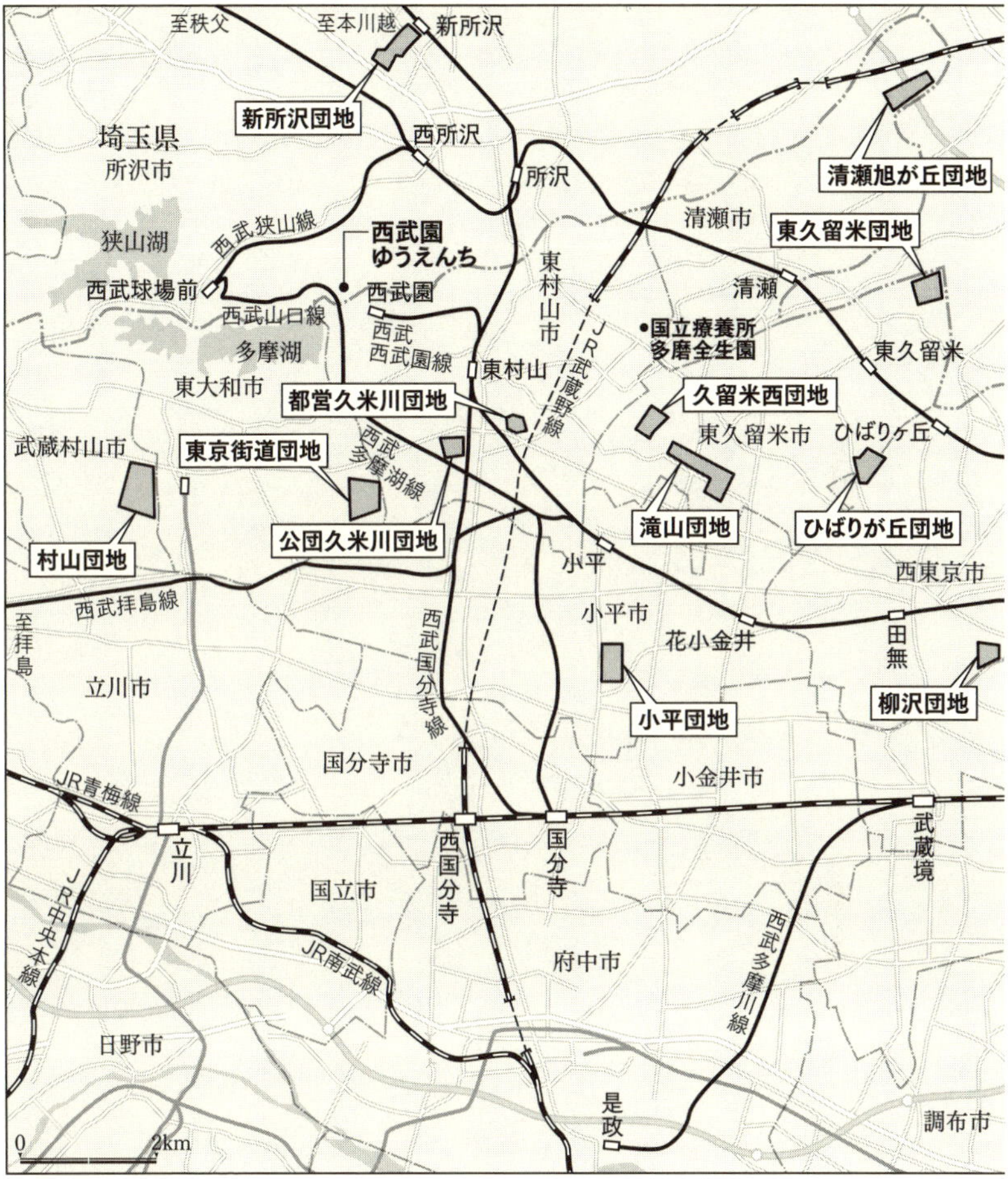
至秩父
至本川越
新所沢
新所沢団地
西所沢
埼玉県
所沢市
所沢
清瀬旭が丘団地
清瀬市
東久留米団地
西武狭山線
狭山湖
西武園
ゆうえんち
西武球場前
西武園
東村山市
清瀬
西武山口線
西武
西武園線
国立療養所
多磨全生園
多摩湖
東村山
JR武蔵野線
東久留米
東大和市
都営久米川団地
久留米西団地
西武
多摩湖線
東久留米市
ひばりヶ丘
武蔵村山市
東京街道団地
滝山団地
ひばりが丘団地
公団久米川団地
村山団地
小平
西東京市
西武拝島線
小平市
至拝島
西武国分寺線
花小金井
田無
立川市
小平団地
柳沢団地
国分寺市
小金井市
JR青梅線
立川
西国分寺
国分寺
武蔵境
JR中央本線
国立市
JR南武線
府中市
西武多摩川線
日野市
是政
調布市
0
2km
本書関連地図

地図作成　アトリエ・プラン

レッドアローとスターハウス　もうひとつの戦後思想史【増補新版】

第一章　88号棟を訪ねて

西武池袋線の池袋から、快速急行や急行に乗ればわずか二駅、時間にして十五分しかかからないところに、ひばりヶ丘という駅がある。所在地は西東京市住吉町で、快速急行、急行、快速、通勤準急、準急が停まる、同線の主要駅のひとつである。

改札口が跨線橋の上にあり、北口、南口のどちらにも出られる橋上駅だ。

北口は、狭い路地に小さな商店が密集しているため、バスターミナルも駅前にはなく、徒歩で五分ほどの埼玉県新座《にいざ》市栗原にある。一方、南口には、西武バスが発着する大きなバスターミナルがあり、その周りにはいささか古びたパルコと西友が建っていて、ここが典型的な西武の町であることを実感させる。

南口のバスターミナルから、中央線の武蔵境駅ゆきのバスが頻繁に出ている。バスには、谷戸《やと》経由、団地経由、南沢五丁目経由の三系統がある。このうち、団地経由と南沢五丁目経由のバスは、駅から南に向かって伸びる大通り（東京都道一一二号ひばりヶ丘停車場線）をまっすぐ行くかと思うと、突然右折して左右に店舗のひしめく狭い路地に入る。信号はもちろん、片側一車線の道幅すらなく、対向車との行き違いもままならない。そこに強引にバスが通るものだから、どの車も待避に苦労している。

北口ばかりか、南口の付近にも、駅のすぐ近くに、まだこんな道が残っているのだ。

団地経由のバスの場合、「中原小前」の交差点を直進してようやく二車線の道路に出ると、右手に高層のアパート群が見えてくる。そのあたりに、「ひばりが丘団地」のバス停がある。もとは「団地西友前」といったが、西友が団地の北側に移転してから停留所名が変わった。西友の隣にあった団地名店街も、すでに閉鎖されている。

二〇〇七年十二月、私はひばりヶ丘駅南口から団地経由武蔵境駅ゆきのバスに乗り、四十二年ぶりにひばりが丘団地を訪れた。四十二年前、私はまだ三歳にすぎなかったから、当時の記憶はほとんどない。けれども、かつての風景が失われつつあるのは、団地の北部がもはやひばりが丘団地と呼ばれず、「ひばりが丘パークヒルズ」という名の十二階建高層棟に建て替わっていたり、建て替えを控えたさら地になったりしていることや、唯一の商店街であった団地名店街がなくなり、バス停が改称されたことだけでも十分にわかった。

とはいえ、高層棟に建て替えられたのは、あくまで北側の部分だけであって、それ以外の棟は四十二年前と変わらぬまままたたずんでいるのが、団地内を歩くうちにわかってきた。

そもそも、ひばりが丘団地のバス停近くに掲げられた案内図からして変わっていない。北側が建て替えられる前と同様、全百八十二棟がきれいに配置され、団地ばかりか集会所や管理事務所、市の出張所、小学校、図書館、給水塔までもが図示され、それらの間を車道や遊歩道が縦横に走っている。

ひばりが丘団地は、東京都西東京市と東久留米市にまたがる、日本住宅公団（現・独立行政法人都市再生機構）が五九年から六〇年にかけて建てた総戸数二千七百十四戸（建て替え前）の賃

筆者が０～３歳までを過ごした、ひばりが丘団地の88号棟（撮影＝新潮社写真部）

貸住宅である。西東京市という市は、二〇〇一年に田無市と保谷《ほうや》市が合併してできた。その前は、保谷市、東久留米市、田無市の三市にまたがっていて、団地には保谷市と東久留米市の出張所があった。案内図は、そのころのままだ。

案内図をもとに、私が住んでいた88号棟はどこにあるか探してみた。バス停のすぐ向こうに82号棟が見えるから、意外と近くにあることがわかった。82号棟は直方体をした四階建フラットタイプの建物で、88号棟にかけて、同じ建物が等間隔に並んでいる。ひばりが丘団地の間取りは１ＤＫから４Ｋまであり、建物もフラットタイプばかりではなかったが、このあたりの棟は最も狭く、１ＤＫであった。

人影は全くない。遊歩道を歩いている人を見かけないばかりか、団地に住民がいる気配が感じられない。それもそのはず、よく見ると空き家が目立つのである。中には、各階段の入口がベニヤ板で閉鎖され、完全に無人と化した棟もあった。もう築五十年近くになろうとする団地の壁は黒ずんでいて、人が住んでいる棟でも、建て替えがそう遠くないことを実感させた。

年月とともに輝きを失ってゆく建物とは対照的に、棟と棟の間の芝生に植えられた樹木は見事に成長していた。四階とほぼ同じ高さまで伸びたイチョウやモミジが色とりどりに染まり、大量の落ち葉が風に吹かれて舞っていた。翌年四月、もう一度訪れたときには、団地内を南北に結ぶ車道に沿って植えられたソメイヨシノが満開であった。

一九五九年四月、この団地の完成とともに入居した文芸評論家の秋山駿《しゅん》は、すでに七五年の時点でこう述べていた。

> ここは樹木の多い団地だと言ったが、それは十五年前、一度松林だったところを切り拓いて、その後は植樹された、桜やその他の植木なのである。私は最初、実に馬鹿気た計画をしたものだと思っていたが、現に人が賞めてくれるところをみると、そうも言っていられないのかも知れない。十五年もすれば、その人工的な植木も、一つの全体としての自然を形成している。
> （「故郷に帰りゆくこころ」、『秋山駿批評』Ⅳ、小沢書店、一九八一年所収）

造成当初、人工が自然を圧倒していたはずの団地に、わずか十五年にして「一つの全体としての自然」が形成された。それからさらに三十年あまりがたったいま、かつての関係は完全に逆転し、自然が人工を圧倒するようになった。

88号棟にも、人影はなかった。私はこの棟の四階で一九六二年から六五年までの三年間を過ごしたのだ。棟のすぐ横には、四階建の建物よりも高いアカマツがあり、その向こうには、「テラスハウス」と呼ばれる二階建の建物が見えた。ここはメゾネット形式になっていて、間取りも3Kないし4Kと88号棟より広く、ちょっとした庭も付いていた。

テラスハウスは、団地の北西部から南西部にかけて、数多く見られた。平坦な地形、人口が希薄になった地域に建ち並ぶ低層の住宅、昔ながらの集会所、公園、給水塔、桜並木、むき出しになった関東ローム層の赤土、圧倒する自然……。こうした風景を見ているうちに、私は同じ西武池袋線の沿線にある、もう一つの風景を思い出した。

ひばりヶ丘から下り電車で二つ先の清瀬から、やはり西武バスで南西に少し行ったところにある、東京都東村山市の国立療養所多磨全生園。ハンセン病患者の隔離施設として一九〇九年に設立され、四一年までは公立療養所第一区府県立全生病院と称したあの園内に、どことなく似ているのだ。

最盛期には九千人近くに達していたひばりが丘団地の人口は、二〇〇八年には高層アパートに建て替えられた部分を含めても、二千三百人まで落ち込んだ。同様に、かつて千五百人以上の患者が住んでいた多磨全生園の入所者数も、同じ年には三百二十三人に激減した。どちらも、住民の高齢化が著しく進んでいる。

ひばりヶ丘にせよ清瀬にせよ、駅前こそ高層の新築マンションが建ち並んでいるが、少しバスに乗れば、ガランとした郊外が広がっている。西武沿線ならではの風景だ。

なお、国立のハンセン病療養所と団地が似ているという印象は、私だけが抱いたわけではない。

岡山県の長島愛生園を訪れたジャーナリストの武田徹もまた、「同じかたちの長屋スタイルの生活空間」を見て、「よくある古い公営住宅地のような風景」だと思ったという（『「隔離」という病い』、中公文庫、二〇〇五年）。

ひばりが丘団地に建てられたのは、四階建のフラットタイプや二階建のテラスハウスだけではない。多磨全生園はもちろん、六〇年代後半以降の団地にも決して見られない建物があった。「スターハウス」（スター型ポイントハウス）と呼ばれる、上から見るとY字形をした四階建の建物がそれである。4号棟、5号棟、52号棟、53号棟と四棟あり、いずれも団地の中心部に当たる管理事務所兼集会所の周辺にあった。

スターハウスは、建てられた当時は「星形住宅」と呼ばれ、最も人気が高く、入居が困難な2DKタイプの住宅であった。西武鉄道の機関紙『西武』は、団地の完成を前に、スターハウスを次のように説明している。

この住宅の特徴は中央に階段と玄関を置き、各家共三方に突出ているので隣家との壁仕切りが少く、各家の三方が外気に面するようになつているという点である。部屋数や建坪は他の住宅と同じであるのにかかわらず、いままでの例によると一番人気があつて入居希望者が多い。
（『西武』五八年八月十五日）

スターハウスが初めて建てられたのは、五六年に誕生した大阪府堺市の公団金岡団地である。日本住宅公団が発足したのが五五年であり、この団地は公団初の賃貸住宅に相当した。五六年には東京都三鷹市にも公団牟礼《むれ》団地ができていて、ここにもスターハウスが建てられた。

しかし、総戸数二千戸を超える東京の大規模団地でスターハウスが建てられたのは、ひばりが丘団地が初めてであった。日本住宅公団が監修した、団地生活を紹介する短編映画「団地への招待」（六〇年に日経映画社が製作）では、完成したばかりのひばりが丘団地が舞台となっており、その冒頭で上空から見た団地の全景が映し出されるが、Y字形のスターハウスは、団地の中央にあってすぐにわかる格好をしている。

これ以降、六〇年代前半にかけて、首都圏では常盤平《ときわだいら》団地（千葉県松戸市、四千八百三十九戸、六〇年三月入居開始）、上野台団地（埼玉県入間郡福岡町［現・ふじみ野市］、二千八十戸、六〇年七月入居開始）、赤羽台団地（東京都北区、三千三百七十三戸、六二年二月入居開始）など、公団が建てた大団地にスターハウスが続々とつくられてゆく。

ひばりが丘団地に唯一残る「スターハウス」（撮影＝新潮社写真部）

それからざっと半世紀がたったいま、スターハウスの多くは解体されるか、解体を待つ運命にある。ひばりが丘団地のスターハウスも、残っているのは建て替え工事の管理事務所に利用されている53号棟だけである。

スターハウスこそは、団地の時代の幕開けを告げる記念碑的建物であった。

多磨全生園に収容された患者が、社会から強制的に隔離され、差別や偏見の対象となったのに対して、団地ができた当時、抽選に当たってスターハウスに入居できた住民は、逆に羨望の的となった。

だが私は、テラスハウスの並ぶ一帯が多磨全生園に似ているという先の直感を捨て去ることができなかった。西武沿線では、療養所と団地という違いこそあれ、周辺の農村とは全く異なる共同体が生まれ、戦後政治思想史の伏流水を形成したという意味では、似たような歴史が二度繰り返されてきたように思われたからである。

一度目は三〇年代から五〇年代にかけて、北多摩郡東村山村（四二年から町、六四年から市）から清瀬村（五四年から町。現・清瀬市）にかけての一帯に次々と建てられた療養所に、ハンセン病患者や結核患者が収容された。その中には、北條民雄や福永武彦、吉行淳之介、石田波郷《はきょう》、藤沢周平など、すぐれた作家や俳人も含まれていた。清瀬、秋津、久米川、東村山といった西武の各駅は、患者や見舞い客たちが利用する駅になった。

敗戦直後、この地域の病院や療養所に収容された患者数は、合わせて五千人に達した。戦後に合法化された日本共産党が東京都でいち早く勢力を浸透させ、「赤い病院」を誕生させたのも清瀬村であった。六〇年代以降、患者数は急激に減り、かつての療養所は総合病院や研究施設、日本社会事業大学、国立看護大学校に変わった。だが多磨全生園のように、往時の姿をよくとどめたまま、園内が開放されている療養所もある。

二度目は五〇年代から七〇年代にかけて、西武沿線に次々とつくられる公団や都営、東京都住宅供給公社の団地には、核家族が数多く移り住むようになった。児童数は増え続け、小学校は増設されても児童数の増加に対応できず、プレハブ校舎が建てられた。ひばりヶ丘、東久留米、清瀬、花小金井、久米川、新所沢、入間川（現・狭山《さやま》市）、玉川上水といった駅は、いずれも団地住民が多く利用する駅になった。

それとともに、革新勢力、とりわけ日本共産党の勢力が浸透していった。北多摩郡久留米町（七〇年から東久留米市）のように、大団地が次々と建てられた町における衆議院議員総選挙での共産党得票率は、六〇年から六九年まで、一貫して増え続けた。ところが七〇年代以降、団地の人口は減少に転じるとともに団地自体も老朽化し、いまでは全戸建て替えられた団地や、建て替え中の団地も少なくない。その一方で、往時の姿をほぼそっくり保っている団地もある。

西武の総帥となった堤康次郎は、政治家として徹底した反共親米を貫き、労働組合のストライキを認めなかった。だがその沿線は、首都圏でも有数の革新勢力の支持基盤となった。東西冷戦の時代が終わり、社会主義が凋落する九〇年代になると、西武沿線の市の人口も軒並み頭打ちとなる。西武の輸送人員がピークに達したのは、九一年度であった。

こうして見ると、ひばりが丘団地を支配する希薄な空気は、旧北多摩郡に属する西東京市から武蔵村山市にかけて、あるいは埼玉県所沢市から狭山市にかけての西武沿線に通じるものがある。もちろん、それが沿線のすべてではないが、私にはいまや歩く人影すらもないひばりが丘団地の風景が、西武の現在を象徴しているように見えた。

これまで、西武の歴史といえば、辻井喬《たかし》（本名は堤清二。以下では辻井と表記）とセゾングループの歴史を対象としたものが圧倒的に多く、鉄道事業については、歴史よりはむしろ、堤康次郎を受け継いだ堤義明の経営手法に着目するものが多かった。

戦前からしばしば言説化されてきた中央線沿線に対して、西武沿線の歴史が語られることは圧倒的に少ない。せいぜい、手塚治虫や松本零士、宮崎駿《はやお》など、沿線に住み着いた人々と漫画やアニメとの関連について触れられるだけだ。最近出た本としては、近藤正高『私鉄探検』（ソフトバンク新書、二〇〇八年）がその典型である。

もっといえば、月刊誌『東京人』（都市出版）でしばしば特集されるような、中央線史観とでもいうべき過剰な語りが、東西に並行して走る西武の存在を隠蔽し、東京西部の歴史観を歪んだものにしてきたように思われてならない。


ここでもう少し、私自身と西武とのかかわりについて触れておきたい。

第九章でも登場する私の父、原稔《みのる》は、ポリオ（小児マヒ）の研究者であった。ポリオという病気は、六〇年に大流行した。わが家が六一年に名古屋市からひばりが丘団地に転居し、父が北多摩郡村山町（現・武蔵村山市）の国立予防衛生研究所（現・国立感染症研究所）村山分室に勤めるようになったのも、このことと関係がある。つまり、病と団地と西武沿線の結びつきというのは、わが家にも当てはまるのだ。

私は六二年に生まれてから、ひばりが丘団地、久米川団地、滝山団地と、公団住宅を転々とし、七五年に横浜市緑区（現・青葉区）に引っ越すまでの十三年間を、西武沿線で過ごした。「序」で触れたように、どの団地でも、住民の生活はほぼ完全に西武に支配されていた。西武バスと西武鉄道に乗らなければ、どこにも行けなかった。買い物は、池袋の西武百貨店だったり、駅前や

1969年に誕生した、西武初の座席指定特急「レッドアロー」（提供＝交友社）

団地内にある西友ストアーだったりした。小学校時代、手近な行楽は西武園や豊島園、遠足は、村山貯水池（多摩湖）や山口貯水池（狭山湖）、飯能《はんのう》の天覧山《てんらんざん》や名栗川《なぐりがわ》、あるいは西武秩父線沿線の奥武蔵ハイキングコースと決まっていた。

小学一年生だった六九年十月、西武が池袋線（池袋―吾野《あがの》）の延長として秩父線（吾野―西武秩父）を開通させ、初の座席指定特急「レッドアロー」を池袋―西武秩父間に走らせたときのことは、いまでもよく覚えている。秩父線の開通については第十五章で詳しく触れるが、若干述べておこう。

開通直後の日曜日、私は両親とともに、西武秩父まで乗りに出掛けた。レッドアローは最寄り駅の東久留米には停まらなかったため、普通電車で行ったが、飯能始発の電車が超満員で、私は車内で押され、はぐれてしまった。泣き叫びながら必死になって探すと、両親はちゃっかり座っていた。当時、私鉄最長であった正丸《しょうまる》トンネルを抜けると、車内で歓声が上がった。

秩父線が開通した日は、日本の鉄道が初めて新橋―横浜間に開業した日に当たっていた。その日の御召列車には、明治天皇が乗っている。しかし、レッドアローには昭和天皇でなく、宮号にゆかりのある秩父宮妃の勢津子が真っ先に乗った（「秩父宮妃殿下、特急へご乗車」、『西武』六九年十二月号所収）。本来ならば、五三年に死去した秩父宮が乗ったはずである。前掲『昭和天皇』に描いたような昭和天皇と秩父宮の関係を思うと、昭和天皇の陵《みささぎ》が中央線の実質的な終点である高尾の近くにあり、秩父宮をまつる神社（秩父神社）が西武秩父線の終点の近くにあるのは、暗示的と言えなくもない。

さらに秩父は、秩父事件と呼ばれる武装蜂起事件の舞台でもある。松本健一『秩父コミューン伝説』（河出書房新社、一九八六年）によれば、秩父神社のある大宮郷は、一八八四（明治十七）年十一月の三日間、政府の支配を受けない「無政の郷（コミューン）」と化した。この点でも西武秩父は、高尾とは対照的である。

西武鉄道は、大手私鉄のなかで唯一社史を出していない。そのため、他の大手私鉄ならばすぐにわかる基本的事実すら、不明な点が多い。例えば、池袋線に急行がいつから走るようになったのかについて西武鉄道の広報部に問い合わせても、正確な期日を知ることはできないのだ。

そのような障壁は、堤康次郎にゆかりの深い財団法人三康《さんこう》文化研究所附属三康図書館に所蔵されている西武鉄道や西武バス、あるいは西武鉄道従業員組合の機関紙（誌）を閲覧することで乗り越えるしかなかった。ほかにも、新聞や週刊誌はもとより、政党紙、団地の自治会報などのミニコミ紙、沿線住民の著作を収集し、西武関係者や元沿線住民へのインタビューも行った。それらを通して、西武鉄道と公団住宅がつくりだした東京郊外を舞台とする戦後思想史の地下水脈をたどってゆきたいと思う。

第二章　ひばりヶ丘前史

一九一五（大正四）年四月、西武池袋線の前身、武蔵野鉄道の池袋―飯能間が開業した。山手線の駅をターミナルとする私鉄としては、玉川電気鉄道（現・東急田園都市線）、東上鉄道（現・東武東上線）に次ぐ開業であった。

開業当時、現在のひばりヶ丘駅はなかった。二四年六月、椎名町《しいなまち》、中村橋、清瀬の各駅とともに開業したとき、この駅はひばりヶ丘ではなく、田無町と名付けられた。旅客用の新駅ができたのは、一七年十二月に全生病院の下車駅として開業した秋津以来であった。

田無町の駅は東京府北多摩郡保谷村（現・西東京市）にあり、保谷村に隣接していたとはいえ、同郡田無町にはなかった。その偽りの駅名には、村でなく町だったのに、町内に一つも駅がなかった田無町のあせりが反映されていた。

二七年に旧西武鉄道（現・西武新宿線）の高田馬場―東村山間が開通し、田無町内に正真正銘の田無駅が開業しても、武蔵野鉄道は田無町の駅名を変えようとしなかった。このため、田無のつく駅が二つあることになり、混乱の原因になった。

開業当時の田無町駅の一日平均乗車人員は、四十一人にすぎなかった。武蔵野鉄道は、乗客集めの一環として、駅周辺の土地の斡旋を積極的に行った。この斡旋により、久留米村南沢（現・

東久留米市学園町）一帯の松林およそ十万坪を入手したのが、当時目白にあった自由学園であった（片木篤他編『近代日本の郊外住宅地』、鹿島出版会、二〇〇〇年）。

自由学園は、羽仁《はに》もと子・吉一《よしかず》夫妻により、二一年に北豊島郡高田町（三二年より豊島区）にまず女子部が設立された。高等女学校令によらない私立学校であった。

田無町駅が開業した翌年に当たる二五年、自由学園の附属施設が久留米村南沢に建設された。自由学園は、これに合わせて、入手した土地を南沢学園町と名付けて分譲し、羽仁夫妻が創刊した『婦人之友』誌上で積極的に宣伝した。

第一期の土地分譲はきわめて好評で、二五年中にほぼ完売した。羽仁もと子はこう述べている。「南沢の土地のことを発表すると、半年ほどの間に、最初の坪数の大部分が片づいたので、私たちはほんとうに助けられました」（「ありがとう」、『羽仁もと子著作集』第一六巻、婦人之友社、一九七〇年所収）。ただし土地分譲がスムーズに進んだ割には、住宅が建てられたのは遅く、本格的な住宅地となるのは戦後になってからであった。

私鉄の通じる東京郊外に土地を入手し、住宅地として分譲することで学校運営の資金を調達しようとしたのは、自由学園だけではなかった。二五年に東京市牛込区（現・新宿区）から北多摩郡砧村喜多見《きぬたむらきたみ》（現・世田谷区成城）に移転した成城学園もまた、同様の戦略をとった。

しかし、違いもある。成城学園の小原國芳《おばらくによし》は、二七（昭和二）年に新宿—小田原間の開通を控えた小田原急行鉄道（現・小田急電鉄）に対して、その名もずばり成城学園前駅の開業を働きかけ、同線の開通と同時に実現させた。昭和になると、学園や大学の名を冠した駅は増えてゆくが、成城学園前はその先駆けであった。

一方、自由学園は、女子部に続いて二七年に初等部、三五年に男子部を開設し、三四年には豊島区から久留米村に完全移転したにもかかわらず、武蔵野鉄道に対してそうした働きかけをした形跡がない。このため、田無町の駅名が自由学園前に改称されることはなく、自由学園の知名度も成城学園より下がっていったという印象は否めない。成城学園は五〇年に成城大学を設立するのに対して、自由学園はいまも大学はなく、大学の代わりに各種学校に相当する「最高学部」が置かれている。

自由学園が南沢学園町を建設したのとちょうど同じころ、もう一つの「学園」が武蔵野鉄道の沿線に生まれようとしていた。箱根土地株式会社が北豊島郡大泉村（現・練馬区大泉学園町）に計画した大泉学園都市である。

箱根土地株式会社は、別荘地や住宅地の開発を目的とした土地会社で、二〇（大正九）年に堤康次郎によって設立された。堤がはじめに住宅地として本格的に開発したのは、豊多摩郡落合村（現・新宿区中落合および中井）の目白文化村で、二二年から二九年にかけて、五回にわけて分譲した。当時はまだ旧西武鉄道が開通しておらず、最寄り駅は山手線の目白であった。だが目白文化村は、「全体としてみると、いまだ小規模で、総合的な計画性に欠けており、理想的な『田園都市』の条件を十分には満たしていなかった」（由井常彦編『堤康次郎』、エスピーエイチ、一九九六年）。

一方、大泉学園都市は、学校を中心とした都市計画であり、私鉄沿線に建設された点でも、目白文化村とは異なっていた。堤はこう述べている。

〔関東大〕震災で東京市内は大きな犠牲を出した。焼土《ママ》と化したのを機会に、このゴミゴミした大都会から学校を離さねばならない。学生たちにはもっと空気のいい、風紀もいい新しい土地で勉強させるべきだ。それには、府下の適当なところを開発して学校を移し、学校中心の新都市を建設せねばならない。(『人を生かす事業』、有紀書房、一九五八年)

ここでいう学校とは、神田一ッ橋にあった東京商科大学(現・一橋大学)を意味した。箱根土地は、まだ大学移転が正式に決まっていないうちから、学園都市をうたって開発したのである。

土地の分譲面積は約五十万坪で、南沢学園町の約五倍に相当した。「〔関東大〕震災後に用地買収とともに早々と工事に着手し、大正十三(一九二四)年十一月から分譲を開始し、第一回(一〇万坪)が三日で、第二回(一〇万坪)が一週間で完売となるほどの好評を博し、坪当り一〇円内外のものが、翌年初頭には五、六円のプレミアムさえついたという」(前掲『堤康次郎』)。しかし、土地は売れても住民がほとんどいなかったという点では、南沢学園町と同じであった。

田無町駅が開業して五カ月後にあたる二四年十一月、武蔵野鉄道の石神井《しゃくじい》(現・石神井公園)と保谷の間に東大泉という駅ができた。これは箱根土地株式会社が、大泉学園都市の下車駅として開設し、武蔵野鉄道に寄付した駅であった。

だが、二五年になると、東京商科大学は大泉村でなく、北多摩郡谷保《やぼ》村(現・国立市)に移転することが決まる。谷保村もまた、箱根土地が開発した学園都市の一つで、国立《くにたち》大学町と名付けられた。二六年四月には、中央線の国分寺と立川の間に国立駅が開設され、二七年からは東京商科大学が移転してきた。

大泉、国立と並ぶ学園都市として、箱根土地が北多摩郡小平《こだいら》村（現・小平市）に計画した小平学園都市がある。土地の分譲面積は、約七十万坪であった。二八年四月には、国分寺とこの学園都市を結ぶ多摩湖鉄道（現・西武多摩湖線）が開通するとともに、小平学園（現・一橋学園）駅も開業した。

多摩湖鉄道は、箱根土地の子会社として堤康次郎が設立した会社であった。堤は、宅地分譲と一九二七年に完成した村山貯水池の観光開発をねらって、国分寺から小平学園都市を通り、村山貯水池に至る鉄道の建設を企てたのである（前掲『堤康次郎』）。

だが、いったん決まった明治大学の移転は実現せず、三三年にようやく東京商科大学の予科が設けられるにとどまった。大泉に比べても、土地の売れ行きは悪く、住宅はなかなか建たなかった。

それでも、小平学園の駅名はそのまま残ったばかりか、三三年三月には東大泉までが大泉学園に改称された。大泉学園と小平学園が住宅地として発展するのは、西武沿線に団地が建ち始める五〇年代後半になってからである（山口廣編『郊外住宅地の系譜』、鹿島出版会、一九八七年）。皮肉にも堤康次郎は、国立学園都市だけを成功させて中央線のイメージを上げる一方、後に社長となる西武の沿線には駅名だけを残した。

自らも南沢学園町に住んだ羽仁もと子は三〇年二月、田無町駅から自由学園にかけての道に広がる夜景について、こう述べている。

ある夜遅くなって、電車を下りる。閑《しず》かな林の間に、弦月を仰ぎながら、ゆっくり一人で歩いていると、広いこのあたりがフェアリー・ランドのようである。星は笑みさざめき、さまざまの梢は語る。楽しうれし、月も人も星も木も、思いのままに歌い、思いのままに働こう。言葉が異っても私の歌が分かるだろう。あすの夜は逢わないでも、多くの星よ、私はきっとお前たちの言葉を思い出すであろう――。私たちの南沢はほんとによい所です。こうしたうれしい不思議な友だちの多い所です。(「『数』の恩寵」、前掲『羽仁もと子著作集』第一六巻所収)

このころは、駅から自由学園にかけて、武蔵野の雑木林が広がっていたのだろう。フェアリー・ランドという表現からは、夜の闇の深さと静けさとが生々しく浮かび上がってくる。

当時の田無町駅のホームには、屋根がなかった。乗降客が少なかったせいか、羽仁もと子の顔は駅員に知られていた。駅員は、羽仁の姿を見つけるといつも最敬礼したが、「親しそうに懐しそうに笑いかけてくれる」(同)こともあった。

三四年の武蔵野鉄道のダイヤは、池袋から練馬までが七分半おき、石神井公園までが十五分おき、保谷までが十五分ないし三十分おき、飯能までが三十分おきに運転となっている。つまり、田無町は一時間に二本しか電車がなかったことになる。

並行する省線電車の中央線(東京―浅川〔現・高尾〕)は、東京から中野まで四分おき、吉祥寺まで八分おき、立川まで十六分おきに電車が出ていた。武蔵野鉄道よりも断然本数が多かったわけである。二七年に大正天皇の陵である多摩陵《たまのみささぎ》が南多摩郡横山村（現・八王子市）にでき、最寄り駅として東浅川仮停車場（現在は廃止）が開設されてからは、昭和天皇や皇太后（貞明《ていめい》皇后）を乗せた御召列車も頻繁に走るようになった。四〇年には、立川陸軍飛行場のあった立川町が、八王子市に次いで、多摩地域で二番目の市に昇格している。

堤康次郎は、大泉学園都市の建設に際して、箱根土地の関係者を武蔵野鉄道の株主としていたが、三二年には自ら大株主となり、経営が悪化した同鉄道の再建に乗り出した。しかし武蔵野鉄道は、三五年にいったん事実上破産した。

三八年、経営再建に成功した堤は、三九年に取締役、四〇年に社長となった。同年には自ら創設した多摩湖鉄道を買収し、池袋に武蔵野デパート（現・西武百貨店）を開業させた（前掲『堤康次郎』）。

なお四一年には、堤康次郎の娘で、辻井喬の妹に当たる堤邦子が、自由学園女子部に入学している。辻井は、「なぜ、その後の父の思想傾向とは正反対の自由学園だったのかは、当時も、そして今に至るまでもよく分からない。おそらく、かつて大隈重信の門下生として民主主義的な普通選挙運動などに活躍し、当時の進歩的な雑誌『新日本』の編集長だった頃の人脈で、父は羽仁もと子を知っていたのだろう」と推測する（『叙情と闘争』、中央公論新社、二〇〇九年）。しかし堤邦子が自由学園に通ったのは一年だけで、翌年には東京府立桜町高等女学校（現・都立桜町高校）に転校している。

武蔵野鉄道と旧西武鉄道、そして戦時下の食糧不足に対応するため設立された食糧増産の三社が統合し、堤康次郎を社長とする西武農業鉄道が発足したのは、四五年九月のことであった。四六年には、社名を西武鉄道に変更し、四九年には武蔵野デパートを西武百貨店に改称した。

堤が社長となり、西武の総帥となってゆく時代は、ちょうど戦争と占領の時代に当たっている。当時は西武沿線も、戦争の影響を免れることはできなかった。東久留米駅からは戦闘機の部品を製造する軍需工場として三八年に建てられた中島飛行機田無鋳鍛工場――三九年に中島航空金属田無製造所と改称。その跡地の一部が後にひばりが丘団地になる――まで引き込み線が敷かれ、自由学園の各校舎は四五年一月、軍需工場の作業を分担する「学校工場」に変わった。

敗戦に伴い、陸軍がもっていた所沢陸軍飛行場や陸軍航空士官学校修武台《しゅうぶだい》飛行場（現・航空自衛隊入間基地）は連合国軍に接収され、所沢陸軍飛行場は米軍所沢通信基地に、修武台飛行場はジョンソン基地に改称された。西武線でも、国分寺と東村山を結ぶ線や東村山以北の線は、これらの基地への貨物輸送のため、多大な便宜供与を強いられ、朝鮮戦争のさいには軍用貨物列車が運転された（野田正穂他編『多摩の鉄道百年』、日本経済評論社、一九九三年）。

しかしこの間、変わらなかったことがある。西武の鉄道を使っての糞尿輸送である。糞尿輸送は、敗戦をはさんで、四四年から五三年まで、十年近く続けられた。東京都民の糞尿を、列車に乗せて郊外に運ぶというのは、空襲の被害が比較的少なく、沿線に広大な農地を有していた西武だからこそ可能であった。東京府が東京都になった四三年、初代東京都長官となった大達《おおだち》茂雄は、堤に対して「背後に一番広い農村をひかえた西武電車で、この一件モノを運び出してくれぬか」と言って頼み込んだという（『西武』五八年一月一日）。

四六年から五一年まで、西武武蔵野線（現・池袋線）に乗り、自由学園に定期的に通った折口信夫は、田無町駅から自由学園まで、羽仁もと子が歩いたのと同じ道を歩いた。四九年に発表された「田無の道」という詩には、次のような一節がある。

車やる田無の村
　青霞　道に立ちつゝ
　風ふけば、山に靡《なび》けり

深藪に鶯鳴き
　藪の枝　道に出て散る――
　合歓《ねむ》の花清きゆふべを
我ひとり　遠く乗り来ぬ

赤土路《ハニミチ》のぬかれる上に
踏み脱ぎて行きし　藁沓《わらぐつ》
牛の仔の沓の　あはれさ（『折口信夫全集』第二三巻、中公文庫、一九七五年）

青霞が立ち、ウグイスが鳴き、ネムノキの花が咲き、関東ローム層特有の赤土が露出してぬかるんだ道には、牛が歩いている。おそらくその風景は、羽仁もと子が夜景にフェアリー・ランドを見た昭和初期と変わらなかったであろう。

五〇年のダイヤを見ると、西武武蔵野線は池袋から豊島園ゆきが十五分ないし十八分おき、保谷ゆきが十五分ないし三十分おき、飯能ゆきが三十分ないし六十分おきに運転されていた。相変わらず保谷を境に本数が半減するため、田無町では一時間に一本ないし二本しか電車がなかった。戦前と同じか、時間帯によってはかえって不便になっているのがわかる。

一方、中央線は、東京から中野までが五分おき、吉祥寺までが六分おき、立川までが十分おきに電車が出ており、戦前よりも明らかに本数が増えている。窪田精《せい》『ある党員の告白』（大日本雄弁会講談社、一九五六年）によれば、占領期に西武武蔵野線の「石神井公園駅を通る『飯能行』の電車は三十分ごとに池袋を発つてくる」のに対して、中央線の中野では「下り電車が、つぎつぎとはいつてくる」という感じであった。

太平洋戦争末期に中央線が受けた空襲被害は、西武武蔵野線の比ではなかった。米軍機のB29は、富士山を目標に飛来し、富士山上空で東に進路を変更し、中央線沿いに東京へと至るルートをとることが多かった。このため、列車はしばしば攻撃され、空襲による不通も生じた（前掲『多摩の鉄道百年』）。沿線の八王子では、四五年八月一日から二日にかけて空襲があり、市街地の八二%に当たる一万三千五百三十八戸が焼失し、三百六十七人が死亡した（小倉英敬『八王子デモクラシーの精神史』、日本経済評論社、二〇〇二年）。

四五年十月二十日、中央線に乗った高見順は、日記にこう書いている。

中央線は新宿駅から先へ行くのは今年初めてだ。焼けている。焼野原の連続だ。家のあった頃は隠されていた土地の起伏が、電車の窓から、はっきりと見渡され、ここらがまだ住宅地化されなかった頃の姿に再び戻っている。(『敗戦日記』、中公文庫、二〇〇五年)

高見は高円寺で降りたが、「駅前は焼跡であった」(同)。高円寺駅で見た光景は、占領の現実をまざまざと感じさせるものであった。

アメリカ兵は自分の横を指差して、女の駅員に、ここへ来いといっている。そして何か身振りをして見せる。周囲の日本人はゲラゲラ笑い、二人の女の駅員は、あら、いやだといった按配に、二人で抱きついて、嬌態を示す。彼女等は、そうしてからかわれるのがうれしくて堪らない風であった。(同)

立川陸軍飛行場が連合国軍に接収されると、中央線の車内には米国人兵士の姿が目立つようになった。それに伴い中央線には、一般の電車に進駐軍専用車両が併結された。

五〇年に朝鮮戦争が勃発すると、立川は基地の町として全国的に有名になり、日本人女性の街娼が駅前でも目立つようになった。隣の国立では、立川から波及してきた米国人相手の風俗営業に反対する住民運動が起こり、五二年、国立は東京で初めて東京都文教地区建築条例に基づく文教地区に指定された。さらに五五年からは、米軍立川基地の拡張に反対する砂川闘争が、立川市に隣接する北多摩郡砂川町(現・立川市)で始まった。四〇年代から五〇年代にかけての中央線沿線にあって、戦争と占領という時代の刻印はあまりに大きかった。

それに比べると、西武沿線は戦後も概して平穏であった。たしかに埼玉県入間郡所沢町（五〇年から所沢市）や入間郡豊岡町（現・入間市）には前述の米軍基地があったし、四八年一月には西武武蔵野線の椎名町駅に近い帝国銀行（現・三井住友銀行）椎名町支店を舞台に「帝銀事件」が起こったが、中央線に比べれば時代との接点は少なかった。

一九五〇年に書かれた大岡昇平の小説『武蔵野夫人』では、パンパン（日本人の街娼）とその客が群がる中央線の武蔵小金井駅付近とは対照的に、西武多摩湖線の車窓風景が次のように描かれている。

国分寺から狭山へ向う多摩湖線は、しばらく松や雑木の間から学園なぞの赤い屋根をのぞかせた樹林の間を行った。電車が停ると駅を囲む木立で蟬の声が高くなった。今この時、恐らく武蔵野のあらゆる木々で鳴いているに違いないこの昆虫の斉唱は、その声に充たされた野の広さを思わせた。（中略）

やがて林が尽き広い畠が開けた。陸稲や野菜のよく育った間を、桑や茶の木の列が区切り、防風林で囲まれた農家が点在している。遠く地平に何かのタンクが不吉な形を聳えさせていた。

ここでいう「何かのタンク」とは、立川基地に建設された米軍の燃料タンクだったのではなかろうか。いずれにせよ、それは「遠く地平に」しか見えないものであり、雑木林や畠の広がる西武沿線とは無縁だったのである。

けれども、西武沿線にありながら、戦後いち早く「政治の季節」を迎えた村がある。東京都北多摩郡清瀬村であった。

第三章　清瀬と「赤い病院」

東京都の地図を広げてみると、清瀬市から東村山市にかけて、鉄道で言えば西武池袋線の清瀬―秋津間から西武西武園線の東村山―西武園間にかけての区域に、病院や療養所、老人ホーム、看護大学校、日本社会事業大学などが集中しているのがわかる。市町村別に見た場合、清瀬市は人口千人あたりのベッド数が日本一多い。

この地域に病院が建てられる発端となったのは、一九〇九（明治四十二）年、北多摩郡東村山村大字南秋津に開設されたハンセン病療養所、公立療養所第一区府県立全生病院である。アカマツが生い茂るだけの殺風景な農村地帯にあって、それは最初にできた「異物」であった。

病院の開設に対しては、地元で猛烈な反対運動が起きた。隣の久留米村では、村議会が全会一致で反対の決議をしている。一五年に武蔵野鉄道の池袋―飯能間が開業したとき、全生病院の最寄り駅となる秋津はまだなかった。

二四年九月、土地会社の東京土地住宅は、清瀬村に十四万坪の住宅地の分譲を始めるが、ほとんど売れなかった。三一年、売れ残った土地を利用して、清瀬村で初めての病院に当たる東京府立清瀬病院ができた。東京府では、豊多摩郡野方《のがた》村大字江古田《えごた》（現・中野区江古田）に建設された東京市療養所（現・江古田の森公園）に次ぐ、貧困結核患者のための病院であった。

もちろん、病院開設に対する反対もあったが、全生病院ほどではなかったようだ。「もともと二束三文の価値しかない不毛の地が、予期以上の高値で売れるというので、かえって喜んでいた者もあったというのが、事実らしく考えられるのである」(鹿島健作「ルポルタージュ清瀬村」その一、『健康保険』一九五二年一月号所収)。

続いて、三三年には療養農園ベトレヘムの園(現・ベトレヘムの園病院)、三七年には信愛会秋津保養農園(現・信愛病院)、三九年には救世軍清瀬療養園と傷病軍人東京療養所(現・国立病院機構東京病院)、四三年には日本鋼管浴風院と結核予防会結核研究所、四七年には東京都職員共済組合清瀬病院、四八年には都立清瀬小児結核保養所という具合に、清瀬村には次々と療養農園や病院、療養所が建設された。これらすべてが、結核患者を対象としていた。全国的に見ても、結核の死亡順位は三五年から五〇年までずっと一位で、四三年には結核死亡率が人口十万に対して二百三十五・三に達した(『厚生省五十年史』記述篇、厚生問題研究会、一九八八年)。

ちなみに、秩父宮は四〇年から肺結核にかかり、四一年から五三年一月に死去する前年までのほとんどの日々を、静岡県駿東《すんとう》郡御殿場町(現・御殿場市)の別邸で過ごした。秩父宮妃の勢津子は、三九年から九四年まで結核予防会総裁となり、四一年十一月には高松宮妃、三笠宮妃とともに、傷病軍人東京療養所を慰問している(『日本ニュース』第78号)。結核と秩父、そして西武の不思議な因縁を感じさせる。

こうして清瀬村には、西武沿線にありながら、周辺とは全く異なる社会の集合体ができていった。そこは戦場ではないにせよ、死と隣り合わせの共同体といってよかった。

清瀬駅の乗降人員は、二四年に開業した当時、数十人にすぎなかった(『西武』六二年三月十五

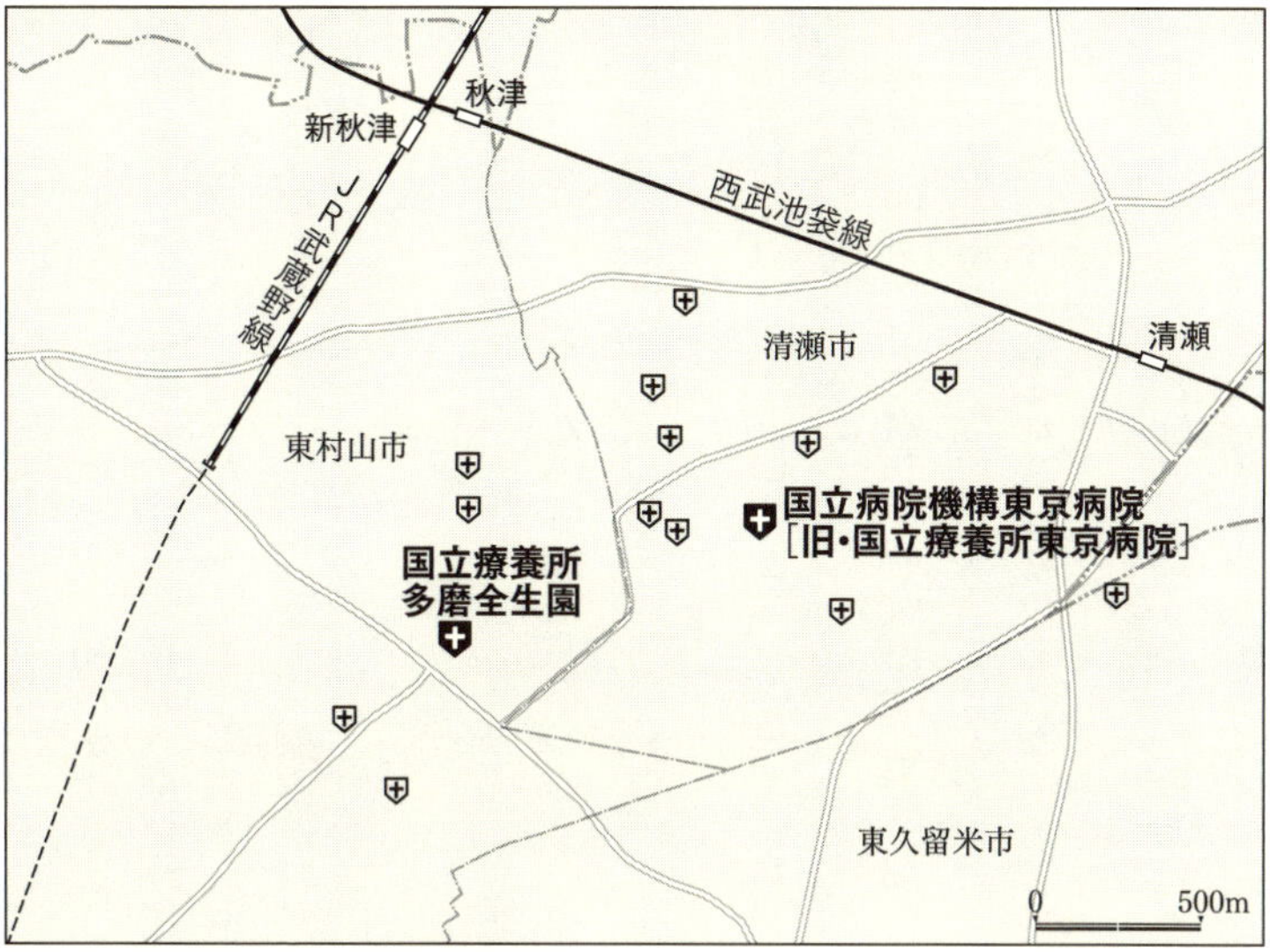

清瀬—秋津周辺にある病院や療養所

日）。ところが、五六年には一万五百八十人となり、保谷、田無町（現・ひばりヶ丘）、東久留米の各駅を上回った（山鹿誠次「東京都清瀬町の都市化」、『地理学評論』、日本地理学会、五九年一月号所収）。病院や療養所に向かう患者や見舞い客が数多く含まれていたせいである。

　駅と医療地区を結ぶ交通手段は、馬車から輪タクへ、そしてバスへと変わった（『西武』六二年三月十五日）。駅前には芝山銀座と呼ばれる商店街ができ、見舞い用の花屋や菓子屋、飲食店などが軒を並べた。二〇一二年五月まで清瀬駅構内にカステラの文明堂があったのは、その名残だろうか。

　相次ぐ病院や療養所の建設によって、清瀬村の人口も急増した。もともとは清瀬村よりも面積の広い隣の久留米村のほうが人口が多かったが、三〇年代後半に逆転して清瀬村のほうが多くなり、五四年には清瀬町となった。久留米村が町になるのは、その二年後であった。これが再び逆転するのは、久留米町にひばりが丘団地や東久留米団地ができる六〇年代前半になってからであった。

東京府立清瀬病院は、四三年に日本医療団清瀬病院となり、四七年四月には厚生省に移管され、国立療養所清瀬病院となった。また傷病軍人東京療養所も、四五年十二月には厚生省に移管され、国立東京療養所となった。国立東京療養所に勤めていた作家の窪田精は、五三年にこう述べている。

いま清瀬村には、（中略）公私立十一の結核療養所が立ち並び、村の総人口一万五千余の五十％をしめる尨大な医療地区を形づくり、やく四千名ちかい患者が療養生活をつづけている。（「清瀬村」、『新日本文学』、新日本文学会、一九五三年十月号所収）

清瀬村では、「やく四千名ちかい患者」、職員まで含めれば、七千人以上もの人々が医療地区で暮らしていたというのだ。

四五年四月二日の空襲で、医療地区の一部の病棟が破壊されたが、死者はそれほど多くなかった。清瀬病院では、二名の死者を出しただけであった。戦争という非常時を待つまでもなく、ここでの死は繰り返される日常であった。そしてその日常は、戦争が終わってからも続いたのである。

空襲の被害をそれほど受けなかった清瀬村には、戦前と同じ豊かな自然があった。四七年十月から五三年三月まで、国立東京療養所に入院した福永武彦は、四九年一月二日の日記にこう記している。

寿カウ館［寿康館］の梅林（桜、全く裸木の百日紅《さるすべり》を混へる）から裏に出る。黒い湿った道がしっとりと濡《ぬ》れてゐる、前面の空に白い冷たい太陽、麦畑に緑の露の光った一、二寸の麦、土及あぜの日の翳ったところが黒、他は茶、ゴッホ的風景。絵がかきたくなる。雑木林（ナラ、いものつるの巻いたクヌギ、クリ、牛殺し等）、桑で囲った栗林に沿って外気の裏のヒノキ垣のとこに出て帰る。（「福永武彦　一九四九年日記」、『新潮』二〇一二年八月号所収）

寿康館というのは、集会所のことだ。福永同様、四八年五月から五〇年二月まで、国立東京療養所に入所した俳人の石田波郷もまた、清瀬村の自然を絶賛する。

清瀬村の春は、梅にはじまつて雑木林の中に混つて咲く辛夷《こぶし》の花から、桃、桜と咲きつつ緑を深め、馬酔木《あせび》、連翹《れんぎよう》、雪柳、蘇芳が人家の垣を彩り、さまざまの野草が可憐な花を競ふ。療養所に生を養ふ肉親を訪ねる見舞人達が、病人へとひたむかふ足をとめて嘆称するだけの美しさがあるのである。

然し五月こそは清瀬村のもつとも誇り得る季節である。昭和二十三年五月、私は東京療養所に入所した。快晴微風、武蔵野をしづかに走らせる車窓から、青麦の上をわたつてくる五月の風が、微風で上気した私の頰を快くなでた。清瀬村は医療地区だけでもかなり広域だが、そこ全体が緑の森に囲まれてゐる感じがある。（中略）療養所の門から玄関まで、さまざまのつつじが植込まれ満天星《どうだん》が刈込まれたなりに真白に盛上つて咲いてゐる。(『石田波郷全集』第九巻「随想Ⅱ」、富士見書房、一九八八年)

福永武彦と石田波郷は、病院内で会っている。福永は、四九年二月八日の日記に「夕食後六番室に石田波郷さんを見舞ふ。俳人。(中略)一日も早く家庭に帰ることを目的としてゐるから気分にあせりがある」(前掲「福永武彦 一九四九年日記」)と書いている。

福永の観察は当たっていた。波郷は、四九年十二月から五〇年一月にかけて、江東区の自宅に一時的に滞在する。その途上、一年七カ月ぶりに西武武蔵野線に乗り、「乗合はせた男女の、ややく戦後の窮乏から脱しはじめた整つた美しい服装」(前掲『石田波郷全集』第八巻「随想Ⅰ」)に目を奪われた。東京療養所では止まっていた時間が、西武の車内では確実に動いていることを実感したのだ。

波郷は、五〇年二月に退所してからも、完治はしていなかったため、定期的に清瀬に通った。五四年にはこう述べている。

東京の郊外電車では武蔵野線の沿線が、今は一番発展中ださうである。池袋が戦後急激に殷《いん》賑《しん》化しつつあるからだ。しかしそんなことは私の関心外のことである。私は電車が走るにしたがつて増えてくる田野の部分、雑木林のたたずまひを飽かず眺めてゐた。私が結核を病まなかつたら、そして清瀬村の東京療養所に入らなかつたら、この風景もつひに生涯無縁だつたかもしれない。平凡な郊外風景だが、この電車にのつてゐる時の私は、いつも深い感慨をもつて眺めずにはゐられないのである。今年は春のおとづれが早いためか、麦畑や草萌の緑も一層濃いやうに思はれる。（同、第九巻「随想Ⅱ」）

波郷のいう田野とは、実際には畑であろう。武蔵野台地に関東ローム層が堆積する西武沿線に主に広がっていたのは、田んぼでなく、麦畑や野菜畑であった。ここでは珍しく、天皇制と結び付く稲作が根付かなかったのである。

戦後、急激に復興する池袋と西武を象徴していたのは、四九年に武蔵野デパートを改めた西武百貨店であった。しかし波郷にとっては、それよりも戦前と変わらぬ沿線風景のほうに関心があった。「私が結核を病まなかつたら、そして清瀬村の東京療養所に入らなかつたら、この風景もつひに生涯無縁だつたかもしれない」という一文は、六二年から七五年まで西武沿線に住み、沿線風景を目に焼き付けた私の心をも揺さぶるものがある。

波郷は六三年から六九年にかけて、国立東京療養所の後身に当たる国立療養所東京病院（現・国立病院機構東京病院）に入退院を繰り返し、六九年十一月、同病院で死去した。

自らも肺結核を患った辻井喬は、『命あまさず』（角川春樹事務所、二〇〇〇年）で、波郷の生涯を共感をこめて描いた。波郷は、結核と闘い続けることで、「自然の移り変りの奥に潜んでいる生命の深さのようなもの」（同）に触れ得た。俳句の源泉はここにあったのである。

敗戦が清瀬村にもたらした最も大きな変化は、合法政党となった日本共産党の勢力が医療地区に浸透したことであった。「清瀬町〔村〕といえば革新系の強い町との声は、戦後間もないころから他市町村の人びとに印象づけられた」（清瀬市史編纂委員会編『清瀬市史』、清瀬市、一九七三年）。もっとも、西武線の線路より北側は相変わらず農村地帯のままであり、村議会では農村派（保守）と病院派（革新）が激しく対立するようになった。

西武沿線と日本共産党のかかわりは、一九二三（大正十二）年三月十五日にまでさかのぼる。この日、党の綱領草案を討議するための臨時党大会、いわゆる石神井会議が、石神井（現・石神井公園）駅に近い、北豊島郡石神井村（現・練馬区）の料理屋「豊島館」で開かれた。この会議に参加した野坂参三によれば、会議に参加したのは、堺利彦、荒畑寒村、猪俣津南雄《つなお》ら計二十三人であった（『風雪のあゆみ』四、新日本出版社、一九七七年）。

敗戦後、ＧＨＱの後押しにより、各職場では労働組合結成の動きが盛んになる。もちろん西武鉄道にも、四六年三月に従業員組合が結成されるが、社長の堤康次郎は徹底した反共主義者で、労働組合の存在自体に否定的であった。

辻井喬の自伝小説『彷徨の季節の中で』（新潮文庫、一九八九年）には、ＧＨＱの命令で中止となった二・一ゼネストの翌日に当たる四七年二月二日の出来事が綴《つづ》られている。

「お蔭様でストライキが中止になりましたので、私達も実はほっと致しました」

ちょうど一年前、二・一ストが中止になった翌日、東郊産業〔西武鉄道〕と新しくその傘下に入った郊外鉄道〔旧西武鉄道〕の組合幹部が、麻布の家に挨拶にきた。その時の情景が、父〔堤康次郎〕の郷里の田舎家で起った出来事のような印象に変化する。

「ああ、お前らも附合いはいい加減にしておけよ」と父が彼等を突離す口調で不愉快げに話す。

父の表情は険しく、組合などというものがあること自体が気に食わないという心中が、眉間に寄せられた太い皺にありありと現われていた。「それが分ったら、私鉄総連とやらを脱退せい、どうだ」

辻井によれば、こうした出来事は実際にあったという。西武鉄道従業員組合が、階級闘争至上主義に反対して私鉄総連を脱退したのは、五三年五月のことであった。

一方、日本医療団清瀬病院でも四六年三月、従業員組合ができたが、この組合は共産党系となった。それればかりか、三八年に結成された患者自治会の清風会も、共産党員が多数を占めるようになる。日本共産党清瀬病院細胞――当時の共産党では、支部を細胞と呼んだ――の誕生である。

清瀬村では、他の病院にも細胞ができたが、中心となったのは清瀬病院であった。

四六年五月一日、宮城（現・皇居）前広場で開かれた戦後初のメーデーには、五十万人が集まった。五月十九日には、宮城前広場で食糧メーデー（飯米獲得人民大会）が開かれた。五月の東京は騒然としていた。そのようななか、清瀬病院では五月十日、五月事件と呼ばれる事件が起こっている。

この事件は、患者用に配給された米類を、一部の炊事職員たちが長期にわたって不正流用していたという清風会の指摘がきっかけとなった。清風会の追及に従業員組合も同調したため、病院長、事務長、医長、婦長および炊夫ら十人を超える職員が退職に追い込まれた（『雑木林』、国立療養所清瀬病院同窓会、一九八四年）。

事件の背景について、党員の窪田精は清風会の側に立ちながら、こう説明する。

そのころの病院長O氏は結核に関しては相当学識をもつていた人であつたが、病院の運営については、まつたく官僚的で、戦災後の病院施設の荒廃や、食糧不足に輪をかけ、患者は二合一勺の配給も満足に与えられず、営養失調におちいつて、ベット《ママ》の上で口から蛔虫をガボガボと吐きながら死んでいつた。霊安室の灯の消えることが殆んどなく、一夜に六人七人もの死亡者を出して、二カ所ある霊安室に収容しきれないようなこともあつた。そういう状態の中で、それまで人権などというものは全く認められず、「施料《ママ》患者のくせに」ですべてが片づけられ、みじめな卑屈な思いを味わつていた患者たちが、ついに団結し、そのころ結成されたばかりの従業員組合と結束して起《た》ち上つたのである。（前掲「清瀬村」）

四六年五月から六月にかけて、病院の幹部が不在となった約一カ月間は、従業員組合と清風会が実質的に病院の経営管理を行った。これを「清瀬コミューン」と呼ぶこともできよう。

六月、清風会と従業員組合の推薦により、島村喜久治が病院長となった。島村は、三八年に清瀬病院に着任したが、戦争に伴い出征し、五月事件の直後に帰還して病院に復帰していた。

「清瀬コミューン」が確立された時期は、全国的に見ても共産党の党勢が史上最も爆発的に伸びた時期に当たっていた。しかし、それにしてもなぜ清瀬村の医療地区に、患者、職員を問わず、これほどまでに共産党が浸透していったのか。島村によれば、「清瀬病院は、府立以来の施療病院型で、貧困患者が九割を占めると来ている。貧困と結核が同居すると、よほど上手な政治が行われない限り、思想は先鋭化する」（『院長日記』、筑摩書房、一九五三年）からである。

結核は患者に、長期にわたる病院暮らしを強いる。患者と医者、看護婦ら職員が、結核という同じ病気と闘いながら、同じ村で暮らすうち、運命共同体的な集団意識が芽生えていったことも大きかったと思われる。

四七年四月二十五日、戦後初の新憲法による衆議院議員総選挙が行われた。清瀬村のある東京七区（八王子市、立川市および西多摩郡、南多摩郡、北多摩郡）からは、日本共産党の伊藤律が立候補したが、落選した。しかし市町村別の得票率を見ると、清瀬村で伊藤に投票したのは一一・四％で、東京七区では最も高かった（『第二十三回衆議院議員総選挙一覧』、衆議院事務局、一九四八年）。

これより前の一月、清瀬病院では、従業員組合と清風会の活動が急進化していた。職場でも病室でも、会議、交渉あるいは政治論議が活発になり、近隣施設や住民からは、「赤い病院」というレッテルを貼られた（前掲『雑木林』）。

特に清風会は、五月事件以来、その傾向に拍車がかかっていた。清瀬病院が国立療養所となった直後の四八年一月には、ある党員の患者が、「こういうダラシのない国立は進歩的な民主政府を作る以外にどうにもならないと思います」と述べている（『七ツノ星』四八年一月二十三日）。『七ツノ星』は、日本共産党清瀬病院細胞の機関紙であり、占領期の検閲済資料を一括して集めた米国のメリーランド大学図書館のプランゲ文庫が所蔵している。プランゲ文庫には、日本共産党清瀬支部機関紙『村の灯』や、同清瀬細胞群委員会機関紙『清瀬民報』なども一部保存されている（現在はすべて国立国会図書館で閲覧できる）。

清瀬病院では、患者が医者や看護婦を政治的に糾弾することも珍しくなくなる。患者の一人は、深層心理をこう説明する。「医者を信頼し看護婦さんや従業員にいつも感謝の念を抱いて療養生活をつゞけることの出来る患者はしあわせだ、しかし長い斗病生活の疲れとそして又回復の望みない暗い心にふとうつるあの事、この事、あの言葉この言葉が私たちを不信と虚無へつき落すこともあるのだ」(『七ツノ星』四九年六月十二日)。

だが、患者で党員でもある小林愛は、「確に民主々義のはきちがいもある様ね。昔は職員にいばられたから今度は患者が威張ると云つた様な……」「〔医者や看護婦け〕患者と同じよ、封建性の犠牲者だつたのよ、だから患者が解放されたら、今度は職員が患者に圧しつけられるなんて、そんな変な話はないわ」などと述べ、清風会の姿勢を批判した(同、四八年一月二十三日)。

他方で、文化活動と称して、清瀬病院ではダンスが盛んに行われた。四九年のメーデーでは、前夜祭にダンスパーティーが開かれている。ここには、社交ダンスを運動のなかに持ち込んだ徳田球一の影響が読み取れよう。小林愛はこう説明する。

> 男と女とが、人間対人間として互の人格を尊重しあい、すべての者が、め上、め下の差別に立つた礼儀でなしに、真に対等の立場から、互の人格を尊重しあう、そうゆう《ママ》新しい道徳と礼儀、それらがあつて始めて健全な社交ダンスは成立つのだが、そのような自由や平等を持つことは、とりもなを《ママ》さず封建性の打破である。(同、四七年八月十日)

ダンスを通して、男女平等を身体で体得する。それこそが「封建性の打破」だというのだ。辻井喬もまた、東大に合格した日に、青年共産同盟東大支部が合格者歓迎のダンスパーティーを開いたと述べている（前掲『彷徨の季節の中で』）。

辻井は東大に入学するや青年共産同盟に入会し、その翌年には共産党に入り、横瀬郁夫と名乗る。横瀬がオルグを担当したのは、「西部地区」、つまり西武武蔵野線（五二年から池袋線に改称）沿線であった。

オルグしていた当時は、大変な苦労をしている芸術家の村が後背地にずっとあったわけです。有名な芸術家は、どんどんほかのところへ行っちゃう。自由が丘だとか、いろいろなところに行く。困っている芸術家が池袋にいたんですね。秋田雨雀《うじゃく》さんが主宰する「舞台芸術」、劇団とか、土地が安かったですから。（『堤清二オーラルヒストリー』、政策研究大学院大学、二〇〇五年）

舞台芸術というのは、四八年に創立された俳優養成のための教育機関・舞台芸術学院のことで、秋田雨雀は初代院長であった。所在地は現在の豊島区西池袋で、西武池袋線の池袋—椎名町間のちょうど北側にあった。

辻井にとって、おそらくこれが初めての本格的な西武沿線との出会いだったろう。二〇〇八年八月二十七日に辻井と会ったとき、私は辻井に、六八年に西武百貨店が渋谷に進出した理由をたずねた。辻井はその一つとして、田園調布や自由が丘に代表される東急沿線に比べて、西武沿線の住民の可処分所得が低いことを挙げたのだが、こうした認識は共産党員時代に芽生えたのかもしれない。

辻井は、五一年から肺結核を患うが、石田波郷とは異なり、清瀬とは無縁であった。党のオルグ活動をしていたときも、「西部地区」に清瀬は含まれていなかったようだ。

公立療養所第一区府県立全生病院は、四一年に国立療養所多磨全生園となった。戦後に日本共産党の細胞ができる清瀬村の療養所とは対照的に、戦前から続く多磨全生園と皇室との結び付きは変わらなかった。四七年二月二十四日には、高松宮が創立三十八周年記念式に臨席するため多磨全生園を訪問し、園内を回っている(『高松宮宣仁親王』、朝日新聞社、一九九一年)。この年、入所者数は千二百二十一人を数えている(国立ハンセン病資料館編『ハンセン病療養所の現在』、ふれあい福祉協会、二〇〇八年)。

さらに四八年六月三日には、皇太后節子《さだこ》(貞明皇后)が大日本蚕糸会総裁として蚕糸絹業の現場を視察するため、埼玉県を訪問する途上、多磨全生園の前を自動車で通過した。

皇太后は戦前から、ハンセン病に対して多大な関心を寄せてきた。患者自治会・全生会の会長、鈴木寅雄《とらお》は、「自ら肉身《ママ》との絆を絶ち切つては療養所を唯一の安住な地とし、心耐へ忍び乍ら孤独な望郷歌に人知れず切ない泪を流し合つてゐる私達の上に、肉身《ママ》のそれ以上な温い御愛情を寄せられては、絶えず数々のみ心をくだし給ふ尊さは所詮筆舌の及ぶところではない」(「感激の日」、『山櫻』一九四八年七月号所収)と述べている。

六月三日、皇太后を乗せた車は所沢街道を経由し、午前九時二十分に多磨全生園の正門前で停まった。このとき、先導のジープとオートバイは後続の車が停まったことに気づかず、そのまま

ハンセン病患者のための療養所「多磨全生園」（提供＝毎日新聞社、1951年撮影）

進行していた。全く予期せぬ事態に鈴木は感激し、皇太后をまじまじと見た。

いま正目に見る陛下のお姿は、やゝ髪白く老い給ひては私達の心を強く〳〵しめつけるのであつた。やがてお静かな微笑をもつて幾度も幾度も私達の上にこたへられ乍ら、再び速度を増した陛下の自動車は、その後に尚二台の車を随へられて、白い国道を遠ざかつていつた。再びどつと湧き上つて来るしびれるような感激にむせび乍らそうして名残りつきない思ひの中に、私はじつと眼を伏せて立ちつゞけてゐた。（同）

歴史学者の五十嵐恵邦《よしくに》は、ハンセン病療養所の「患者たちは自らの社会からの隔離を、国家の、そして天皇制の温情主義的な保護の現れとして、感謝せねばならなかった」（『敗戦の記憶』、中央公論新社、二〇〇七年）と分析する。

一方、結核療養所の患者たちは、まるごと隔離されてはおらず、病棟で死亡する可能性はあるとはいえ、症状に応じて外出もできたため、時代の空気の影響を受けやすかった。「日本の天皇制——私はこれと斗うことなくして日本の前進はありえないと心から識《し》ったのです」(『七ツノ星』四七年八月十日)という言葉は、多磨全生園からはまず聞こえてこない。結核予防会総裁の秩父宮妃は、秩父宮とともに御殿場にいることが多く、占領期に清瀬村の医療地区を訪れた形跡はない。

この点につき興味深いのは、ミシェル・フーコーがハンセン病とペストの違いについて述べた次の文章である。

> なるほどハンセン病は排除の祭式をもたらし、その祭式は〈大いなる閉じ込め〉のモデルおよび言わばその一般的形式を或る程度まで提供したのは事実だが、ペストのほうは規律・訓練の図式をもたらした。ペストが招きよせた事態とは、人々を一方と他方に区分する二元論的で集団的な分割であるよりむしろ、多種多様な分離であり、個人化をおこなう配分であり、監視および取締りの深くゆきとどいた組織化であり、権力の強化と細分化である。(『監獄の誕生』、田村俶訳、新潮社、一九七七年より一部改訳)

文中のペストを結核に置き換えれば、これは多磨全生園のハンセン病患者と清瀬病院の結核患者の違いを説明する文章としても通用する。「外部」に出ることのできる結核患者は、隔離されたハンセン病患者とは異なり、こうした権力のからくりに敏感になれたのだ。

多磨全生園前を通った皇太后は、飯能から高麗川《こまがわ》、小川町、寄居《よりい》を経て秩父に向かい、六月四日に秩父神社を参拝した。秩父宮ゆかりの神社で、皇太后は秩父宮の健康回復を祈ったと思われる。しかし皇太后は五一年五月に急死し、五三年一月には秩父宮も死去した。その後、秩父神社の祭神に秩父宮が合祀され、秩父市内には秩父宮記念市民会館が、三峯《みつみね》神社の境内には秩父宮記念三峯山博物館が、それぞれ建てられた。

四九年一月の衆議院議員総選挙で、日本共産党は四議席から三十五議席に躍進した。東京都の選挙区では、七つある選挙区すべてに立った共産党の候補者全員が当選した。清瀬村のある東京七区では、土橋一吉が初当選を果たした。

清瀬村で投票に行ったのは三千六百六十九人。そのうち、土橋に投票したのは九百九十六人で、全候補者中最も多く、得票率は二七・一%に達した。この数字は、前回の総選挙に引き続き、東京七区に属する市町村で最も高かったばかりか、東京都全体の共産党候補者への得票率を市区町村別で見ても、最も高かった（『第二十四回衆議院議員総選挙一覧』、衆議院事務局、一九四九年）。地元紙はこう報じている。「共産党二六・五%（実際には二七・一%――引用者注）という圧倒的な投票をえた清瀬村は、病院地域の党員のなみだぐましい活動の賜ものである」（『三多摩民報』四九年二月五日）。

ちなみに、東京七区で二番目に高かったのは東村山町で、二〇・八%であった（同）。東村山町には多磨全生園がある一方、清瀬村と同じく、保生園（現・新山手病院）や村山療養園（現・東京白十字病院）などの結核療養所も多かった。

なお余談ながら、保生園は後に宮崎駿のアニメ「となりのトトロ」の舞台となる。宮崎は長年にわたり、多磨全生園内を散歩することを習慣としてきており、療養所の多い東村山の風土から深い精神的影響を受けていたと思われる。

四九年三月には、官公庁の行政整理が断行された。厚生省は国立療養所の人員整理を行ったが、清瀬病院に対しては九月、日本共産党員の医師、看護婦、事務官、組合専従者ら合わせて十一人に対して、国家公務員法に基づく退去勧告がなされた。これは共産党員を狙い撃ちにしたもので、レッドパージの先駆けと言ってよかった。

背景には、「逆コース」と呼ばれるGHQの方針転換があった。清瀬病院細胞が、全病院の団結を訴え、首切り反対に立ち上がったのは言うまでもない。院長の島村喜久治は党員ではなかったが、「自由を愛する日本人として、もはやこの非人道的な法律にはたえられない」と言って反対した（『アカハタ』四九年九月二十九日）。「経営の民主化については、院長も庶務課長も赤いのではないかと新聞にも書かれたことがあるほどラジカル」（前掲「ルポルタージュ清瀬村」）であった。

五〇年一月には、コミンフォルムの機関紙に、「日本の情勢について」と題する日本共産党批判の論評が発表された。この論評では、占領下でも人民民主政府を樹立することは可能だとする野坂参三を名指しで批判し、日本共産党が平和革命路線を放棄して、アメリカ帝国主義との闘争を強めるよう要求した。朝鮮戦争を控えて、アメリカとの全面対決を求めたのである。

コミンフォルムの批判に対して、党中央委員会政治局は当初、「『日本の情勢について』に関する所感」を発表し、批判の受け入れを拒否するとしたが、すぐに論評の意義を認め、野坂は批判を受け入れた。間もなく中央委員会は、徳田球一、野坂参三ら、「所感」を発表した所感派（徳田派）と、志賀義雄、宮本顕治ら、「所感」に反対した国際派（徳田批判派）に分裂した。

党中央部で多数を占めたのは、前者であった。東京都委員会は、国際派の牙城であった東大細胞に解散を命じた。当時の東大細胞には、後に日本共産党の幹部となる上田耕一郎、不破哲三（本名は上田建二郎。以下では不破と表記する）兄弟のほか、戸塚秀夫、高沢寅男、辻井喬らがいた。前述のように、辻井はオルグ活動を通して西武沿線と関わりをもったが、上田と不破の実家は、もともと新宿線の野方《のがた》駅に近い中野区野方町（現・中野区野方）にあった。上田、不破兄弟と西武沿線の浅からぬ関係については、次章で詳しく触れるつもりである。

だが、『アカハタ』で名指しされたのは、上田でも不破でもなく、辻井であった。五〇年五月九日には、次の記事が掲載された。

> 従来、右諸細胞〔東大細胞など〕の指導的分子の間には一貫して党中央委員会の決定とそれに基ず《ママ》く諸方針に対する不信の態度がみられたが、とくにコミンフォルムの同志的批判および十八回拡中委決定の発表以後、彼らはこれまでの党の基本方針を根本から否定し、党中央部に対する徹底的な不信の念の下に東大細胞内に潜入していた戸塚、高沢、横瀬らのよお《ママ》な非階級的分子と緊密な連絡をとり、公然と分派的兆《ママ》発的言動を強化するに至つた。

横瀬とは、横瀬郁夫、つまり辻井喬のことである。なぜ辻井が名指しされたのか。辻井自身は、「代々木の党としたら誰でも良かったんでしょう。説得力を持つ材料に使えるといったら、やっぱり堤康次郎の息子が潜入しているぞ、ということが説得力があったんでしょうね」(前掲『堤清二オーラルヒストリー』)と答えている。同じく東大細胞にいた安東仁兵衛によれば、実際に当時、辻井が「父の命を受け、……西武鉄道内の党細胞を破壊し……東京都委員会に摘発されるに至った」という、たやすく信じられそうなデマが流れていたという(『戦後日本共産党私記』、現代の理論社、一九七六年)。

こうして辻井は、スパイ容疑で除名処分を受けたが、上田兄弟や宮本顕治ら党員との交流は、辻井が西武百貨店店長(のち社長)になってからも続くことになる。

五〇年六月、マッカーサーの指令により、党の中央委員全員が公職から追放された。いわゆるレッドパージである。徳田、野坂は中国に亡命するが、党の実権を握った所感派は、ソ連共産党や中国共産党の指示に追随し、革命に向けた武装闘争に向かってゆくのである。

四九年九月の首切りに際しては病院長と党員が一体となって反対した清瀬病院でも、急進化する清風会と病院当局の対立が再び激化した。島村自身も、患者から突き上げられることが多くなった。前掲『院長日記』のなかで、島村は当時の清風会をこう描いている。

昔、平医員だつたころ、一しようけんめい、かばつてやつた患者自治会は、押しつめられた施療患者の人間性を、必死になつてまもつていた。今の自治会は、のびのびに伸びた人間性の上に、運営権や、大臣命令の拒否権まで要求する。昔は、療養まで阻《はば》まれる『格子なき牢獄』であつた。今は、療養を通りすぎた政治の過剰である。世評高い『赤い病院』の院長であってみれば、これをそのままみのがしてはいられない。引きしめようとすると、〈反動!〉と来る。

病院長の島村は、病院長というだけで「当局反動」「国際独占資本の手先」とののしられた。「十年も前、私は患者を信じ切っていた。七年前までもそうであった。ところが、患者たちは大きく左に動いて、私は右にとり残された」（同）。新聞に「赤い」と書かれた島村自身が、「右」に取り残されたのである。清瀬病院細胞も、党中央が敷いた路線から免れることはできなかった。

だが、武装闘争路線の破綻は、五二年十月の衆議院議員総選挙で明らかとなる。この総選挙で、日本共産党は前回の得票総数の七〇％を失い、三十五議席から一気にゼロ議席になった（不破哲三『日本共産党史を語る』上、新日本出版社、二〇〇六年）。この総選挙と五三年四月の総選挙では、東京七区から共産党の候補者が出なかった。

続く五五年二月の総選挙で、日本共産党はようやく二議席を確保した。ただし、当選したのはいずれも大阪府の選挙区で、東京七区から立候補した大野みつるは落選した。

共産党の得票率を市区町村別に見ると、東京都では清瀬町（五四年に村から町に昇格）の一三・二％が最高であった（『衆議院議員選挙の記録昭和30年2月27日執行』、東京都選挙管理委員会、一九五五年）。四九年一月の総選挙に比べれば半減したとはいえ、清瀬町における共産党の得票率が高いことに変わりはなかった。

五五年四月、統一地方選挙の一環として行われた東京都の市町村議会議員選挙でも、共産党員が四人を占めたのは清瀬町だけであった。ちなみに、保谷町や田無町は一人、久留米村はゼロである（『戦後における日本共産党の選挙結果　地方選挙の部』、公安調査庁、発行年不明）。

この年、野坂参三が中国から帰国し、国際派と和解した（徳田球一は五三年に北京で客死）。

同年七月の日本共産党第六回全国協議会（六全協）で、武装闘争路線が「極左冒険主義」として否定されたのを機に、共産党はマルクス・レーニン主義を堅持しつつ、選挙による議会進出を目指すことになる。

六全協まで国際派に属した日本共産党の石堂清倫《きよとも》は、五四年十二月に東京都区内から清瀬町に引っ越し、清瀬居住細胞の一員となった。清瀬に引っ越した理由としては、同町の町会議員を紹介されたこと、妻が結核にかかり、東村山町の保生園に入院したことが大きかったと思われる。石堂は、清瀬町内の「十七八の結核病院」を回った。「病院ごとに患者自治会があり、それぞれの学習会に出かけることが多かった」（『続わが異端の昭和史』、勁草書房、一九九〇年）。多磨全生園にも何回か出掛けたという。

こうした活動を通して、石堂は石田波郷のほか、鹿地《かじ》亘、梅本克己、佐野美津男、一条正美、上杉聡彦《さとひこ》といった人々と知り合うことになった。だが、六〇年安保闘争に対する党の態度に不満を抱くようになり、「国民運動を指導する意志も能力もない党にほとんど絶望した」（同）。石堂は六一年八月、清瀬の地区委員会に離党届を出した。そこには、次のような文章が見られる。

党中央はかねて私の所論にたいしてもっぱら規律違反の立場からのぞみ、理論的批判のかわりに臆測にもとづくとしか思われない非難を加えてきました。（中略）第八回大会の準備過程を見ると、党生活の重大な基準の一つである党内民主主義が全く無視され、大会そのものの適法性さえ疑われることになりました。これによってマルクス・レーニン主義者として良心をも

って党活動をつづけることは不可能であると信じますので、ここに離党を決意しこの段お届けします。(同)

ここでいう「私の所論」は、イタリア共産党のパルミロ・トリアッティが唱えた構造改革論を意味する。構造改革論は、マルクス・レーニン主義自体を否定したわけではなかったが、暴力革命という手段をとらず、長期的な社会の変革を目指す点では社会民主主義に近かった。

石堂は、「構造改良〔革〕論の考え方は日本に適用すべきものと考えている」(同)と述べた。ところが、当時の共産党では、この論を唱えること自体が規律違反と見なされた。不破哲三は構造改革論を、「修正主義的潮流」として批判している(『マルクス主義と現代イデオロギー』下、大月書店、一九六三年)。

共産党を離れてからも、石堂は清瀬に住み続け、「社会主義革新運動」というセクトに加わった。さらに彼は、上杉や一条ら、西武沿線の住民とともに、「西武平和の会」と称する会合を清瀬で細々と続けた。なお不破によれば、「社会主義革新運動」は構造改革論を政治綱領とする反党集団ということになる(同)。

石堂は六七年、アメリカの対ベトナム政策を批判する国際戦争犯罪法廷を開廷したバートランド・ラッセル平和財団に連帯の手紙を出した。これに対しては、ラッセル自身から返事が来た(前掲『続わが異端の昭和史』)。清瀬町(七〇年から清瀬市)は六〇年代以降の総選挙でも一貫して共産党候補者の得票率が高かったが、日本共産党に属さない「マルクス・レーニン主義者」が、五四年から二〇〇一年まで清瀬にいたことは記憶されるべきだろう。

本章の最後に、石堂にまつわるささやかな思い出を記すことを許されたい。私がみすず書房のPR誌『みすず』に「近代日本の行幸啓」を連載していた九八年、同誌の三月号に石堂の「天皇制の歩みをたどる」と題するエッセイが掲載された。このエッセイで石堂は、私の連載に対して、「近代天皇制が国民統合の機軸としてどのように設計され、いかなる過程をたどり、どのように構造されてきたかを、周到な史料分析によって検討された稀有な業績として、私は毎回熟読してきた」と評した。

心に沁みる言葉であった。

拙稿「近代日本の行幸啓」は、大幅に加筆修正の上、二〇〇一年七月に『可視化された帝国』としてみすず書房から刊行された（さらに増補版が二〇一一年に刊行）。私は迷わず、その一部を石堂に謹呈した。八月下旬、石堂から礼状が届いた。石堂が死去したのは、それからわずか数日後の九月一日であった。

第四章　野方と中野懇談会

西武新宿線の西武新宿から六つ目、高田馬場から五つ目に、野方《のがた》という駅がある。各駅停車しか停まらず、島式のホームが一つしかない。ホームの西武新宿寄りは環状七号線をまたぐ格好になっている。

二〇一〇年に駅舎の改良工事が行われ、ホームの階段を上がって改札口を出ると、跨線橋を通って北口、南口のどちらにも出られる橋上駅となった。しかし、私が西武沿線に住んでいた七〇年代までは、まだ跨線橋がなく、西武独特の段差がほとんど磨滅した階段を降りて踏切を渡るだけで、改札口に行けた。当時、井荻《いおぎ》、東伏見、花小金井など、西武新宿線の多くの駅には跨線橋がなく、野方と同じ構造をしていた。

南口を出てすぐ右に曲がると、西武新宿線の線路と直交する踏切がある。反対に左に曲がると、商店街がある。道幅は狭い。商店街にかかるアーチには、「野方駅前商店街」という表示があり、その上には1928という数字が見える。西武村山線（現・新宿線）の高田馬場―東村山間が開通し、野方駅が開業した一九二七（昭和二）年の翌年に商店街ができたという意味だろうか。そうだとすれば、このあたりは同線の開業直後から、開発が進んでいたことになる。

たまに車も通るが、通行人が多すぎて満足に進むことができない。事実上、歩行者天国のようだ。商店街をしばらく進んで左に曲がると、関東バスの野方ターミナルがある。ターミナルといっても、道路がやや拡張されたほどのスペースしかない。バスが駅前まで乗り入れることができないから、かろうじて空いたところにターミナルをつくったという感じだ。けれども、道が狭いから、バスも折り返すことができず、一方通行に従っている。

中野駅や新宿西口に行く関東バスも通る狭い道を、東に向かって進むと、すぐに環状七号線と立体交差する。野方駅と同様、環七のほうが下を走っている。商店街が切れても、道の両側は相変わらずびっしりと家々が詰まっている。自民党、公明党に交じって、日本共産党の選挙ポスターも見かける。間近に電車の音がすると思ったら、建物のすぐ向こうに西武新宿線の線路が見えた。北側は西武新宿線、南側は一方通行の道にはさまれたわずかな隙間を利用して、家々が一列に並んでいるわけだ。

道は間もなく、線路とわかれて南東方向に大きく曲がる。野方三丁目のバス停がある。そこからさらに細い道が東に分岐する。右手に塾の看板が見え、壁が黒くくすんだ二階建てのアパートも見える。建て込んだ家々の間からは、新宿線を走る電車の音がまだ聞こえてくる。これ以上は、個人情報保護のために記述を省略するが、私が目指した家はもう目と鼻の先にあった。

上田俊郎——表札に掲げられたその文字を見て、やはりここだと確信した。二〇〇八年十二月四日のことであった。

一九二七年十二月、西武村山線が開通して約八カ月後に神奈川県の茅ヶ崎から引っ越して以来、五八年に死去するまで三十年以上にわたって住んだ上田庄三郎の家は、ここにあったのだ。

庄三郎の長男で二七年生まれの上田耕一郎も、次男で三〇年生まれの不破哲三も、この家で育った。とりわけ上田耕一郎は、大学卒業後に引っ越しを繰り返すことになる不破哲三とは異なり、五七年に結婚してアパートに引っ越してからの期間も含め、六〇年までずっと野方を離れなかった（上田耕一郎『私の戦後史』、日本共産党東京都委員会、一九七四年）。

上田庄三郎は、教育界の大宅壮一と呼ばれる在野の教育評論家であった。また、日本共産党には入党しなかったものの、戦後、徳田球一らの出獄歓迎大会に駆けつけて『アカハタ』の購読を申し込んだほどの共産党シンパであり、アナーキズムには少なからぬ共感を寄せていた。上田耕一郎と不破哲三の思想形成に、この父親が深く影響を与えていたことは、立花隆が『文藝春秋』に連載した「不破・上田兄弟論」一～五（七八年七、八、十、十一、十二月号所収）のなかで、すでに指摘している。

上田俊郎は、庄三郎の三男であった。『上田庄三郎著作集』第六巻（国土社、一九七九年）所収の略年譜によれば、三一年十二月に生まれている。生年でいえば、耕一郎とは四年違い、建二郎（不破哲三）とは一年違うことになる。

東大細胞時代から交流が続いていた上田耕一郎に頼まれた辻井喬は、六五年頃に俊郎を西武百貨店に入れた。俊郎はその後、西友ストアー（現・西友）、西洋フードシステムズ（現・西洋フード・コンパスグループ）を経て、九六年頃に退任した。なお、上田耕一郎、不破哲三の弟が西武流通グループ（現・ミレニアムリテイリンググループ）に勤務していることは、『週刊文春』七三年一月八日・十五日合併号に「上田・不破秀才マルクス兄弟を生んだ家系」という記事が掲載され、西友ストアー専門店部管理課長であった俊郎が、「いまボクは西友ストアーを日本一にすることに奮闘中です」と話したことで、初めて広く知られるようになったという。
上田俊郎の表札を掲げた家は、土地面積が百平方メートルもないように見えたが、狭い家が密集するこのあたりでは、特別狭いわけでもなかった。二階建てのバルコニーや縁側には、まるで改築前のようにビニールシートが掛けられ、折からの北風にシートが舞うようにして揺れる音が響きわたっていた。人影はまるでなかった。

中野区には現在、地下鉄を除くとJR中央線と西武新宿線という二つの線が走っている。五二年三月、西武村山線の高田馬場―西武新宿間が開業し、西武新宿が起点となったことで、同線は西武新宿線と改称された。

二つの線は、ともに中野区を東西に横断している。だが中央部を走る中央線が直線で、中野と東中野しか駅がないのに対して、北部を走る西武新宿線はカーブが多く、新井薬師前、沼袋、野方、都立家政、鷺ノ宮と五つも駅がある。

西武新宿線に急行がいつから走り始めたのかは、西武鉄道の広報部に聞いても不明である。少なくとも五一年二月には走っていた急行の停車駅は現在と同じで、高田馬場の次は鷺ノ宮まで停まらなかった。だが、中野区内で乗降人員が最も少なかった西武の駅は、一九六〇年までは鷺ノ宮だった（野方は新井薬師前に次いで多かった）。それなのに、なぜ急行が停まったのか。その理由も、広報部はわからないと言う。当時の鷺ノ宮には、駅構内に折り返し設備があり、鷺ノ宮どまりの各駅停車が多く運転されていたことが一因かもしれない。

いま、私の眼前に二つの住宅地図がある。その一つは、住宅協会が一九五八年に発行した『東京都全住宅案内図帳　中野区北部』、もう一つは、ゼンリンが二〇〇六年に発行した『ゼンリン住宅地図東京都中野区』である。

私が野方駅から上田俊郎の自宅まで歩いてきた道の周辺を比較してみる。五八年当時には環状七号線がなかったのを除けば、西武新宿線のカーブの多い線形といい、店舗や住宅の建て込み具合といい、狭い道路の曲がり方や入り組み方といい、中学校や高校の名称や場所といい、二つの住宅地図の間には変化が全くない。

現在、関東バスの野方ターミナルがあるところは、五十年前も全く同じスペースが空いている。変わったところといえば、せいぜい五十年前に空き地だった場所に、マンションがいくつか建ったのが目立つ程度だろうか。

五八年の住宅地図を見ると、当時の日本紳士録に掲載された上田庄三郎の住所と同じ番地に、「上田」と書かれた家がある。町名や番地こそ変わったものの、その場所は、いま上田俊郎の自宅がある場所とぴったり一致する。同じ西武沿線でも、第一章で触れたひばりが丘団地のような、五〇年代末から急激に開発され、いまは逆に空き家が目立っている多摩地域の団地に比べると、もう半世紀、いやそれ以上にわたり、ほとんど変わらない風景が保たれてきたことになる。

ちなみに、野方駅の二〇一三年度の一日平均乗降人員は二万二千九百四十一人で、五八年度とほぼ変わっていない（西武鉄道Ｗｅｂサイトおよび『西武』六三年十一月十五日より推計）。一時は乗降人員が三万人を超えたこともあったが、平成に入ってからはずっと二万人台で落ち着いている。

『中野区史』昭和編一（東京都中野区、一九七一年）によれば、豊多摩郡野方町（三二年に同郡中野町と合併し、中野区になる）の宅地面積は、西武村山線が開業したのに伴い、二九年から三一年までの間に約三倍に急増している。「鉄道開通が町の発展に大きな刺戟となり、数年にして人口は倍加、商店も駅を中心に軒を並べだした」（『西武』六三年十一月十五日）。

柳田國男は、一九三七年に「『野方』解」と題するエッセイでこう述べている。

野方領は明かに多摩川両岸の水田地方に対立した語で、関東平原の一特徴たる所謂台畑地帯であつた。丘の窪みに僅かづゝの田はあるが、他の大部分は柔かな黒土の原野で、帝都の繁栄につれて豊富なる蔬菜類の供給地となり、次いで所謂文化住宅の敷地として利用せられて居る。（『高志人』第二巻第六号、一九三七年所収）

野方という地名には、畑作にしか利用されない土地という意味がある。その意味で、『日本書紀』一書に日本が「葦原千五百秋瑞穂国《あしはらのちいおあきのみづほのくに》」と記されて以来、水田と結び付いてきた天皇制とは対立する。

しかし、すでに昭和初期の時点で、野方の畑は減り、駅付近には上田庄三郎の家も含めて、「所謂文化住宅」が多く建ち並ぶようになっていた。同じ昭和初期、武蔵野鉄道（現・西武池袋線）沿線の南沢学園町や大泉学園都市では、土地は売れても住民がほとんどいなかったのとは対照的である。

その理由は、ひとえに便利さにあった。野方は高田馬場から九分で、電車も八分ないし十二分おきに走っていた。一方の大泉学園は、池袋から二十二分かかり、電車も十五分ないし三十分おきにしか走っていなかった。

太平洋戦争末期の度重なる空襲でも、野方駅付近はほとんど無傷であった。「終戦直前のときは沼袋駅付近が爆撃をうけ、火の手は野方駅との中間まで迫ってきた。このため、駅員は収入金、帳表類と電話機を抱えて鷺ノ宮の方へ逃げたが幸い戦災を免れた」(『西武』六三年十一月十五日)。

鷺ノ宮は、野方からわずか二駅先であったが、野方に比べると開発が遅れていた。四二年に鷺ノ宮駅に近い中野区鷺宮(現・白鷺)に引っ越してきた作家の壺井栄は、「私のいまいる土地は、大根畑であった。(中略)ガスも水道もない。一足出ると西も東も田圃である」「〔四五年〕三月九日(実際には十日未明——引用者注)の大空襲のあと、続々と家を焼かれた人たちが移ってきた。佐多稲子さんが〔淀橋区〕戸塚の家を引き上げて鷺宮へ移ってきたのもそのころだった」(「鷺宮二十年」、『壺井栄全集』11、文泉堂出版、一九九八年所収)と回想している。

上田耕一郎も不破哲三も、庄三郎の家から野方小学校、府立(都立)第六中学校(現・都立新宿高校)、第一高等学校、そして東京大学に通った。上田も不破も第一高等学校時代に入党し、一高細胞、次いで東大細胞に属した。

四八年ないし四九年に鷺宮居住細胞から独立して野方居住細胞ができると、結核で自宅療養中だった上田は、結成時点から活動に参加し、『町の灯』という細胞新聞を編集して配った(前掲「不破・上田兄弟論」五、前掲『私の戦後史』)。

中野区は東京都のなかでも日本共産党が強く、四議席から三十五議席に躍進した四九年一月の衆議院議員総選挙では、同党の得票率が二二・五％に達した。もちろん、前述した清瀬村の二七・一％には及ばなかったものの、二十三区全体では北区（二四・〇％）、板橋区（二二・六％）に次いで三番目に高かった（前掲『第二十四回衆議院議員総選挙一覧』）。

五〇年のコミンフォルム批判に伴い、国際派の牙城であった東大細胞は解散を命じられたが、上田耕一郎は五一年、国際派の分派活動を自己批判して復党し、野方居住細胞に復帰する。

中野の党組織にもどって、身体もなおってきたし、中野の地域活動にうちこむということになった。これは約一〇年ぐらいやったわけです。やってみると非常におもしろいものですよ、地域活動というのは。エネルギーもいりますけどね。（「青春・思想・民主主義」、『上田耕一郎対談集』、大月書店、一九七四年所収）

上田の言う「中野の地域活動」の中核となった組織こそ、これから取り上げようとする中野懇談会にほかならない。

中野懇談会が発足したのは、サンフランシスコ平和条約発効に基づく日本の独立回復を翌日に控えた五二年四月二十七日のことであった。西武新宿線沿線から生まれたこの懇談会は、上田耕一郎や中大路為弘ら日本共産党員が深く関わっていたにもかかわらず、五〇年のコミンフォルム批判以来、日本共産党の実権を握った所感派とは全く異なる思想に根差していた。

本章では、五〇年代末から始まる「団地の時代」に触れる前に、父である上田庄三郎とともに

1974年参議院選挙で初当選を果たした上田耕一郎。左は、日本共産党書記局長で弟の不破哲三（提供＝時事通信社）

中野懇談会に入会し、同会の事務局員となり、西武新宿線の野方を拠点に活躍する上田耕一郎と同会に言及しておきたい。なぜなら、前章で触れた北多摩郡清瀬村（五四年から清瀬町）とは異なる共産党の有力な地盤が、「団地の時代」の前に西武沿線にあったことを確認したいからである。

中野懇談会が発足した背景には、戦争と占領状態に終止符を打つはずのサンフランシスコ平和条約が、ソ連や中華人民共和国の承認を得られない片面講和に終わったことに対する危機感があった。戦争反対の意志、平和への願いが、超党派的な地域活動を可能にしたのである。

五三年六月につくられた「中野懇談会のしおり」によれば、中野懇談会の代表世話人は京口元吉《きょうぐちもときち》（早大教授）、中島健蔵（評論家）、大河内一男（東大教授）、阿部行蔵《こうぞう》（四谷教会牧師）、北森嘉蔵《かぞう》（学習院大講師、牧師）

の五人であり、京口が会長となった（前掲『中野区史』昭和編三）。このうち、京口と中島は上田と同じ野方町（現・野方）に、大河内は江古田に、北森は鷺宮にそれぞれ住んでおり、いずれも西武沿線の住民と言ってよかった。五人のなかに日本共産党員は一人もいなかった。

ところが、こうした幅広い平和運動を最初に企画し、学者や文化人を説得して組織したのは、日本共産党の中大路為弘であった。

われわれの考えとしては、非常に幅の広い統一戦線の組織にしようということで、知識人もいろいろな傾向の人に入ってもらいました……。社会党、共産党はもちろん入る。……この人はどういう人だと、あらかじめ人脈の上でのつながりは拾っていったけれども、そのワクの中で、あの人はどういう傾向だからどう……だというようなことを一切度外視をして、……「自分たちの教え子が、再び戦争にかり立てられるというようなことについてどうお考えになるか、そういうことをこの際明確に表面に出していくことが必要なのじゃないか」と、そんな角度でして、だれかれ差別しようというようなことはなかった……（「中大路為弘氏に聞く」、前掲『中野区史』昭和編三所収）

このようにして中大路は、発会式まで一年以上にわたり、入念な準備を重ねた。中大路の考え方に共鳴した上田耕一郎は、発会式以降、中大路の仕事を引き継いだ。つまり中野区では、上田を中心とする日本共産党の居住細胞が、人民戦線的な考え方に基づき、中野懇談会の接着剤的役割を果たしてゆくのである。

上田はこう述べている。

平和運動というと赤といわれる……、赤といわれることはおそれないけれども、一皮はいでみたらすぐ赤だというような運動でない、ほんとうに幅の広い運動にしようということは非常に気をつけてやった。（「上田耕一郎氏に聞く」、同）

上田は後年、ここに述べたような考え方を「幅広主義」と呼ぶことになる。

懇談会の発足に伴い、支部が結成された。五二年五月に鷺宮支部と江古田支部が、六月に野方支部と東部支部が、七月に大和町支部が、九月に上高田支部が次々につくられ、最終的には支部の数が九つとなった。これらの支部は、ほとんどが西武新宿線を中央に、北は西武池袋線、南は中央線にそれぞれ挟まれた地域に当たっており、中央線以南の地域には一つしかつくられなかった。

上田によれば、中野懇談会の支部が結成された地域には、同様の性格をもつ団体がほかにいくつもあった。上田の「幅広主義」は、後に「極左冒険主義」と言われる当時の党中央（所感派）の路線とは一線を画していた。上田自身が発した次の言葉に注目してみたい。

ぼくの住んでいた野方、大和町、鷺宮、この地域では、中野懇談会の支部や、北原文化クラブ、民商［民主商工会］、婦人民主クラブ、それからいくつかのそういう団体で民主団体協議会というものをつくって、この地域での文化運動やいろんな問題を共同でとりあげるということとをやって、これはある程度成功しましたね。
六全協前の極左冒険主義の困難な時期ではあったけれど、中野全体にそういう伝統が非常に強かったんですよ。大衆運動がさかんだったということです。民商とか中野懇談会とかね。そういう人たちは、ああいう時期でも党を支持した。新聞ではなんか火炎ビンで騒いでいるけど、われわれがつきあっている党は、われわれの生活のためにこういうことをやってくれている党だというので、あまり、みぞがはいらないんですよ。そういう人たちを離すような方針というのは出ても、ぼくたちはある程度こなしちゃう（笑）。（前掲「青春・思想・民主主義」。傍点は原文）

前章で触れた清瀬の「赤い病院」とは対照的である。北多摩郡清瀬村では、共産党の細胞ができたのはあくまで医療地区が中心であり、周辺の農村地帯にまで浸透したわけではなかった。さらに党中央の「極左冒険主義」に呼応するかのように、病院のなかでも、国立療養所清瀬病院の島村喜久治病院長が、「患者たちは大きく左に動いて、私は右にとり残された」（前掲『院長日記』）と述べたような事態がどんどん進行していった。

それに比べると、中野ではもともと地域全体に「大衆運動」が盛んであった。「極左冒険主義」は、この「大衆運動」とは相いれなかった。したがって日本共産党の運動も、「大衆運動」に根差したものにならざるを得なかった。西武新宿線沿線の住民は、たとえ「火炎ビンで騒いでいる」党中央を支持しなくても、中野懇談会を立ち上げた居住細胞は支持したというのである。

ただし、中野懇談会のメンバーを見ると、知識人中心だったことは否めない。学生や女性、労働者は多くなかったということだ。それはほぼ同じ時期、やはり共産党の影響を受けながら、党中央とは独立した労働者のサークルとしてつくられる「下丸子文化集団」と比較すれば明らかである（道場親信「下丸子文化集団とその時代」、『現代思想』、青土社、二〇〇七年十二月臨時増刊号所収）。

下丸子は、大田区の東急目蒲《めかま》線（現・多摩川線）沿線にあった。同じ大田区でも、東急東横線が走る田園調布とは異なり、下丸子付近は京浜工業地帯に属する工場が多かった。それに比べると、中野区の西武新宿線沿線には、左派系の知識人が多く住んでいた。鷺宮に引っ越してきた壺井栄や佐多稲子、同じく鷺宮に住んでいた櫛田ふき《い》ら、四六年創設の婦人民主クラブに加わる女性が、そこに含まれる。

五〇年代には、東急＝労働者、西武＝インテリという対立図式が、たとえ東急多摩川線や西武新宿線の一部区間に限ってではあれ、成り立っていたことに注意すべきだろう。五〇年代前半に下丸子に入り、後半には野方に住んだ作家の安部公房を、その双方に関わった希有な人物として挙げることができる。

五三年四月、中野懇談会は、衆議院議員総選挙に際して、あらゆる平和勢力の結集を呼びかけるアピールを、中野区、杉並区、渋谷区の学者、文化人、労働組合、民主団体の署名・賛同を得て発表し、約二万枚のビラをまいている。

同年十一月、中野懇談会を母体として、『中野新報』という進歩的ローカル紙が刊行されると、上田耕一郎は記者として活躍する。中野懇談会の事務局長で、のちに会長となる黒田秀俊は、「学者、文化人はもとより自民党の区議会議員から町会の顔役にいたるまで、上田君の行動範囲のひろさには、まことに眼をみはらせるものがあった」（前掲『中野区史』昭和編三）と回想している。

立花隆はこう述べている。

この新聞の内容というのがなかなか面白い。ローカル紙としては抜群のできである。編集方針は「適当な娯楽と文化を持つ、やさしく高い文化にふれ、面白く読んでためになる」ものをめざしたというが、実際中身は真面目でしかもわかりやすい。上田が後に「赤旗」の編集を担当するようになると、「赤旗」の紙面の大衆化方針が大胆に打ち出され、娯楽性も取り入れて、それまでの固苦しい共産党機関紙というイメージを打ち破ったが、当時の「中野新報」をくってみると、その原型がここにあったことがわかる。（前掲「不破・上田兄弟論」五）

残念ながら、『中野新報』はあまり残っていない。わずかに国立国会図書館で、五六年九月から六〇年四月までの分が見られるにすぎない。上田が最も力を入れたそれ以前の時期のものは、全く散逸している。

五四年三月には、ビキニ環礁の水爆実験で第五福竜丸が被曝したのを機に、原水爆禁止運動（原水禁運動）が全国に広がった。そのさきがけとなったのは、杉並区だったと言われている（石堂清倫によれば、杉並区の前に世田谷区の梅ヶ丘で原水爆反対の署名が始まったが、ここでは措《お》く)。中央線の荻窪駅付近にあった杉並区立公民館の館長で、国際法学者の安井郁《かおる》が運動を全国的に組織化し、原爆投下からちょうど十年に当たる五五年八月六日には、広島で第一回原水禁世界大会を開くまでに至った。

原水禁運動は、杉並区に隣接する中野区にも広がった。中野区では、中野懇談会と『中野新報』が運動の中心となり、五四年七月には原水爆禁止運動中野協議会(中野原水協)が結成された。いずれの運動でも、共産党は中野懇談会と同じように、「幅広主義」を堅持していた。

六全協の直前に当たる五五年二月に行われた衆議院議員総選挙では、東京都の選挙区から共産党の当選者が出なかったものの、杉並区、中野区の共産党得票率は、それぞれ一〇・七%、一〇・三%に達した(前掲『衆議院議員選挙の記録昭和30年2月27日執行』)。東京都区部で共産党の得票率が一〇%を超えたのは杉並区と中野区だけであり、東京都全体でも清瀬町の一三・二%に次いでいた。

第一回原水禁世界大会では、上田は中野原水協の書記として参加している。しかし激務がたたったのか、帰ってくると結核が再発し、再度一年間の療養生活を余儀なくされた。

五七年、病気が回復すると、上田は日本共産党中野地区委員会の常任委員となり、中野地区の党活動に専念する。その途上で従来の原水禁運動に限界を感じるようになり、ついに人民戦線的な「幅広主義」を放棄する立場を鮮明にする。

さまざまな立場、さまざまな思想の人々が、参加してくる原水禁運動では、特定の政治的イデオロギーによる統一ではなく、具体的な日本の現実に即した、具体的な課題による統一こそ重要であり、そしてそのさい、各人、各団体の自発的創意を汲みあげて、それを基礎として運動の発展を築きあげるものは、まさに民主主義的運営の原則であることを、私は中野区原水協の実際の運営の経験のなかから、失敗と成功の教訓のなかから、学ぶことができた。

だが、より重要なことは、いわゆる「幅広主義」の、経験による克服だった。ブルジョア・ジャーナリズムから右翼社会民主主義者、修正主義者まで、一致してもち出してくる「神話」の一つに、杉並の母親のあいだから生まれたという初期の原水禁運動の、感動的な超党派的ヒューマニズムと、それにもとづく「幅の広さ」という神話がある。日本の原水禁運動の最大の失敗は、この「初心」を失って、ますます党派的、政治的になったことにあり、もしこの超党派的ヒューマニズムが堅持されていさえしたら、文字どおり全国民を結集した隆々たる発展があっただろうというのである。

だがこの「神話」ほど、運動の実際から離れたものはない。中野区原水協の書記としての私の経験は、まったく逆のことを教えている。（『マルクス主義と平和運動』、大月書店、一九六五年）

右の文章は、原水協から自民党や六〇年結成の民主社会党が離脱したばかりか、日本社会党と日本共産党の対立が激化する六〇年代に入ってからの回想であることに注意する必要がある。対立の根本には、社会党が主張するように、あらゆる国の核実験に反対するのか、それとも共産党が主張するように、「アメリカ帝国主義と、それに従属している日本独占資本の戦争と侵略の政策と、その強行」(同)に反対するのかという違いがあった。

もちろん上田は、後者の立場であった。「いわゆる幅広主義だけにとどまっていたら日本の原水禁運動は毎年あれだけの大会を開くことはできなかったと思うのです」(前掲「青春・思想・民主主義」)という主張は、ずっと変わらなかった。上田はこのことを、「中野区原水協の書記としての私の経験」から学んだとしている。

原水禁運動を続けながら、上田はしだいに、杉並区から生まれた「超党派的ヒューマニズム」とは一線を画するようになる。それは中野懇談会が原点を見失い、衰退してゆくということでもあった。

鉄道的に言えば、西武沿線住民であった上田は、中央線沿線との連帯の道を捨てるのだ。

原水禁運動とほぼ並行して、中央線沿線ではもう一つの政治運動が注目を集めていた。立川の米軍基地拡張に反対する、いわゆる砂川闘争である。たしかに当時、闘争の舞台となった北多摩郡砂川町(現・立川市)に隣接する同郡大和町(現・東大和市)の南端には、西武上水線(現・拝島線)の玉川上水駅もあったが、当時の上水線は西武国分寺線の小川と玉川上水を結ぶ盲腸線でしかなく、まだ西武新宿線とはつながっていなかった(上水線の萩山―小川間が開通し、新宿線との直通運転を始めるのは、六二年九月のことであった)。

したがって都心方面に向かうには、バスで都道第九十三号を経由し、中央線の立川駅に出るほうが一般的であった。砂川町を中央線沿線と見なすゆえんである。

砂川闘争で最も活躍したのは、反共産党の立場を鮮明にしつつあった全学連であり、共産党ではなかった。杉並区や中野区とは異なり、農村地帯の北多摩郡砂川町では、共産党アレルギーが非常に強く、五五年二月と五八年五月の総選挙では、共産党の得票率はともに一・九％しかなかった。「この時〔五六年九月〕になっても、共産党の現地本部をどこへ置くか、表立っては誰も引受けられないほど砂川では共産党とか赤とかを嫌っていた。この闘争の後でも、共産党には、地域の住民はなじみにくかった。そこで共産党は表面には出さずに、平和委員会として拠点を置くことにした」（宮岡政雄『砂川闘争の記録』、御茶の水書房、二〇〇五年）。

五〇年代後半の上田は、野方に住み、党活動に専念しながら、党中央とはなお一定の距離を保っていた。それを示すのが、大月書店から『双書　戦後日本の分析』シリーズの一冊として刊行された『戦後革命論争史』上下である。これは上田にとって初めての著書であり、結核の療養期を利用して書いたものであった。上巻は五六年十二月、下巻は五七年一月に刊行された。

それまでせいぜい中野区でしか知られていなかった上田耕一郎を一躍有名にしたのは、この本であったといっても過言ではない。

実はこの本は、上田が単独で書いたものではなく、五三年に東大を卒業してから、日本鉄鋼産業労働組合連合会（鉄鋼労連）の本部で企画調査部の書記をしていた不破哲三との共著であることが、「はしがき」で述べられている。「本書の完成には、畏友不破哲三の全面的協力にあずかった。全篇にわたって討論をくりかえしたばかりでなく、第一篇第六章・第二篇第六章および第七章・第三篇第四章は分担執筆をもしていただいた。本書は事実上両人の共著というべきものである」。なお「はしがき」には、前述のように清瀬に住み、大月書店編集部にいた石堂清倫に対する謝辞もある。

当時の日本共産党に大きな影響を与えた出来事として、一九五六年二月のソヴィエト共産党第二十回党大会におけるフルシチョフのスターリン批判があった。これを受けて上田は、「個人崇拝の問題はたんにスターリン個人にたいしての問題ではなく、日本ではもっと一般的に、共産党の指導的幹部および指導的理論にたいする無批判的な追従の傾向としてとりあげなければならない」（前掲『戦後革命論争史』上）と述べ、党中央の民主集中制に対する批判を公然と行った。

こうした態度を、上田は後年、「自由主義」と呼び、次のように自己批判することになる。

当時の私は、五〇年問題から『六全協』にいたる経験、そしてフルシチョフ秘密報告によるスターリン批判によって、依拠するものは自分の思考しかなく、党や党の指導者への無批判的追従はいっさいしまいと心に誓うようになっていた。（「『戦後革命論争史』についての反省」、『前衛』、日本共産党中央委員会、一九八三年八月号所収）

民主集中制に従わなかったのは誤りだったとしているわけだ。そればかりか上田は、「自由主義」と並んで、もう一つの自己批判をしている。「分散主義」と呼ばれるものがそれだ。

「六全協」前後かなりの期間、私は事実上、一定の理論的傾向を共通にもつ一つの党員グループのなかにいた。大月書店の『双書　戦後日本の分析』も、このグループの企画によるもので、綱領討議をも意識した特定の理論的潮流を代表した出版企画でもあった。このグループのなか

には、あきらかに分散主義があった。（同）

上田の言う「一定の理論的傾向を共通にもつ一つの党員グループ」とは、前章で触れた構造改革派を指している。具体的には石堂清倫のほか、井汲卓一、長洲一二《かずじ》、佐藤昇、安東仁兵衛などがこのグループに属していた。

六全協は五五年だから、「前後かなりの期間」ということは、五〇年代のかなりの時期、上田は構造改革派のグループにいたことになる。『戦後革命論争史』の「はしがき」で、上田が石堂に対する謝辞を記していたのは、このことと関係していた。

対照的に見えた「清瀬」と「野方」は、上田耕一郎と石堂清倫という二人の理論家を通して、実はつながっていた時期があったのだ。

五八年七月から八月にかけて、日本共産党第七回大会が中野区の中野公会堂で開かれた。この大会で、野坂参三が中央委員会議長、宮本顕治が書記長に選出された。「旧主流派〔所感派〕は殆ど役職から外され、旧国際派『勝利』の大会となり、反党章派を切って捨てた宮本が野坂と組んで党の実権を握った」（兵本達吉『日本共産党の戦後秘史』、新潮文庫、二〇〇八年）。

第七回大会では、党章草案の綱領に当たる部分が審議された。宮本は、反帝反独占の民族民主革命を経てから、社会主義革命へと至る二段階革命路線を唱えた。しかし構造改革派は、議論の幅はあるにせよ社会主義革命路線（一段階革命論）を唱え、宮本に対立した。「中野地区選出の代議員として出席した上田は、構改派の一員として草案反対の一席をぶっていた」（前掲「不破・上田兄弟論」五）。結局、草案に反対する代議員が四〇％を占めたため採択できず、決定は第八回大会に持ち越された。

構造改革派は、日本社会党のなかにもいた。その中心は江田三郎であった。このころ、上田や佐藤昇らは、社会党内の構造改革派と定期的に研究会を開いており、安東仁兵衛も上田に誘われて研究会に出席していた（前掲『戦後日本共産党私記』）。

総選挙を控えた五八年三月五日、上田が『中野新報』で「社会党の得票の増加率は第一に注目のまとだ。第二は共産党の議員と得票の増加率だ」と述べたのも、そう考えれば納得がいく。上田は「幅広主義」を捨てても、社会党とのつながりまでも捨てたわけではなかった。

五九年四月、構造改革派の理論機関誌として『現代の理論』（大月書店）が創刊されたが、党中央の命令により八月に廃刊に追い込まれた。上田は、これを党内言論弾圧だとして怒ったという（前掲「不破・上田兄弟論」五）。しかし、石堂の回想はこうである。

このとき井汲卓一門下とみなされていた上田耕一郎と不破哲三がこのグループから離れ、宮本〔顕治〕のグループに接近し、党内政治のなかで一歩一歩地歩をかためる。編集者の安東仁兵衛が、あの兄弟は本質的には構造改革派なのだが、こんどは離れても、また戻ってくる、双曲線の軌道を描くのだと言ったものである。私の知りあったこの世代の青年のうち、現実政治の計算にもとづいて行動したのはこの二人ぐらいであったが、安東の診断はなかなかあたらないようになってきた。（前掲『続わが異端の昭和史』）

前述のように、井汲卓一は石堂や上田、不破とともに、構造改革派の一員であった。ところが五九年九月以降、上田や不破は主流派となる宮本顕治に接近してゆく。「こんどは離れても、また戻ってくる」という安東の予測は、石堂が述べたように外れるのだ。「野方」と「清瀬」のつながりは、長くは続かなかった。

六一年七月に開かれた日本共産党第八回大会は、左の極左派と右の構造改革派を切り捨てた宮本主流派の独壇場となった。第七回党大会での党章草案が正式に採択されたのだ。

野坂参三による中央委員会の政治報告では、構造改革路線に傾く日本社会党との違いが、次のように鮮明にされた。

社会党は、最近の大会で、わが党の反帝反独占の民族民主統一戦線の路線に反対という主張とともに、「構造改革」論による方針をとりあげた。また、わが党の一部にも「構造改革」を通じての社会主義革命という主張を積極的におこなっているものが、党外の刊行物などで、事実上集団的な執筆活動をおこない、わが党の前大会以来の「党章草案政治綱領部分」や第七回党大会以後の「二つの敵」との闘争の路線にたいして、陰に陽に批判と攻撃をおこなっている。かれらのこのような執筆の態度は、単なる学問的研究の範囲のものではなく、党の政治路線への意識的な批判と攻撃をおこなうものであることは、かれらの発表した一連のものをみれば、まったく明白である。(『前衛』六一年九月臨時増刊号)

第八回大会までに、上田と不破は、この政治報告で示された党主流派の側につく。六三年になると、二人は共著『マルクス主義と現代イデオロギー』上下を刊行し、「私たちもまた、このグループ〔構造改革派〕主義的傾向から完全にまぬがれることはできなかった」と自己批判するとともに、構造改革派を名指しで攻撃するようになる。

六〇年秋、上田は長らく住み慣れた野方から、千葉県松戸市の常盤平団地に引っ越している（前掲『私の戦後史』）。五八年に上田庄三郎が死去しているから、六〇年以降、野方には上田俊郎だけが住むことになったのだろう。

常盤平団地は、新京成電鉄の沿線にあり、日本住宅公団が五九年十二月から入居者を募集していた。総戸数は四千八百三十九戸で、当時としては最大規模の団地となった。

上田が西武沿線から去ることで、『中野新報』の刊行は不可能になる（国立国会図書館に所蔵されている『中野新報』の最後は六〇年四月十五日発行の一九五号）。中野懇談会も、上田が出席した六〇年一月十七日の新年会では、「組織の弱体化している現状とその原因」（『中野新報』六〇年一月二十五日）が話し合われた。同時に、新安保条約が国会で批准される前の三月か四月、中野公会堂で大会を開くことも確認されたが、実際に開かれたという記録は残っていない。

上田が引っ越した後も中野懇談会は存続するが、「会そのものはつぶれないで、いまだにときどき問題が起きると集まっている」（前掲「上田耕一郎氏に聞く」）といった程度の、きわめて名目的な組織にすぎなくなる。

六一年八月、石堂が第八回大会に対する不信の念を抱きつつ、共産党を離党したことは、前章で触れた。石堂が離党した時期は、佐藤、安東ら構造改革派が離党した時期とほぼ重なっている。共産党本部に勤め始めた六四年、上田は前掲『戦後革命論争史』上下を絶版にしている。

第五章　堤康次郎と「西武天皇制」

早稲田大学の歴史文書を扱う「早稲田大学大学史資料センター」は、辻井喬が寄贈した「堤康次郎関係文書」を所蔵している。

辻井が早大に寄贈したのは、堤康次郎が早大政経学部を卒業したからだろう。このなかに、一九五三（昭和二十八）年四月二十五日から、同年十月十九日までの日記がある。

一九二四（大正十三）年から立憲民政党の代議士となり、戦後に公職追放となった堤康次郎は、五一年に解除されると、その翌年の衆議院議員総選挙に再び当選して改進党の代議士に返り咲き、五三年五月十八日には衆議院議長に就任した。したがってこの日記は、堤康次郎が議長となる直前から、就任してちょうど五カ月が経つまでの時期に相当する。

日記は、二十四行の横罫線が入ったA５判の大学ノートを縦書きにして万年筆を使い、楷書で書かれている。ノートには、同年十月二十日から五四年十二月六日までのメモを記した原稿用紙が数枚はさまっている。

日記は毎日つけられているが、簡潔にその日の出来事だけを記していて、個人的な感情は全く交えていない。しかしよく見ると、衆議院議長になってからの半年間で、堤康次郎がどれだけ頻繁に天皇や皇族と会ったかがわかる。

本章ではまず、この日記を手がかりとしながら、衆議院議長時代の堤康次郎と天皇、皇族との関係について見ておきたい。

堤康次郎が初めて昭和天皇と会ったのは、衆議院議長となった翌日、すなわち一九五三年五月十九日に皇居を訪れ、就任のあいさつをしたときであった。日記には、「午前九時五十分　宮中参内」としか書かれていない。しかしそのときの模様を、辻井喬は『父の肖像』（新潮社、二〇〇四年）でこう描いている。


陛下が現れ、侍従が楠次郎〔堤康次郎〕を御紹介申し上げて退出すると、彼は陛下と二人だけで拝謁の間に残された。次郎は、

「今度、図らずも衆議院議長を仰せつかりました楠次郎でございます」

と自己紹介をした。陛下が、

「ああそう、御苦労である」

と言われたように次郎には聞えたが、緊張していたからか、御言葉が独特の抑揚を持っているせいか充分には聞きとれない。ただ、

「はあ、さようでございます」

「大隈重信侯に教わり、すでに故人になりましたが永井柳太郎からずいぶんいろいろなことを学びました」

とお答えしたことを覚えているので、いくつか御下問があったことは確かである。また、自

分は滋賀県の生れで青年時代の前半は百姓をして米を作っておりました、というような説明を申し上げたところから考えると、生れなどについての御質問もあったはずだ。次郎を圧倒していたのは、自分と陛下の間には誰も入っていない、自分は一億の民の代表として一人で陛下の前に立っているという感覚であった。最後に陛下から、

「御苦労があろうが三権分立を通すように」

という意味のお言葉があったところへ侍従が戻ってきた。

日記によると、このあと八月十一日に参内して天皇に会ったほか、六月二日と十月十五日には皇居で天皇と食事をともにした。また、六月十六日の国会開院式や、九月二十三日に皇居の宮中三殿で行われた秋季皇霊祭・秋季神殿祭でも、天皇と会っていたと見られる。衆議院議長になることで、堤康次郎は昭和天皇を急に身近な存在に感じ、「一億の民の代表として一人で陛下の前に立っているという感覚」をしばしば味わうようになる。

ところが、五月十九日に皇居を訪れたさい、内縁の妻である青山操を同伴し、正妻の川崎文を同伴しなかったことが、特に女性団体の間で問題となった。この問題については、前掲『父の肖像』でも言及されているが、ここでは康次郎の側近であった中嶋忠三郎の回想を引用しておく。

女性誌であったと思うが、「怪しからん」と騒ぎ立てられた。「皇室中心主義を標榜する堤が、天皇にお会いするのに側室つまりお妾さんを連れて行くとは何事か」というわけであった。国会でも問題になった。堤は、衆議院議長でありながら、内縁の妻と同棲している。それに対す

る反対同盟のようなものが出来た。これには、早大総長夫人のような有力な人も加わったし、組織的な人物も多数参加した。(『西武王国—その炎と影』、サンデー社、二〇〇四年)

堤康次郎の女性関係は複雑怪奇といってよく、西沢コトとの間に長女淑子が、岩崎ソノとの間に長男清が、青山操との間に次男清二(辻井喬)と次女邦子が、石塚恒子との間に三男義明と四男康弘と五男猶二が、それぞれ生まれている。さらに前掲『彷徨の季節の中で』や前掲『父の肖像』では、辻井は青山操とは別の女性から生まれたとされ、中嶋忠三郎も「私の目や感覚からしてもそうであろうという気がしてならない」(前掲『西武王国—その炎と影』)と述べている。康次郎と川崎文との間には、子供はできなかった。

大正天皇の時点で少なくとも表向きには一夫一婦制を確立していた宮中に「側室」を連れて参内するのは不敬であるという認識は、堤康次郎につゆほどもなかった。結局、康次郎は五四年七月に川崎文と正式に離婚し、八百万円の慰謝料を払う代わりに、青山操との婚姻届を出した。

堤康次郎が議長に就任してから最初の国会に当たる第十六回特別国会では、会期末の五三年七月三十一日になっても予算案が決まらなかったため、与党の自由党、野党の改進党とはかり、左右両派社会党が反対するなか、一週間の会期延長を強行採決した(前掲『堤康次郎』)。

八月十日、堤康次郎は天皇と皇后から、アユ二十匹を「下賜」された(前掲「堤康次郎関係文書」)。激務に対するねぎらいの意味があったのだろう。その翌日、堤康次郎は再び宮中に参内し、天皇に国会の経過について報告した。「陛下はこの時も、/『ごくろうである』/と、ただ一言仰せられた」（前掲『父の肖像』）。

このように、首相や閣僚、衆参両院の議長などが天皇に面会し、国政の報告を行うことを「内奏」という。日本国憲法下の象徴天皇制では、内奏を行う必要はなかったが、実際にはこの習慣が、戦前から戦後へと受け継がれた。天皇の政治利用を避けるため、内奏の中身について口外することは重大なタブーとされた。

しかし内奏の直後、堤康次郎は「衆院議長室で記者団と会見してその報告書を発表した」（『朝日新聞』五二年八月十一日夕刊）。つまり、本来口外すべきでない内奏の中身を公表したのである。そこには次のような文章があった。

> 延長会期八月一日より七日の間に、国会を通過致しました法案には、スト規制法、日米通商航海条約、恩給法一部改正案、独占禁止法一部改正案、選挙法一部改正案、法人税法一部改正案、ライ予防法案、戦傷病者、戦没者遺《ママ》家族援護法一部改正法案等の重要法案があり、国民各層の熱意こもる数百件の請願が審議されました。
>
> 叙上の法案は、何れも国の再建と、経済力の充実に必須のものばかりでありまして、僅かに七日間の会期延長が、大きく独立の完成に寄与致しました事は、国家のため慶賀の至りであります。
>
> 七月三十一日夜半の一瞬、私がためらったならば、これらの重要法案は、凡て流れ、その成立には、次の会期を待たねばなりませぬ。
>
> この場合の陛下の御心配と、国民の国会に対する批判とを思いますれば、真に慄然たるを覚

ゆるのであります。(堤康次郎『苦闘三十年』、三康文化研究所、一九六二年)

一週間の会期延長を強行したのは、そうせずに重要法案が成立しなかった場合の「陛下の御心配」を考慮したからだと言わんばかりの文章である。そこには、前日に大皇と皇后から「下賜」されたアユ二十四が効いていたに違いない。

しかし前掲『父の肖像』によれば、天皇は「ごくろうである」と言っただけであった。この内奏公表は問題にはならなかったが、天皇の政治利用と受け取られてもおかしくなかった。

堤康次郎は、天皇ばかりか皇族とも頻繁に面会している。以下、五三年の日記から関係箇所をまとめて引用しておく。

六月　五日　午前九時、高松宮家を訪問。
　　　十一日　午前十時、北白川家を訪問す。
八月二十五日　正午、於軽井沢プリンスホテル、朝香宮様、鷹司御夫妻、清宮《すがのみや》様と御会食。
十月　十二日　午前十一時十分、於羽田空港、皇太子殿下御奉迎。

まず、八月二十五日の記述に注目したい。軽井沢プリンスホテルというのは、旧朝香宮沓掛《くつかけ》別邸のことで、現在の軽井沢プリンスホテルとは異なる。四七年八月に康次郎が買収し、同年十一月に外国人向けのホテルとして開業した。康次郎が設立した箱根土地株式会社が大正期から開発した千ヶ滝地区にあることから、千ヶ滝プリンスホテルと呼ばれるようになる。これがプリンスホテルの嚆矢《こうし》となる。

「朝香宮様」は、正確には朝香鳩彦《やすひこ》であろう。もともとは皇族で、朝香宮家の初代当主であったが、GHQの指令を受ける形で他の十宮家とともに皇籍を離脱し、平民となった。朝香鳩彦が軽井沢プリンスホテルに滞在しているのは、そこがかつて自らの別邸だったことと関係があろう。「鷹司御夫妻」は、鷹司平通《としみち》と鷹司和子であろう。鷹司和子は昭和天皇の第三皇女で、五〇年に結婚して平民となった。「清宮様」は昭和天皇の第五皇女で、後の島津貴子《たかこ》である。軽井沢プリンスホテルは、五〇年以降は皇太子が毎年滞在するなど、皇族の定宿になってゆくが、朝香鳩彦や鷹司和子ら元皇族も利用していたことがわかる。

しかし、堤康次郎が皇族と頻繁に会ったのは、単に親睦を深めるためではなかった。朝香宮沓掛別邸を買収してからも、康次郎は旧皇族の土地を次々と買収していった。

五〇年には、別邸に続いて東京の旧朝香宮邸（現・東京都庭園美術館）の大部分を買収した。五一年には旧竹田宮邸を買収し、衆議院議長になってちょうど六カ月後の五三年十一月十八日、東京初のプリンスホテルとして開業させた。現在のグランドプリンスホテル高輪である。

旧竹田宮邸を現物保存するためと称して、堤康次郎は建物の随所に刻まれた菊の紋章をそのままにし、プリンスホテルのトレードマークにした。それは一見、天皇家の紋章と変わらなかった。大胆にも堤康次郎は、旧皇族の土地や建物ばかりか、デザインまでも乗っ取るのだ。

旧皇族の土地に対する堤康次郎の執着は、これだけにとどまらなかった。

再び、日記の記述に戻ろう。

六月十一日、堤康次郎は北白川家を訪れている。北白川家は、朝香宮や竹田宮と同様、もともと北白川宮という宮家であった。このころ、康次郎は、旧朝香宮邸、旧竹田宮邸に続いて、旧北白川宮邸を買収することを考えていた。

以下、猪瀬直樹『ミカドの肖像』上（新潮文庫、一九九二年）によりながら話を進める。当時、堤康次郎が住んでいた衆議院議長公邸は、旧北白川宮邸をそのまま使っていた。廃止された衆議院高輪議員宿舎があったところである。

旧北白川宮邸の洋館の所有権と敷地の賃借権が、一九四七年七月に北白川宮家から衆議院に移ったのに続いて、五二年三月までに四千百九十一坪の土地も衆議院に所有権移転登記がなされた。だがそれでも、残り一万二千余坪がまだ北白川家に残されていた。猪瀬はこう述べている。

　その一万二千坪を堤康次郎が「売買」で入手したのは、すでに記したように昭和二十八〔一九五三〕年七月二十四日。堤康次郎が衆議院議長に就任して二か月後のことであった。衆議院議長になったその日より、彼は毎日、四千余坪の国有地の上に建つ旧宮家の洋館の議長公舎から、一万二千余坪の自分が購入する予定の宏大な庭園を眺めていたわけである。（前掲『ミカドの肖像』上）

堤康次郎は、北白川家がもっていた一万二千余坪の土地を、五三年七月二十四日に買収した。六月十一日に北白川家を訪れてから、わずか一カ月半後のことであった。

ところが、この土地は新高輪プリンスホテル（現・グランドプリンスホテル新高輪）が着工される五カ月前に当たる七九年十一月まで、ずっと所有権移転登記がなされなかった。つまり、第三者には西武鉄道の所有地であることがわからなかったのである。

猪瀬直樹は、五三年九月二十日に北白川家の代表、水戸部孚《まこと》が衆議院事務総長の大池真にあてた陳情書を紹介している。そこには、議長公邸となっている四千余坪を買い戻し、一万二千余坪の土地とともに、ひとまとめにして保存したいと書かれていた。この陳情書に対して、衆議院議長の堤康次郎は、「宮家としての必要ある場合には御協議の上で衆議院において支障なき限りは御返却し得るものと考えておる」と答えている。

堤康次郎が六月十一日に北白川家を訪れた目的は、西武が北白川家の土地を買収することを公表せずに、議長公邸を北白川家が買い戻す、という一連の芝居の打ち合わせをすることだったのではないか。

だが、「着々と進行していたかのようにみえた計画は思わぬところで頓挫した」（前掲『ミカドの肖像』上）。五四年十二月、第五次吉田茂内閣の総辞職とともに、康次郎も衆議院議長を辞職したのだ。衆議院議長公邸が北白川家に戻ることはなく、一万二千余坪の土地も、表向きは北白川家の所有とされたままであった。


旧北白川宮邸を買収した翌年の五四年、堤康次郎は八月に旧東伏見宮別邸を買収したのに続いて、九月には旧李王《りおう》邸を買収した。旧東伏見宮別邸は五四年十月に横浜プリンス会館（後の横浜プリンスホテル。現在は閉館）となり、旧李王邸は五五年十月に赤坂プリンスホテル（現在は閉館）となった。

東京と横浜にあった二つの旧皇族の土地は、旧北白川宮邸と同様、康次郎の衆議院議長在任中に買収されている。

一方、箱根土地株式会社による大泉学園都市と小平学園都市の開発が失敗に終わってからというもの、西武沿線の土地を買収し、住宅地として開発する計画は遅々として進まなかった。沿線には依然として農地や雑木林が広がり、康次郎が衆議院議長となる直前の五三年三月まで、まだ都心から郊外へ糞尿を運ぶ列車が走っていた。同年八月十二日の康次郎の日記には、「午前十時於議長室、大達〔茂雄〕文部大臣、安井〔誠一郎〕都知事と会見　戦争中糞尿輸送感謝状」とある。

当時、私鉄業界で康次郎にとっての最大のライバルは、東京急行電鉄会長の五島慶太であった。観光地の開発では、有名な「箱根山戦争」をはじめ、軽井沢でも伊豆でも、西武は東急とことごとくぶつかった。五九年八月に五島慶太が死去した後も、康次郎は「この悪党めという気があって、いまでも五島慶太がしゃくにさわってしようがない」(『西武』六一年十二月十五日)と述べるなど、五島への敵意をむきだしにした。

ところが首都圏では、堤康次郎が目をつけた土地と、五島慶太が目をつけた土地は全く異なっていた。康次郎が東京を中心とする旧皇族の土地の買収に情熱を注いでいたころ、五島は「田園都市」の候補地として、横浜市港北区(現・青葉区および緑区)の山林や原野に注目していた。

五三年一月十九日、会長の五島慶太は、こう述べている。

現状の人口問題を解決する道は、やはり田園都市会社の経営によって都市を作るという以外には私はないと思っております。私は第2の東京を作る場所として、どこが一番良いかということをいろいろ考えてみましたが、やはり厚木大山街道に沿っているあの横浜市港北区の一部の山林、原野以外にはその地勢、気候、距離等において適当な土地がないと断定いたしました。

そこで私はこの厚木大山街道沿いに約４、５百万坪の土地を買収して、第２の東京をつくりたいと思うのでありますが、しかしてこれをやるのは、やはり田園調布などの街づくりに実績のある当社が一番適当であると考えます。（工文社編『多摩田園都市―良好な街づくりをめざして』、東京急行電鉄、一九八八年）

現在の多摩田園都市の原型がここに見られる。五島は、年々増加する東京の人口問題を解決するためには、「第２の東京」をつくり、人口を移植させるしかないと考えたのである。この構想に基づき、東急は川崎市から横浜市北部にかけて広がる膨大な土地を買収していった。

東急は、五島慶太が死去してからも土地の買収を進め、六六年には多摩田園都市を横断する溝の口―長津田《ながつた》間に新線を開業させ、すでに開業していた大井町―溝の口間と合わせて田園都市線と称した。これ以降、多摩丘陵を切り開いた新しい町が、東急によって本格的につくられてゆく。大正末期に「当社の母体」（『東京急行電鉄50年史』、東京急行電鉄、一九七三年）である田園都市株式会社が洗足、大岡山、多摩川台（田園調布）各地区の住宅地を分譲して以来、東急の歴史はそのまま住宅開発の歴史と重なっている。

ただし西武も、自社の沿線を全く開発しなかったわけではない。少なくとも例外は二つあった。その一つは、池袋線のターミナルである池袋の開発である。康次郎はこう述べている。

西武デパートは、戦前菊屋という小規模な店があったのを、大きくしたものだが、戦後池袋東口の区画整理が進むのをまって、今のような大ビルディングの構想をたてた。
工事を四期に分けて、近代建築の粋をこらした大ビルをつくる、三越本店のような大デパート。（前掲『人を生かす事業』）

このように、ターミナルに隣接してデパートをつくるという戦略は、阪急電鉄の創業者である小林一三《いちぞう》をまねたものであった。ところが西武百貨店は、改築に改築を重ね、売り場面積をしだいに拡張していった。「工事を四期に分けて」というのは、五二年の第一期工事、五四年の第二期・第三期工事、五六年の第四期工事を意味している。

康次郎は、五三年五月に衆議院議長になるとともに、辻井喬を秘書にした。翌年九月、辻井は西武百貨店に入社し、五五年には早くも取締役店長となった。徹底した反ソ、反共主義者であったはずの康次郎が、日本共産党東大細胞に属していた過去をもつ辻井を抜擢したのである。
辻井は店長になる前から労働組合の設立を康次郎に認めさせ、店長になってからは、それまでの高卒女子中心の採用に対して、大卒の男子社員を採用するなど、康次郎とは違った道を歩み始めた。労働組合の設立については、次のような説明がある。

清二〔辻井〕は、執拗に堤康次郎と西武鉄道の幹部を説得して「感謝と奉仕」の理念に自らも異議のないことを説明し、全国百貨店労働組合連合のような外部団体に加入しないこと、そして労使の協調で「働き甲斐のある職場のための組合」であることという条件のもとに、康次郎の承認を得た。そして、一九五四年一二月一七日、組合員七〇〇名による西武百貨店従業員組合が設立された。（由井常彦編『セゾンの歴史』上巻、リブロポート、一九九一年）

ここでいう「感謝と奉仕」については、後で言及する。ストのない西武を誇りとし、労働組合は左翼的組織と考えていた康次郎を説得するのに、辻井がいかに苦労したかがわかろう。

池袋ターミナルとともに、晩年の康次郎が固執したもう一つの沿線開発は、多摩湖線、西武園線、狭山線、山口線が乗り入れ、東京都と埼玉県にまたがる狭山丘陵一帯を開発し、一大レジャーランドにすることであった。

狭山丘陵の開発は、一九二七年に村山貯水池が完成したのを機に、当時の武蔵野鉄道、旧西武鉄道、多摩湖鉄道の三社が別個に鉄道を敷設し、それぞれ村山公園（現・西武球場前）、村山貯水池前（現・西武園）、村山貯水池（現・武蔵大和）駅を開業させたことに始まる。二八年には旧西武鉄道直営の村山ホテルが開業し、三七年には貯水池の堰堤下に東京市立の狭山公園（現・都立狭山公園）がつくられるなど、しだいに整備が進み、東京市内からの行楽客や遠足の小学生を集めるようになった。

旧西武鉄道（現・西武西武園線）の東村山―村山貯水池前間には、第三章で触れたように、結核療養所が建てられた。一九三九年に開園した保生園（現・新山手病院）、四二年に開園した村山療養園（現・東京白十字病院）がこれに当たる。

一方、村山貯水池前駅の北側に広がる丘陵地帯は、いまだ「武蔵野の面影を残す雑木林からなり、その中には梅林やハツタケの産地として知られる松山もあった」（野田正穂「西武鉄道と狭山丘陵開発」、『東村山市史研究』第一三号、東村山市史編さん室、二〇〇四年所収）。ここに着目したのが、戦時体制への移行とともに急速に勢力を伸ばしつつあった、蓮沼門三《もんぞう》を創設者とする修養団であった。

修養団は、政府の外郭団体で、第一次近衛文麿内閣が始めた国民精神総動員運動に力を注いでいた。団長で後に首相となった平沼騏一郎は、村山貯水池に隣接する約十六万坪の土地を買収して「日本唯一の皇民練成の道場」である皇民道場を建てることとし、四一年十一月には旧青山御所の一部を移築した「共承閣」と、日東紡績からおくられた「揚清館」が完成した（「『共承閣』と『揚清館』竣成」、『向上』一九四二年二月号所収）。村山ホテルは、修養団の宿舎となり、四四年には修養団を母体とする私立の正明《せいめい》中学校が皇民道場内に設立された。しかし、国策機関と化していた修養団の活動は、敗戦により中止に追い込まれた。

四五年九月、武蔵野鉄道と旧西武鉄道が合併して誕生した新生西武は、四七年に皇民道場がもっていた土地を買収し、五〇年に東村山文化園（現・西武園ゆうえんち）を開園させた。郊外の終点に遊園地をつくるという発想もまた、さかのぼれば阪急の小林一三に行き着く。

同年、村山競輪場（現・西武園競輪場）が開設され、村山貯水池と三四年に完成した山口貯水池を結ぶおとぎ電車（現・西武山口線）も開通した。五一年には、日本がユネスコに加盟したのを記念して、山口貯水池の近くにユネスコ村が建設された。

それとともに、西武は東村山文化園を西武園に改称した。私鉄の社名をそのまま遊園地の名称としたのは、戦前に京王電気軌道（現・京王電鉄）が開設した京王閣があったが、京王閣は競輪場となったため、当時は一つしかなかった。

堤康次郎の日記には、衆議院議長になる前の五三年五月十日、「於西武園　改進党慰安大会」とあり、議長になった後の同年六月十四日、二十一日、二十八日にも、それぞれ「於西武園　国会職員慰安会」とある。康次郎は、党や国会関係者の「接待」に自らの西武園を利用していたことがわかる。こうした記述を見る限り、西武園は沿線住民のための遊園地というよりはむしろ、康次郎のための遊園地だったようである。

さらに西武は、村山貯水池と山口貯水池を、両貯水池を管理する東京都に無断で多摩湖、狭山湖に改称させるキャンペーンを、毎日新聞社と提携して五一年から始めた（前掲「西武鉄道と狭山丘陵開発」）。多摩湖線の終点と、休止していた山口線（現・狭山線）の終点を、それぞれ多摩湖、狭山湖に改称したのはこのためである。

康次郎自身が二八年に設立した多摩湖鉄道に明らかなように、多摩湖という名称自体は戦前からあった。しかし、この場合は山口貯水池を含めて多摩湖と称していた（北村拓「狭山丘陵をめぐる交通網の盛衰」、『東村山市史研究』第二〇号、二〇一一年所収）。多摩湖とは別に狭山湖という新たな湖の名称が発案されたのは、このときが初めてであった。

西武のキャンペーンは成功した。六〇年代になると、村山貯水池、山口貯水池という正式名称より、西武が命名した多摩湖、狭山湖のほうが人口に膾炙するようになる。

五九年十二月には、人工のスキー場である狭山スキー場が開設され、高松宮夫妻が開場式に招かれた。堤康次郎は、旧皇族の土地を買収したばかりか、現役の皇族をも自ら開発した施設の宣伝に利用したのである。しかし、天皇が訪れることは一度もなかった。

六〇年代になると、多摩湖、狭山湖一帯は花見の名所となる。毎年四月、西武は臨時電車を増発して乗客の輸送にあたった。

　花どころ多摩湖、狭山湖へは、池袋、新宿両線から臨時電車を多数増発して大輸送に備えたが、どの電車も花見客で溢れるばかり。（中略）この日〔三日〕狭山湖駅の降車人員一二四二九人、西武園駅が一六二四一人、多摩湖駅が七三一五人、鉄道だけで約三万六千の人が集った。（『西武』六〇年四月十五日）

　運転課ではこの人出に備え、池袋線に九本、新宿線に二十五本、多摩湖線に二十一本の臨電を運転したが、いづ《ママ》れも満員の盛況。（中略）駅別降車人員は西武園一五三七七人、狭山湖駅一二一六六人、多摩湖駅八一四〇人だった。（『西武』六一年四月十五日）

ちなみに、二〇一三年度の乗降人員は、西武園が三千八百三十八人、西武球場前（もとの狭山湖）が一万六百六十九人、西武遊園地（もとの多摩湖）が二千六百九十六人となっている（西武鉄道Ｗｅｂサイトより）。降車人員はほぼ半分だから、それぞれ千九百十九人、五千三百三十五人、千三百四十八人程度となる。西武園や西武遊園地はもとより、七九年に西武ライオンズ球場（現・西武ドーム）ができて以来、野球開催日に臨時電車が多く発着するようになる西武球場前ですら、かつての花見シーズンの人出とは比べるべくもない。

狭山丘陵の開発にかける康次郎の意気込みがどれほどであったかは、次の文章からもひしひしと伝わってくる。

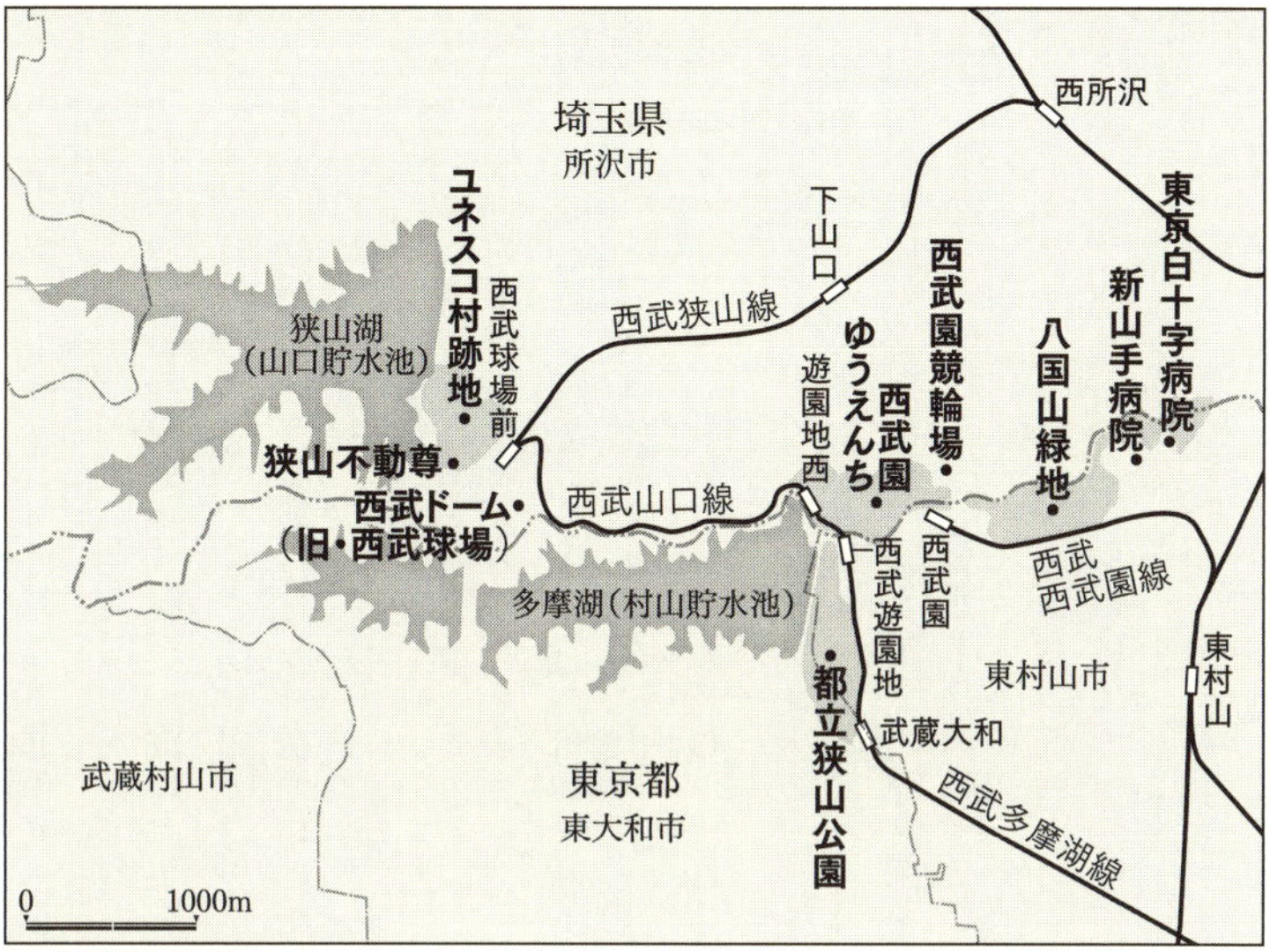

西武園周辺の地図

> 鉄道に関連して観光というものも忘れてはいけない。観光の重要性はしばしばいっておるが当社には海がない。であるから東京から直通で四十分足らずで行ける五十万坪の西武園、ユネスコ村を、都民はいうに及ばず、日本で遊園地といったら、まず西武園というように総合大遊園地にして、アメリカのディズニーランドに劣らない世界一の立派なものにしてゆきたいと考えている。(「年頭のことば」、『西武』第四九号、一九六二年所収)

西武園は、「アメリカのディズニーランド」を目標としていた。親米反ソを信条とする康次郎にとって、遊園地はホテルやデパートと同じく、アメリカの大衆消費文化を日本に広めるための重要な手段として位置付けられた。

実はこのころ、ディズニーランドを意識し

た「ランド」の付く遊園地を、東京西郊の丘陵地帯につくろうとした人物がもう一人いた。読売新聞社社主の正力松太郎である。

六三年一月一日の読売新聞は、一面に「世界に誇る『読売ランド』百二十余万坪に建設」の大見出しを掲げた。「待望のオリンピックをあと一年にひかえた、昭和三十八年の新春にあたり、読売新聞社は正力社主が創設した日本テレビならびに関東レースと協力して、いよいよ世界に誇る一大レクリエーション・センター『読売ランド』を建設することに決定しました」という一文に始まるこの社告は、正力自身が再三にわたりチェックを入れたものだ。晩年の正力が遊園地の建設に傾けた情熱のほどがうかがえよう。

社告によれば、読売ランドには「世界に誇る施設」が十一あった。その一つが、「全く世界に例を見ない」海水水族館であった。正力が、西武園はもちろん、ディズニーランドにもない海水水族館をわざわざつくろうとしたのは、海洋生物学者であった昭和天皇の来訪を考えたからではなかったか。

昭和天皇が皇太子時代に狙撃された二三年十二月の虎ノ門事件で警護責任を問われ、警視庁警務部長を懲戒免官となり、読売新聞の経営権を買収して社長となった正力にとって、昭和天皇は特別な存在であった。五九年六月二十五日、後楽園球場で行われた巨人・阪神戦に初めて天皇を呼び、天覧試合を実現させたのも、「三十六年前に突然、わが身にふりかかった厄災と挫折と忍辱の思いを、他ならぬ昭和天皇によって〝免責〟し、〝恩赦〟してもらう」(佐野眞一『巨怪伝』、文藝春秋、一九九四年)ためであった。同じことを、読売ランドについても考えたのではないかと思われるのだ。

読売ランドが開園したのは、東京オリンピックに先立つ六四年三月であった。正力は六九年に死去したため、存命中にその夢をかなえることはできなかったが、昭和天皇は七四年によみうりランド（六八年に読売ランドから改称）を訪れ、「よみうりランドの水族館」と題する和歌「オランダの旅思ひつつマナティーのおよぐすがたをまたここに見ぬ」を詠んだ（原武史「遊園地という思想」、『僕たちの大好きな遊園地』、洋泉社、二〇〇九年所収）。

一方、堤康次郎の西武園やユネスコ村を天皇が訪れることはなかった。せいぜい、六七年五月に徳仁《なるひと》親王（現天皇）が学習院初等科の遠足でユネスコ村を訪れたのと、六六年二月に秩父宮妃（勢津子）が西武園の「結核予防会総裁杯競輪」の開会式に出席し、西武園、ユネスコ村、狭山スキー場を訪れた程度であった。

なぜ、堤康次郎は「昭和天皇の崇拝者でありつづけた」（前掲『堤康次郎』）にもかかわらず、正力とは異なり、昭和天皇の来訪を考えなかったのか。

それは結局、「一億の民の代表として一人で陛下の前に立っている」うちに、天皇と一体になっていると実感するばかりか、自らも天皇になったかのように錯覚したからではないか。康次郎の心中には、昭和天皇と面会して「朕《ちん》、日本天皇陛下と精神一体の如し」と述べた「満洲国」皇帝、溥儀《ふぎ》のような感情が芽生えていなかったか。

五八年一月一日、西武鉄道は機関紙『西武』を創刊した。第一号は、一面トップに「新年お目出とう　昭和三十三年元旦」の見出しが五段抜きで掲げられ、その横に大きく、堤康次郎が腰掛け、上半身背広姿で正面を向いた肖像写真が掲載されている。写真の下には、「新春を迎えて―

益々お元気な堤会長」という説明がある。

さらに写真の左隣には、「感謝奉仕」と書かれた堤康次郎自筆の文字が掲げられ、その下にはサインと印影がある。このように、肖像写真やサイン、印影によって、康次郎の存在感を社員に強く印象づけるやり方は、近代天皇制ときわめてよく似ている。肖像写真は御真影に、サインは御名に、印影は御璽《ぎょじ》にそれぞれ相当しよう。

肖像写真の脇には、社長で、堤康次郎の長女、淑子の夫に当たる小島正治郎が、「年頭の御挨拶」を述べている。

申すまでもなく当社は堤会長から常々訓《おし》えられておりますとおり、「感謝と奉仕」を社是としてこれを誠実に実行して参りましたので、今日の社風ができ、日ごとに発展して参つたのでありますから、これからも常に「感謝と奉仕」を念頭に置いて各自の持場持場で最上をつくしていただきたいと思つております。

また、総務部長の大村精男が「創刊の辞」を述べている。

当社の今日あるは、堤会長の卓越した御指導と、その経営に対する根本理念「感謝と奉仕」の現れであることは申し上ぐるまでもありませんが、私共は更に堤会長の御指導をいただいて、会社発展のために協力してゆかなければなりません。

康次郎をはじめ、小島も大村も、口をそろえて「感謝と奉仕」をうたっている。康次郎は、「私の宗教と思っている」（『西武』六四年八月十五日）とまで述べている。

では、この「感謝と奉仕」とは何か。経済学者の川口浩はこう述べている。

「感謝」がそうした祖父母に対する想いに発しているとすれば、それは、「絶対無比な」「慈悲」を持つ「親」の御陰で自分がここにいるのだという人倫の感覚に根差した報恩の意識ということになるであろう。そして、かかる「感謝」と対を成す「奉仕」とは、「親孝行の精神から来る」と言われるように、「親」の御陰への「感謝」を、狭い家族内に留まらず「社会、国家」へと、「事業」つまり仕事への精励を通して、拡張し具体化していくという勤労の意識なのではないだろうか。（「康次郎の生涯」、大西健夫ほか編『堤康次郎と西武グループの形成』、知泉書館、二〇〇六年所収）

旬間メモ

西武

発行所 西武鉄道株式会社

昭和33年1月1日

一月号（創刊特集）第1号

感謝奉仕

堤康次郎

新年お目出とう 昭和三十三年元旦

年頭の御挨拶

昭和三十三年元旦

取締役社長 小島正治郎

新春を迎えて—

益々お元気な堤会長

機関紙『西武』の創刊号。社是である「感謝奉仕」の言葉が大きく掲げられている

要するに、「感謝と奉仕」の根本には、親孝行があるというのだ。この「親孝行の

精神」は、一八九〇年発布の教育勅語に由来している。康次郎はこう述べている。「むかしの教育は、教育勅語を基本としており、ここに人生の基本が示された。戦後はあれを反動の固まりみたいにいって捨ててしまったが、これは間違っている。『父母ニ孝ニ兄弟ニ友ニ』からはじまるあの道徳律は、いわば自然法で、いまも厳として生きているものだ」（『西武』六二年十月十五日）。

康次郎はさらに、西武における「大家族主義」を西武ならではの美風として持ち上げる。例えば、五八年十二月一日、会社合併記念式典（武蔵野鉄道と旧西武鉄道が四五年に合併したのを記念する式典）での挨拶では、次のように述べている。

うちの会社には資本家も労働者も経営者もない。みんなが経営者であり、皆が労働者である。渾然一体となって調和がとれているという事は音楽の対立法のスイートメロデーができるようなものである。どうかこの社風を諸君はどこまでも保持して貫いたい。（『西武』五八年十二月十五日）

康次郎にとって、社員はみな家族のようなものであった。その場合の「親」とは、康次郎自身にほかならない。康次郎は、西武園を自党の政治家や国会職員に開放したように、もう一つの遊園地である豊島園を社員に開放し、御用組合であった従業員組合の主催で家族慰安会を開かせた。その意味では、豊島園もまた、康次郎のための遊園地であった。

このような「西武天皇制」は、三七年に文部省が編集発行した『国体の本義』を思わせる。

我が国の孝は、人倫自然の関係を更に高めて、よく国体に合致するところに真の特色が存する。我が国は一大家族国家であつて、皇室は臣民の宗家にましまし、国家生活の中心であらせられる。臣民は祖先に対する敬慕の情を以て、宗家たる皇室を崇敬し奉り、天皇は臣民を赤子として愛《いとほ》しみ給ふのである。

文中の「我が国」を「西武鉄道」、「国体」を「社風」、「国家」を「会社」、「皇室」を「堤家」、「臣民」を「社員」、「天皇」を「堤康次郎」に換えれば、ほぼそっくり西武の説明として通用する。

晩年の康次郎は、西武の電車に乗り、しばしば沿線を視察した。座談会「西武OB大いに語る」(『西武』七六年十二月号所収)で、元国分寺駅長の木村福太郎と元新井薬師前駅長の渡辺留吉は、それぞれこう話している。

木村　私は駅におりまして、電車の運転台に乗っているのをよく拝見しました。「大将がきた!」というと全員ホームに立って最敬礼です。ピリッとしましたね。(中略)

渡辺　ホームで敬礼といえば、下井草駅長の時「大将が現場視察に出られる。四両編成の一番前に乗っておられるからお出迎えするように」との連絡がきた。ところがその電車は六両編成だったので出迎えが遅れてしまったことがあります。

沿線の駅員は、すべて「奉迎」が義務づけられていたわけだ。戦前の御召列車と見紛うばかりの光景に驚かされる。

民俗学者の宮田登は、「明治天皇が太陽暦を採用していき、現代のわれわれはそれに律せられている」のに対して、「西武の社長が毎年、社員のためのカレンダーを作るんだそうですね。(中略)そういう一企業のみ通用する暦を社員に頒布する」として、堤コンツェルンが天皇の時間＝元号とは別の時間を管理していることに注目している(網野善彦ほか『日本王権論』、春秋社、一九八八年)。これもまた「西武天皇制」の一つの側面を言い当てていよう。

康次郎は五九年一月、初めての海外旅行で訪米し、とびきり貴重な甲冑を貢ぎ物として、元連合国軍最高司令官のマッカーサーに会った(前掲『叙情と闘争』)。そのさいに、マッカーサーが四五年九月に東京で初めて会見したときの昭和天皇の態度に感銘を受け、天皇を戦犯にしないよう、連合国に強く主張したことを知らされる。

そのときの天皇とマッカーサー元帥との一問一答は、こと細かに私に話をせられました。「もう久しい間であるけれども、このことをお話しするのは貴方にするのが始めてだ」といわれましたので、殊更私は意味深くその話を拝聴したのであります。(『西武』五九年三月十五日)

マッカーサー自身が、一九六四年に刊行された『マッカーサー回想記』(朝日新聞社)で述べたことを、康次郎は一番早く本人から直接聞いたとしている。ここまでくると、もう天皇の名代といってもよいほどである。だが、二〇〇二年に初めて公開された昭和天皇・マッカーサー会見の公式記録に、該当する天皇の発言はない。

六〇年十二月一日、会社記念日に従業員組合から堤康次郎に胸像が贈られた。死去する前から、すでに偶像崇拝は始まっていた。「西武天皇制」はついに、昭和天皇の像を全くつくらなかった現実の天皇制をも超えるのである。

第六章　社会主義と集合住宅

一九五五年の日本住宅公団の発足と五八年の久米川団地、五九年の新所沢団地、ひばりが丘団地などの建設によって現れたのが、団地を主体とする西武的郊外であったとすれば、一九六六年の旧大井町線区間を除く東急田園都市線（溝の口―長津田《ながつた》間）の開業と今日まで続く多摩田園都市の建設によって現れたのは、一戸建を主体とする東急的郊外であった。

東急的郊外には、明確なモデルがあった。エベネザー・ハワードがロンドン郊外に建設したガーデンシティ、つまり緑に囲まれた自給自足の小都市である。田園都市というのは、ガーデンシティの訳語にほかならない。

ガーデンシティのさきがけとなったのは、一九〇三年に建設されたレッチワースであった。レッチワースには、いまでも駅前に商店や工場などの都市機能が集まり、一戸建の住宅が建ち並んでいる。その周辺には、広大な緑地帯が確保されている。東急的郊外は、単なる東京のベッドタウンとなり、実際のガーデンシティとは似ても似つかぬ郊外へと変質したが、一戸建を主体とする点だけはガーデンシティを忠実に継承した。

一方、学園都市の建設が失敗に終わったあとに現れた西武的郊外には、東急的郊外のような明確なモデルはなかった。けれども、郊外に集合住宅が整然と並ぶ風景は、日本よりも前にヨーロッパで現れている。その風景が現れた時期は、ガーデンシティよりも新しかった。建築家の山本理顕《りけん》は、社会学者の上野千鶴子との対談のなかで、こう述べている。

集合住宅あるいは住宅団地というのは住宅だけが集まってできあがっています。そういう考えてみれば不思議な建築の形式がいつ頃できたのかというと、意外に新しくて、一九二〇年前後にオランダやドイツでつくられ始めたのが最初です。(『家族を容《い》れるハコ　家族を超えるハコ』、平凡社、二〇〇二年)

一九二〇年前後といえば、ちょうど第一次世界大戦が終わったころである。本章では、ヨーロッパにおける集合住宅の歴史を探るとともに、そのスタイルがファシズムとともに二十世紀を代表する政治思想である社会主義と浅からぬ関係にあったことを明らかにしたいと思う。

ヨーロッパで集合住宅が建てられた背景には、第一次世界大戦前から続く住宅不足が、大戦を経て一層深刻化したことがあった。

集合住宅が建てられた国々のうち、大戦で中立を守り、王政を維持したオランダは別として、ドイツやオーストリアは敗戦と革命により帝政が崩壊し、共和政へと移行した。それとともに、この両国では社会民主党という社会主義政党が台頭し、議会で第一党となる。

すでに十九世紀の段階で、マルクスやエンゲルスから空想的社会主義者と呼ばれたシャルル・フーリエは、『産業的協同社会的新世界』と題する著作のなかで、社会主義と集合住宅の関係を明らかにしていた。すなわち、「ファランジュ」と呼ばれる理想の生活共同体では、人々が集合住宅に住むものと考えたのである。だが、こうした思想が社会主義政党によって政策に取り入れられたのは、第一次世界大戦後のドイツとオーストリアが初めてであった。

ベルリンでは、都市計画家や建築家と社会民主党系の労働組合、建築協同組合との協同作業により、一九一九年から三一年にかけて、郊外にジードルンク、すなわち集合住宅が建設される。集合住宅ではあっても、公園や運動場などの緑地帯を十分に確保したうえで「新しい住まい」を建設する点では、一戸建が主体であるはずの田園都市をモデルとしていたといってよい（相馬保夫『ドイツの労働者住宅』、山川出版社、二〇〇六年）。

主なものとしては、都市計画家のマルティン・ヴァーグナーや建築家のブルーノ・タウト、ハンス・シャロウンらが関わったリンデンホーフ（二～三階建、総戸数四百七十九戸）、ブリッツ馬蹄形ジードルンク（同、総戸数千二十七戸、二〇〇八年世界遺産に登録）、ツェーレンドルフ森林ジードルンク（同、総戸数千九百六十戸）、ジーメンスジードルンク（三～四階建、総戸数千三百七十戸、二〇〇八年世界遺産に登録）、ヴァイセ・シュタット（三～五階建、総戸数千二百八十六戸、同）、F・エーベルトジードルンク（同、総戸数千八百四十九戸）などがあげられよう（相馬保夫「ヴァイマル期ベルリンにおける都市計画・住宅建設と労働者文化」、小沢弘明他『労働者文化と労働運動―ヨーロッパの歴史的経験』、木鐸社、一九九五年所収）。建築史学者の安野彰によれば、豆腐のように四角い鉄筋コンクリートの建物が群をなして平行に配置される風景は、一九二〇年代のドイツで出現したという（「集合住宅団地のルーツを辿る」、志岐祐一他『世界一美しい団地図鑑』、エクスナレッジ、二〇一二年所収）。

しかし、ベルリンの集合住宅は一戸あたりの広さが四十八〜百四平方メートルあり、上層労働者以上を入居者の対象としていた。これに対して、一戸当たりの広さが三十八〜六十平方メートルしかない、一般労働者のための集合住宅が大規模に建てられたのは、ウィーンであった。

一九一九年五月に行われたウィーン市議会議員選挙では、社会民主党が百六十五議席中百議席を占めて、ほぼ三分の二の多数で市議会を制覇した。「赤いウィーン」と呼ばれる時代の始まりである。以下では、田口晃『ウィーン―都市の近代』（岩波新書、二〇〇八年）を手掛かりに、集合住宅と社会主義の関係につき見ておきたい。

社会民主党は、はじめから集合住宅を建設することを政策に掲げていたわけではない。ハワードの田園都市論は社会民主党にも影響を与えており、市長のロイマンも田園都市運動を協同組合方式で進めることに好意的であった。

ところが、住宅不足が深刻だった当時、戸数を一挙に増やせる上、コストも安いという点では、集合住宅のほうが有利であった。ロイマンに代わり、正統マルクス主義的な党首ザイツが市長となったことで、一戸建案は廃棄され、二三年九月の第一期計画までに集合住宅案に決まった。その背景を、田口はこう説明している。

エンゲルスの『住宅問題』以来、一戸建て住宅はプチブル向けで労働者にふさわしくない、とする考え方はマルクス主義者の中では強かったし、逆に集合住宅は労働者の共同「住文化」の展開に有効であり、前世紀末から進められてきた社会民主党支持層中心のサブカルチャー・「陣営」の形成に資すると考えられたのである。

集合住宅には、単に住宅不足を解消するだけにとどまらない思想的意味があるとされたわけだ。一戸建はプチブル的であり、集合住宅こそが労働者にふさわしいというのである。

第一期計画では、毎年五千戸を五年間、計二万五千戸が目標とされた。二六年十月には緊急措置として第二期計画五千戸が決定され、次いで二七年五月には第三期計画三万戸、三三年には厳しい財政事情のなか、第四期計画三千戸が策定されている。

一九二四年から三四年までに六万三千戸を計画し、三四年二月に内戦で社会民主党市政が倒れるまでに、六万千百七十五戸を市内に建設した。棟数でいえば三百八十四棟で、総戸数八百戸以上の集合住宅は二十六あった。

このうち、最も大きな集合住宅は、一九二四年に完成した16区のザントライテン通りの住宅で、総戸数は千五百八十七戸あった。二七年から四年がかりで建設された19区の「カール・マルクス・ホーフ」も、総戸数は千三百戸あり、五千人が住んでいた。集合住宅にこうした人物名をつけること自体が、政治的メッセージを帯びていた。

集合住宅を大量に建設するため、間取りは標準化された。居間、寝室、台所＋小部屋を基本要素とし、三十八平方メートルのタイプが最も多く造られた。各戸に水道、ガス、電気、水洗トイレが完備していたが、ベルリンの集合住宅とは異なり、浴室は付いていなかった。

その代わり、三百戸以上の集合住宅には、機械化された共同洗濯場と共同浴場が設置されたほか、プール、体育室、子供の遊戯室、保育園、学童保育所、図書館、映画館兼集会所、生協の売店、母親相談所などが設けられた。

このように、ウィーンでは集合住宅の一つひとつが、あたかも完結したコミューンのような形を整えていったが、それは決して同質的な建物が並ぶ風景が現れたことを意味するわけではない。田口はこう述べている。

市営住宅の様式は、「モダニズムと伝統の間を縫う第三の道」と評価できなくもないし、「社会的モダニズム」と呼ぶ建築史家もいるが、住宅のデザインは伝統的なタイプや歴史主義様式から社会主義リアリズム的なもの、さらには当時ヨーロッパで注目されつつあったアール・デコ調のモダニズムというように、むしろ一見ばらばらである。にもかかわらず、技術的には伝統的なレンガ造りが共有され、くすんだレンガの厚壁を持った建物で、いずれも視覚上は一目で市営住宅と識別できる。（中略）共通性を感じさせながら、それぞれに個性的な集合住宅がウィーン市内のあちこちに点在し、〝赤いウィーン〟の成果を示す二〇世紀ウィーン独特の都市の風貌を形作っている。

ウィーンの市営住宅は、確かにレンガ造りという点では共通性があるが、建築様式はさまざまであった。それが結果として、集合住宅特有の同質的な風景を免れさせたというのだ。
なお、この市営住宅は全戸賃貸で、家賃は入居者の収入の三〜五％ときわめて低く、自治の中心機関は「借家人委員会」であった。借家人委員会のメンバーは、大半を社会民主党員が占めており、選挙に際しては市営住宅平均で八五％が社会民主党に投票したという。

このように、大規模な集合住宅は第一次世界大戦後のベルリンやウィーンに早くも現れたとはいえ、社会主義と集合住宅の関係を考えるうえで外すことができないのは、言うまでもなく第二次世界大戦後のソ連である。

一九二二年に成立したソ連では、ドイツやオーストリアと同様、住宅不足が慢性化していた。以下では、もっぱら建築家の松原弘典の研究にしたがいつつ、近現代モスクワにおける住宅建設の歴史を概観したい（以下の引用文のうち、氏名のないものはすべて松原の論文である）。

二〇年代のモスクワでは、ハワードの田園都市構想の影響を受け、工場に付設した学校や文化施設と四〜五階建て住宅をまとめて建設する「労働者住区」が、五千あまり建設された。しかし、これらは廉価であることが優先され、住宅の標準化という点では十分な進展がなかった。

近代都市としてのモスクワの建設は、三〇年代から五〇年代にかけてのスターリンの時代に本格化する。スターリンは、強力なリーダーシップにより、古典主義スタイルの建築、都市建設をすすめた。この結果、大型でモニュメンタルな住宅、具体的にいえば六〜八階建てで、一階に商店が入り、古典主義的な装飾をつけた住宅が、モスクワの大通り沿いに建設された。

だがこうした住宅は、第二次世界大戦によってますます深刻化した住宅不足を解消するには不十分であった。松原はこう述べている。

住宅建築のほとんどは景観整備の豪華な住宅に回された。その結果、おもての大通りから一歩中庭に入れば、モスクワに以前からあった木造の平屋住宅が残りつづけ、また大通りの豪華な外観の住宅においてさえ、台所とトイレだけ共有して住宅の各部屋に一家族が住む「共同住宅（kommunalka ＝コミュナルカ）」の住形式が多く残ることになった。（「旧来の外観表現と新しい建築技術の萌芽―スターリン時代のハウジング」、『武蔵野美術』第一〇五号、武蔵野美術大学、一九九七年所収）

第二次世界大戦が終わってからも、スターリンによる都市建設事業は基本的に変わらなかった。すなわち、装飾的な大建築の建設がなおも進められ、文化人アパート、芸術家アパートなど、スターリン・デコと呼ばれる古典主義風の高層建築が、七つモスクワに建てられた。「スターリン・デコの建築は、たがいに似かよっている。頂部に尖塔をおき、ゴシック風のディテールをあしらう。窓も縦の線を強調しながら、ゴシックめかしてわりつける。そんなところに、共通点がある」（井上章一『夢と魅惑の全体主義』、文春新書、二〇〇六年）。

一九五〇年代初頭、モスクワで住宅建設に関する組織が大幅に再編された。まず五一年、市の主要な設計部門として設計局がつくられ、同時に公共住宅の設計を専門に行う特別建築建設局が設立された。ここでは、主任建築家となったナタン・オステルマンにより、各住戸の間取り、仕様とそれを並べた住棟の平面、立面、断面を数種に限定し、プロジェクトごとには独自の設計をせず、数種のうちのどれかを選択、採用して大量に建設する「標準設計」という方式がとられることになる。

標準設計を可能にしたのは、コンクリートによる大型ブロック、大型パネル工法であった。建築家の黒川紀章によれば、ソ連では一九二七年、モスクワに最初の大型ブロック住宅が建てられ、三四〜三五年にも同じ方法が用いられたという。またレニングラードでも、三一年から五五年にかけて、大型ブロック住宅が大規模に建てられた（『黒川紀章著作集』5、建築論I、勉誠出版、二〇〇六年）。しかし松原弘典によれば、それがモスクワで実用化されたのは、五〇年代になってからである。

一九五三年、スターリンが死去した。同年、第一書記となったフルシチョフは、標準設計による集合住宅の大量建設、すなわちマスハウジングを、全世界に先駆けて大きく推進させた。五四年、全ソ建設者会議で、フルシチョフはこう述べている。

ある建築家たちは建物の上に尖塔を載せることに夢中になった挙句、そうした建物は教会のようになってしまった。（中略）集合住宅にはこうした外観は必要ない。（「『表現なし』という『表現』――ノーヴィ・チェリョームシキ第九街区」、『武蔵野美術』第一〇七号、一九九八年所収）

一九五八年に完成した集合住宅、ノーヴィ・チェリョームシキ第九街区は、モスクワ市の南西部にある。六二年十月には、ノーヴィ・チェリョームシキと都心に近いオクチャーブリスカヤの間に地下鉄カルーシスカヤ線が開業した。さらに七一年十二月には、カルーシスカヤ線が地下鉄リーシスカヤ線とつながり、都心と完全に結ばれた。これが現在の地下鉄六号線である（岡田譲『モスクワ地下鉄――「地下宮殿」の世界』、東洋書店、二〇〇九年）。

モスクワ地下鉄に詳しい岡田譲は、「フルシチョフの時代には、多くの市民にアパートが与えられ、人々の住環境は大幅に改善した。アパートが郊外に移ることで、地下鉄やバスによる通勤が一般的になる」と述べている（「モスクワ」、小池滋・和久田康雄編『都市交通の世界史』、悠書館、二〇一二年所収)。ソ連では一九六五年まで、自家用車の保持が自由化されていなかった。ノーヴィ・チェリョームシキは、社会主義世界のマスハウジングの代名詞として言及され、日本にもほぼ同時代に紹介された。その建築史的意味を、松原はこうまとめている。

ノーヴィ・チェリョームシキで生まれた無装飾の、素っ気ない箱のような住宅の外観は、スターリン時代の表現過多な建築外観に対する反動、装飾の否定、というところから生まれてきたものだった。表現的な要素を建築外観から排除したという点において、こうした住宅建築においてはスタイルレスというスタイル、デザインレスというデザイン、あるいは「表現なし」という「表現」が求められていた。(前掲『「表現なし」という『表現』―ノーヴィ・チェリョームシキ第九街区」)

もう一つ、この住宅には重要な特徴があった。前述のように、それまでモスクワの住宅は、台所とトイレを共有し、一部屋に一家族が住むという形態が一般的であった。ところがノーヴィ・チェリョームシキ第九街区は、一家族専用の独立したフラットがまとめて建てられたという点で画期的であった。これ以降、一つの住居には一つの家族しか居住させないことが基本となる。

ノーヴィ・チェリョームシキ第九街区では、八階建が三棟、四階建が十三棟、合わせて十六棟が建てられた。総戸数は九百八十四戸で、西武沿線でいえば同じ五八年に完成した公団久米川団地(総戸数九百八十六戸)に匹敵する。住宅のほか、電話交換所、八百七十五席の映画館、百人の子供を収容する保育園、百二十五人収容の幼稚園、九百六十人の生徒を収容する学校、二階建ての管理事務所、商店、自家用車ガレージ、児童遊園なども配置されている（前掲『黒川紀章著作集』5）。

全十六棟のうち、十四号棟は大型パネル工法によって建設された。大型パネル工法とは、大型ブロック工法と異なり、現場で組み立てを行うべく、工場であらかじめ製造されたコンクリート、すなわちプレキャスト・コンクリートの同じ板を大量に生産することで、住宅の量産を可能にする工法のことであり、プレハブ工法ともいわれる。十四号棟は五八年の全ソ建設協議会で高く評価され、モスクワ・ソヴィエト執行委員会は、実験的な段階から大量生産に踏み切ることを決定した。

大型パネル工法が採用された背景には、従来の慢性的な住宅不足に加えて、モスクワの人口の急増があった。モスクワ市では、五九年から六二年までの三年間に、人口が百三十万人増加し、六二年には計画人口の五百万人を突破して、六百二十万人に達した（早川和男「社会主義都市と従来の未来像」、『国際建築』第三〇巻第八号、美術出版社、一九六三年所収）。ただしモスクワ市の人口については、五九年に六百十三万人に達していたとするデータもあり、必ずしもはっきりしない。

ソ連は日本とは異なり、集合住宅の総戸数については具体的なデータが残っていない。それに代わるデータとして、モスクワ市内で竣工した住宅の床面積を年別に見ると、第二次世界大戦後、順調に増え、四六年に八万六千平方メートルだったのが、五五年には百万平方メートルの大台に達した。ここからの伸び方は実に急激で、五八年には二百万平方メートル、六〇年には三百万平方メートルを突破している。フルシチョフの時代に、飛躍的に伸びているのがわかろう

(Timothy J. Colton,『Moscow: governing the socialist metropolis』, Belknap Press of Harvard University Press, 1996)。

一九六一年以降、大型パネルを大量に製造する住宅建設コンビナートが稼働した。六三年六月から八月にかけて、ソ連のモスクワ、レニングラード、キエフの三都市を訪れ、住宅を視察した日本住宅公団建設部調査研究課長の澤田光英《みつふさ》は、次のように述べている。

モスクワ「赤い郊外」の原風景。建設中のノーヴィ・チェリョームシキ（提供＝AKG/PPS通信社）

現在東京の街を歩けば到る所現場に出会うが、ソ連でもわれわれの訪れた都市でも到る所住宅建設用クレーンが眺められる。また街を歩いていれば、住宅用大型コンクリート部材の運搬車は必ず見掛ける。（中略）そして全国で数千ものこの住宅部材生産工場が、24時間3交替で絶え間なく部材をフル生産し、これの流れが現場に及んで、部材組立現場も、前記のクレーンを中心として24時間3交替でフルに活動している。そして新しい5階建のアパート群が郊外市内に次々と生れ、人々は旧い家から移り住んで行く。(中略) 一日に7000戸、これがソ連の住宅建設戸数である。(「ソ連を中心に住宅の量産化などを視察」、『いえなみ』、日本住宅公団、六三年十二月号所収)

六六年になると、モスクワで建設された全住宅のうち、標準設計によるものが九割に達した。このころまでに、同じ規格のパネル住宅が平行に並ぶ極端に同質的な風景が、モスクワだけでなく、レニングラードやキエフなど、ソ連中の新都市に現れることになったわけだ。

その多くは、フルシチョフの時代に建てられた。一人あたり六平方メートルという最低限度の居住水準の住戸を、エレベーターを要しない五階建の住棟(ピャチエタージカ)に詰め込む形で建設された標準化集合住宅は、「フルシショーフカ」と呼ばれたが、その質の悪さから「フルシショーヴィ」(フルシチョフのスラム)と陰口をたたかれた。

一九七六年に公開された映画「運命の皮肉」では、モスクワとレニングラードに全く同じ住所「第三労働者通り二十五番地十二号室」があり、そこには建物の形から入口の階段、エレベーターまで全く同じ住宅が建っている。モスクワに住む主人公は、酔い潰れたまま飛行機に乗ってレニングラードに行き、自宅と同じ住所の同じ住宅に転がり込む。その冒頭のナレーションは、こうである。

〝チェリョームシキ〟、それはわれわれの首都モスクワの南西地区にあって、新建設地区としてつとに有名である。いまやソ連のあらゆる都市にはそれぞれの〝チェリョームシキ〟が存在する。たいていの場合、人は自分が知らない街に行けば、自分をよそ者だと感じ、見慣れぬ住宅や通り、住民に取り囲まれることになる。しかしここではそれがまったく反転する。人はどの都市を訪ねても新建設地区にさえ行けば、よく見慣れた住宅、通りに出会え、そこを自分の故郷だと感じるだろう。(「完璧に複製された住宅―七〇年代のソ連のハウジング」、『武蔵野美術』第一〇九号、一九九八年所収)

さらに標準設計のシリーズが、その生産設備とともに、社会主義圏の国々にも導入されてゆく。「事実、『P3(Pはパネルの意味)』とか『P44』とかいった具合にソヴィエトで名づけられた各標準設計シリーズの名称は、そのままある時期の中国や旧東独などの住宅地計画に見ることができる」(松村秀一『「住宅」という考え方―20世紀的住宅の系譜』、東京大学出版会、一九九九年)。二〇〇八年十一月と二〇一二年三~四月、私はワルシャワ大学で天皇制について講義するため、いずれも一週間ほどワルシャワに滞在したが、市内には高層のアパートばかりか、「フルシショーフカ」に当たる五階建の集合住宅もまだあちこちに残っていた。

マスハウジングの根底には、言うまでもなく社会主義がお題目として掲げる平等主義がある。「マスハウジングの本来の目的とはそもそも、多数の住民に公平に住居を与えるという平等主義から来ている」(「プログラム建築―ナタン・オステルマンの新生活様式住居」、『武蔵野美術』第一〇八号、一九九八年所収)。

つまり、社会主義の理念が浸透すればするほど、住宅は均質なものとなり、郊外の風景はどこに行っても変わらなくなる。映画「運命の皮肉」は、この点を巧みに衝いたからこそ、ソ連=ロシアで大ヒットしたのであった。

一九六四年のフルシチョフ失脚後、モスクワではエレベーター付きの高層住宅が建てられる。それとともに、住宅が均質化してゆくなかで、どのようにしてよその家との差異を強調するかという課題も浮上してくる。

日本の場合、コンクリートによる集合住宅は、一九一六年竣工の長崎県端島《はしま》（軍艦島）の鉱員住宅や、関東大震災後の同潤会アパートまでさかのぼることができる。しかし集合住宅が、標準設計にもとづいて設計されるようになったのは、一九五一年に公営住宅法が制定されてからであった。

同年に発案された公営住宅標準設計「51C型」は、戦中期の住宅営団が打ち出した食寝分離の発想を受け継ぐものであり、ダイニングキッチン（DK）が初めて試みられた。五五年、第二次鳩山一郎内閣のもとで設立された日本住宅公団に、この標準設計が受け継がれる。

日本住宅公団法施行規則の第二章第三条には、「公団が建設する住宅は、一団の土地に集団に建設することを原則とする」とある。内田青藏他編『図説・近代日本住宅史―幕末から現代まで』（鹿島出版会、二〇〇一年）によると、「団地」という名称は、この「一団の土地」に由来している。日本住宅公団の出現により、鉄筋コンクリートによる中層や高層の住まいが、日本人の住まいとして本格的に定着してゆく。

当時はまだ、木造住宅が主体であった。当時、日本住宅公団総裁であった南部哲也は、国会審議の質疑のなかで、「お前たちはこのようなコンクリートの住宅を建設して、日本人から大和魂をうばうのか、大和魂は日本の土から生れるものだ」とののしられ、大和魂＝庭つき木造一戸建論をぶたれたこともあったと回想している(『日本住宅公団史』、日本住宅公団、一九八一年)。

日本住宅公団が発足した背景には、「序」で触れたような、ソ連と同じ深刻な住宅不足があった。「発足した初年度の半年の間に2万戸の建設を行なわねばならないという至上命令は、公団の設計作業を極度に能率化することを要求した」(『日本住宅公団10年史』、日本住宅公団、一九六五年)。

建築構法が専門の松村秀一はこう述べている。


後世の評価がどうであれ、マスハウジングの真っ只中にあっては、ソヴィエト型の標準設計と大型パネル構法の組み合わせが、多かれ少なかれ世界的な潮流となっていった。日本がその良い例である。

その中心的な存在となったのは、日本住宅公団である。一九五五年の設立当初より標準設計制度を指向していた公団は、それと併行してプレキャスト・コンクリートを用いた大型パネル構法の開発にも着手していた。一九六〇年代に入り、用地節約の要請が高まり、それまでかなりの数を建設していた低層のテラスハウスが使われなくなり、中層五階建て住宅の団地建設が主流になってくると、それを受け、「量産試験場」(一九六三年)を設立。それまで低層向けに開発してきた大型パネル構法を中層向けに展開し、一九六三年には四階建ての住宅を試行的に建設している。(前掲『「住宅」という考え方』)

プレキャスト・コンクリートを用いた大型パネル工法は、一九五八年、東京都南多摩郡日野町

（現・日野市）の国鉄（現・JR）中央線豊田駅付近に建設された多摩平団地のテラスハウス九棟七十二戸で初めて用いられた（前掲『日本住宅公団10年史』）。多摩平団地のテラスハウスが建てられたのは、奇《く》しくもモスクワのノーヴィ・チェリョームシキ第九街区がつくられたのと同じ年であった。

それでは、日本住宅公団は同時代のソ連を意識していたのだろうか。前述した澤田光英もそうだが、「一九六〇年代には日本からの視察団も相次いだ」（前掲『「住宅」という考え方』）。しかし松村も示唆しているように、その前からソ連の集合住宅を意識していた可能性はある。ちなみに、自民党の旧吉田派が棄権するなか、第三次鳩山内閣が社会党など野党の賛成により日ソ共同宣言に調印し、日ソ国交を回復させたのは、一九五六年十月である（中北浩爾『一九五五年体制の成立』、東京大学出版会、二〇〇二年）。

一方、六〇年代になると、ソ連からも建設代表団が日本を訪れ、団地を視察している（東京急行電鉄株式会社田園都市事業部編『多摩田園都市―開発35年の記録』、東京急行電鉄、一九八八年）。団地を通した日ソ交流の実態については、よくわかっていない。前掲『日本住宅公団10年史』、『日本住宅公団20年史』、『日本住宅公団史』など、公団の公的な資料にも、ソ連との関係を具体的に示す記述はない。

山本理顕は、上野千鶴子との対談のなかで、こう述べている。

山本　実験的な集合住宅によって都市がどう変わっていくのか、当時［一九二〇年代］はそれが建築家の中心的なテーマでした。たとえばルートヴィッヒ・ヒルベルザイマーの都市像は、非常に均質でストイックですけれど、未来に対して肯定的とはとても思えないスケッチですけれど、でも、集合住宅という形式が持っている性格を、今にして思えば極めて端的に表している表現だと思います。

上野　このようなユートピアならぬディストピアが、そっくりそのまま現実化したのが共産圏の労働者住宅でした。

山本　日本の公団や自治体がつくる郊外住宅の風景も、どこかでここに関わっています。（前掲『家族を容れるハコ　家族を超えるハコ』）

ヒルベルザイマーというのは、ドイツの建築家である。上野は、「共産圏の労働者住宅」を「ディストピア」が現実化したものとし、日本とは関係がないかのように述べたのに対して、山本は「日本の公団や自治体がつくる郊外住宅」も無縁ではないとする。

建築家の隈研吾は、さらにはっきりと「日本に共産主義政権ができたわけでもないのに、団地の風景とソ連の労働者住宅は、世界じゅうを眺めても、突出して似ている。そういう例はアメリカにも、東欧を除いたヨーロッパにもない」と述べている（前掲「団地以降の集合住宅」）。「日本の団地は労働者のためのものではない」という留保がついているとはいえ、これは重要な指摘である。

日本住宅公団の組織は、大きく本所と支所に分かれ、支所はさらに東京、関東、大阪、名古屋、福岡に分かれていた。初期の日本住宅公団は、標準設計に幅をもたせていて、「決して全国どこでも同じ形、内容の公団住宅を建てていたわけではな」(前掲『「住宅」という考え方』)かった。各支所が本所標準設計のほかに、支所標準設計として運用していたからである。本所標準設計と支所標準設計では、基準寸法が違っていた。

実際に、西武新宿線沿線に建設される新所沢団地(二千四百五十五戸、五九年四月入居開始)をはじめ、小田急小田原線沿線に建設される百合ヶ丘団地(千七百五十一戸。六〇年八月入居開始)、東武東上線沿線に建設される上野台団地(二千八十戸。六〇年七月入居開始)など、全体が関東支所独自の標準設計に基づく大団地はいくつか存在した(「日本住宅公団関東地区賃貸住宅建設実績一覧」、『公団の住宅』、住宅問題研究会、六四年二月号所収)。

ひばりが丘団地のスターハウスも、東京支所独自の標準設計により建てられた。正確にいえば、その型式は「東57―4P―2DK」と呼ばれた(同)。東は東京支社、57は一九五七年度の標準設計、4は4階建、Pはポイントハウス(スターハウスのこと)、2DKは間取りをそれぞれ意味する。『西武』五八年八月十五日号の四面には、「人気のある星形住宅平面図」というキャプションスリで、「東57―4P―2DK」の間取りが掲載されている。

しかし、本所標準設計によってつくられた団地は、当初から決して少なくなかった。前述の久米川団地の型式は、「56―4N―2DK」「57―TN―3K」などで、東京支社の標準設計ではなかった。なお、4NのNは階段室が北側、TNのTはテラスハウスを意味する。

ひばりが丘団地でも、スターハウス以外はすべて本所標準設計によっていた。型式でいうと、「57―4N―2DK」「57―TN―3K」「58―4N―2DK―T」などである。「57―TN―3K」は久米川団地のほか、同時期に建てられた多摩平団地や武蔵野市の桜堤団地にもあった。

一九六三年、初めての全国統一型標準設計「63型」が作成された。「この時期作成された寸法が、当時の予算規模の伸び悩みと多個室型住宅への要求との板ばさみから生じた63寸法（畳短辺80㎝、基準面間寸法80㎝の倍寸）いわゆる〝団地サイズ〟であった」（前掲『日本住宅公団史』）。これ以降、「団地サイズ」が広く普及してゆく。「全国のどこに建った住宅であろうが、『63―3・4・5S―2DK』といった識別番号さえわかれば、設計の内容がすべてわかる」（前掲『住宅」という考え方』）ようになるわけだ。一九六三年から七二年まで、各支所での標準設計の手直しは禁止され、本所標準設計に統一されたのである。

それとともに、初期の団地に見られたスターハウスやテラスハウスはなくなり、「フルシショーフカ」とよく似た五階建の住宅が主流になってゆく。プレキャスト・コンクリートの大型パネル工法による量産住宅は、公団ばかりか都営など公営の団地にも広がるとともに、従来のテラスハウスに代わって五階建が主流になる。

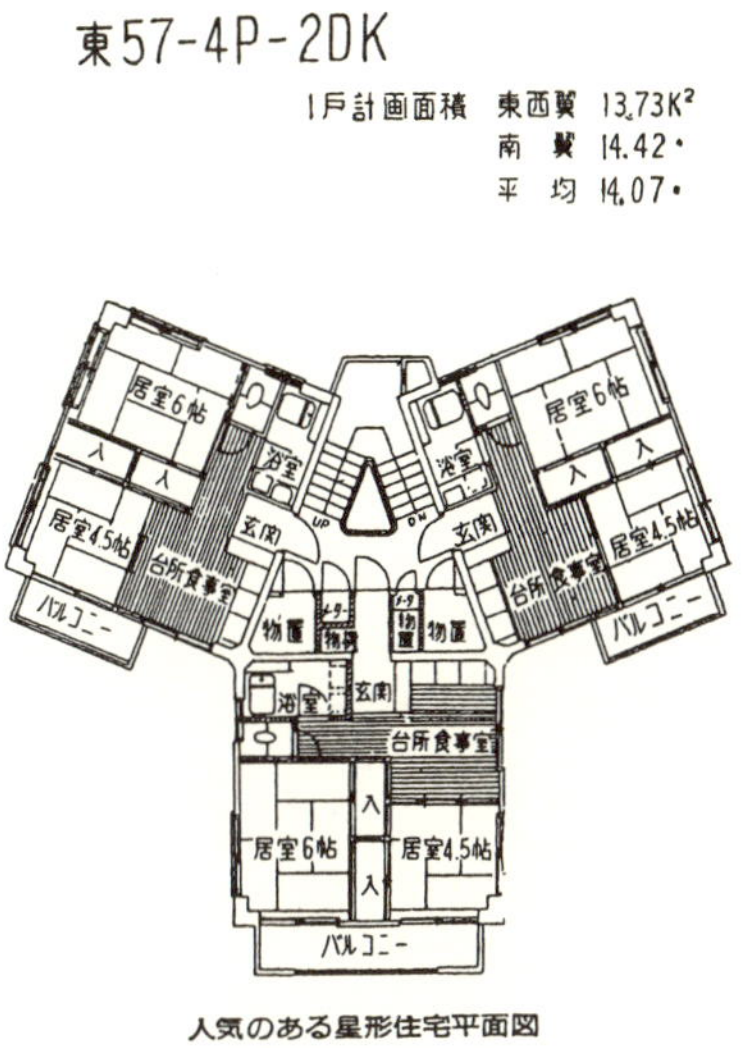

ひばりが丘団地のスターハウスの間取り図（『西武』1958年8月15日号）

一九六八年、西武沿線では最大の公団住宅となる滝山団地が、北多摩郡久留米町（現・東久留米市）に建てられた。この団地は、賃貸（1街区）、普通分譲（2街区）、特別分譲（3街区）からなっていた。型式は、賃貸が「65

―5N―2DK―R」と「65―5N―3K―3」、普通分譲が「特66T―5N―3DK―1」と「特65T―5N―3LDK―R―改」、特別分譲が「66―5N―3DK―分」であった（『公団の住宅』六八年七月号、九月号。七〇年に建てられた滝山第二団地は含まず）。

標準設計の年度の違いや、2DK、3K、3DK、3LDKという間取りの違いはあれ、賃貸、普通分譲、特別分譲ともに、「5N」が付いていることに変わりはない。いずれも、五階建てで階段室が北側にあるわけだ。つまり、滝山団地では一見したところ、同じ建物が左右等間隔で並んでいるような錯覚に陥るのである。

滝山団地と同じ型式の団地は、枚挙にいとまがない。賃貸は鶴川団地（町田市）、町田山崎団地（同）、藤の台団地（同）、左近山団地（横浜市）、花見川団地（千葉市）、西上尾第二団地（上尾市）などに、普通分譲は鶴川団地、左近山団地、花見川団地、米本《よなもと》団地（八千代市）などに、特別分譲は花見川団地、町田山崎団地、藤の台団地、多摩ニュータウン諏訪団地（南多摩郡多摩町〔現・多摩市〕）、多摩ニュータウン永山団地（同）、洋光台南団地（横浜市）などに行けば、全く同じ型式の建物を見ることができた。

これらの団地は、いずれも六〇年代後半から七〇年代前半にかけて、首都圏の郊外に建てられた。しかし、住宅の絶対的戸数不足が解消され、住宅戸数が世帯数を上回る七〇年代前半になると、「住宅問題は〝量より質〟という局面に入った」（前掲『日本住宅公団史』）。「昭和40年代初めからの中層標準設計多用の建設方針のもとでの団地設計は、一般には画一設計のイメージを生み、後期に至って、住棟のデザインそれ自体も重視されるようになった」（前掲『日本住宅公団20年史』）という点では、ソ連と変わらなかった。

前掲『公団の住宅』には、東京支所や関東支所の団地の型式がすべて掲載されているが、他の支所に属する団地は含まれていない。当然、六〇年代後半から七〇年代前半にかけて、同じ建物が全国の大都市近郊につくられていたわけで、滝山団地と同じ型式の建物は、大阪支所に属する千里ニュータウンなどにもあると思われる。

実際に私は、吹田市の千里青山台団地、千里竹見台団地など、滝山団地とほぼ同じころに完成した千里ニュータウンの団地を訪れたことがあるが、五階建の建物については、少なくとも外からは見分けがつかなかった。

そうすると、前述の映画「運命の皮肉」を笑っているわけにはいかなくなる。モスクワ郊外のノーヴィ・チェリョームシキと、東京郊外の滝山とが、奇妙なことに一致するからだ。早くも一九六三年には、ソ連の集合住宅について、次のような指摘もなされていた。

社会主義部門の都市住宅の大部分は、四〜五階のアパート型式で、エレベーターなしの階段式である。手近な例をとれば、わが国の各地に見られる公団をはじめとする鉄筋コンクリート造りのアパートを心に描けばよい。(生活科学調査会編『団地のすべて』、医歯薬出版、一九六三年)

確かに一方で、日本では団地がプライバシーを確立させたという面がある。上野千鶴子は、公営住宅標準設計の「51C型」に始まる住宅が、近代家族を生み出したと述べている(前掲『家族

を容れるハコ　家族を超えるハコ』)。住まいが「寝て食って子育てするだけの空間」となり、生活革命に伴う生活保守主義が広がってゆくというのだ(「ガイドマップ60・70年代」、『戦後日本スタディーズ』2、紀伊國屋書店、二〇〇九年所収)。

だが、こうした見方がいかに一面的であるかは、やがて明らかになろう。ここではただ、2DKや3LDKといった個々の間取りや室内だけを見るのではなく、同質的な建物が並ぶ団地の全体に注目しなければ、戦後思想史のなかに団地を、さらには西武沿線を正しく位置付けることはできないという点を指摘するだけにとどめたい。

一九五〇年代後半以降、日本住宅公団だけでなく、東京都や東京都住宅供給公社も含め、西武沿線に団地が次々と建てられてゆく。東急的郊外の原点がロンドン的郊外にあったとすれば、西武的郊外は意図せざる結果として、モスクワ的郊外に近づいてゆくのだ。上野の言う「ディストピア」としての「共産圏の労働者住宅」は、決して対岸の火事ではなかったのである。

第七章　団地の出現――久米川・新所沢・ひばりが丘

二〇〇九年八月、私は初めてモスクワを訪れた。前章で取り上げたノーヴィ・チェリョームシキの集合住宅を視察するためである。

都心部のキタイ・ゴーラト駅から地下鉄六号線に乗り、七つ目のノーヴィ・チェリョームシキ駅で降りる。本数はきわめて多く、所要時間は十八分しかかからない。

六二年十月十三日に開業したノーヴィ・チェリョームシキ駅は、モスクワの南西部にある。スターリン末期に当たる五〇年代前半につくられた五号線（環状線）の駅のような豪華絢爛さはなく、ホームに大理石の角柱が二本ずつ平行して建っているだけの、まことに無味乾燥な駅であった。

出口は、ホームの両端に南口と北口があった。北口から地上に出ると、そこはプロフソユーズナヤ通りと呼ばれる大通りであった。日本語に訳せば、組合通りである。地下鉄六号線は、この通りの地下を走っている。

通りの両側には、真新しい高層アパートや店が目につくが、通りから一歩脇に入ると、すぐに五階建フラットタイプの集合住宅がいくつも現れた。一目見て、フルシショーフカだとわかる。おそらく、ノーヴィ・チェリョームシキ駅が開業したのと同じころに建てられたのだろう。日本の団地で街区や号棟の番号が書かれる各棟の壁面には、一階に当たる部分にやはり小さく番号が書かれていた。

集合住宅内の遊歩道を歩いてみる。

駐車場に車がとまっている。ブランコやジャングルジムなどがある公園では子供たちが遊び、その姿を母親たちがベンチに座って見ている。ベランダには洗濯物が干されている。ここは本当に外国なのか——私はこれまで、米国や英国のほか、中国、韓国、ベトナム、台湾、香港、イスラエルなど諸外国を訪れたことがあるが、これほどの既視感をもったのは初めてであった。二〇〇八年と一二年に訪れたポーランドでも、確かに五階建の住宅はあったけれども、ノーヴィ・チェリョームシキの風景はワルシャワ郊外に劣らず、東京郊外の団地に迷い込んだような錯覚を抱かしめた。

各棟の間には芝生が敷かれており、五階建と同じ高さにまで成長したシラカバの木々が視界をさえぎっていた。その光景は、アカマツやイチョウなどが伸びて四階建の住棟を覆い隠してしまったひばりが丘団地を彷彿とさせた。

フルシショーフカには、エレベーターがない。日本の五階建の団地と同様、十世帯が一つの階段を利用する仕組みになっていた。ただし日本の団地とは異なり、階段の入口には扉があり、鍵がかかっていて、入居者以外は立ち入ることができない。この仕組みは、ワルシャワ郊外の団地と同じであった。

しかし中には、開いている扉もあった。入ってみると、日本の団地にありそうな全世帯用の郵便受けがあり、階段を数段昇ると二世帯の扉が向かい合う空間が現れた。さらに階段を昇ってゆ

モスクワのノーヴィ・チェリョームシキ（筆者撮影）

くと、踊り場を経て二階に達し、一階と同じ空間が現れる。これもまた日本の団地と同じ構造であった。

　前章で私は、東急的郊外の原点がロンドン的郊外にあったとすれば、西武的郊外はモスクワ的郊外に近づいていったと書いた。だが正確にいえば、レッチワースと（レッチワースから影響を受けた）田園調布よりも、ノーヴィ・チェリョームシキと（ノーヴィ・チェリョームシキから全く影響を受けていない）ひばりが丘や滝山のほうがよほど似ていると感じた。

　ノーヴィ・チェリョームシキ一帯は、さながら団地の陳列場のようであった。古い団地と新しいアパートが混在するひばりが丘同様、フルシショーフカに代表される古い住宅はどんどん建て替えられ、高層のアパートに変わりつつある。更地になっている工事現場もあった。前章で触れた、四階建や八階建の住宅からなる第九街区は消滅したようだ。いずれ私が見た風景もなくなるのだろうが、少なくとも二〇〇九年現在、フルシショーフカはノーヴィ・チェリョームシキだけでなく、モスクワ郊外の各地にまだかなり残っていた。

モスクワには、後述する雀が丘を除いて、アップダウンがない。ノーヴィ・チェリョームシキも、東に向かって緩やかに下っているとはいえ、ほぼ平坦であった。地形的にも、狭山丘陵や飯能以遠を除いて平坦な西武沿線と似ていた。

ここに、一九五六年にフランクフルト・アム・マインで発行されたモスクワの地図（国立国会図書館所蔵）がある。中心部は赤色、市街地は黄色、公園は緑に塗られている。

これを見ると、プロフソユーズナヤ通りはなく、地下鉄は六号線も含め、まだ郊外まで伸びていない。市街地は、六号線でいえばノーヴィ・チェリョームシキよりも三駅都心寄りのレーニンスキー・プロスペクトまでしか及んでいない。この地図は、ノーヴィ・チェリョームシキが入っていないが、都心につながる道もなく、純然たる農村地帯だったことが容易に想像できる。

黒川紀章によれば、モスクワ市設計局第七設計局によって、ノーヴィ・チェリョームシキに大型コンクリート・パネル住宅が建てられたのは、一九五七年からであった（前掲『黒川紀章著作集』5、建築論I）。前述した第九街区ができるのは、その翌年である。農村地帯を残したまま、忽然と新しい町ができたわけだ。

似たようなことが西武沿線にも起こった。

第二章で触れたように、もともと西武沿線は、「背後に一番広い農村をひかえ」ていた。一九四四年から五三年に糞尿列車が運転されたのも、大量の糞尿を利用するだけの農村地帯に恵まれていたからであった。

一九五六年に発行された『新修日本分県地図』（塔文社）の「東京都」を見ると、赤く塗られた市街地は、都心から周辺へと面状に広がっているが、西武沿線では池袋線で椎名町、新宿線で野方のあたりまでしか及んでいない。それ以遠は、池袋線で保谷、新宿線で田無や東村山の駅付近に小さな市街地があるだけで、基本的に所沢まで市街地がない。保谷（現・西東京市）、田無（同）、久留米（現・東久留米市）、清瀬、小平、東村山、大和（現・東大和市）などの各町村はいずれも北多摩郡に属していて、おおむね農村地帯だったわけだ。堤康次郎が開発しようとして失敗した練馬区の大泉学園や小平町の小平学園も、まだ空き地が多く残っていた。

これを中央線と比較すると、都心から武蔵境付近までずっと市街地が続いている。小金井や国分寺の駅付近にも市街地があり、立川にはさらに大きな市街地がある。国立駅南口には碁盤の目のように仕切られた住宅地が広がり、「国立大学町」と書かれている。三鷹、武蔵野、立川がすでに市制を施行している点も西武とは異なる。

農村地帯が広がる西武沿線にあって、例外は第三章で触れた、清瀬から東村山にかけて広がる病棟地帯と、所沢通信基地やジョンソン基地（現・航空自衛隊入間基地）のような、所沢以遠の米軍基地であった。

新宿線は所沢から新所沢にかけて、右手の車窓に米軍所沢通信基地が広がったかと思うと、入《い》曽《そ》から入間川（現・狭山市）にかけて、左手の車窓にジョンソン基地が広がった。池袋線は武蔵藤沢から豊岡町（現・入間市）にかけて、ジョンソン基地の中を走っており、稲荷山公園駅周辺では平屋建や二階建の米軍ハウスも多数建設された。五八年九月には、ジョンソン基地の米国人兵士の小銃が暴発し、西武池袋線の電車に命中して乗客一人が死亡するロングプリー事件も起こっている(『入間市史』通史編、入間市、一九九四年)。

ノーヴィ・チェリョームシキ第九街区ができた一九五八年は、「団地族」という言葉が『週刊朝日』に登場したように、日本でも日本住宅公団により大団地が初めて建てられた年であった。中央線沿線に建てられた杉並区の荻窪団地(現・シャレール荻窪。八百七十五戸)、武蔵野市の武蔵野緑町団地(現・武蔵野緑町パークタウン。千十九戸)、南多摩郡日野町(現・日野市)の多摩平団地(現・多摩平の森。二千七百九十二戸)、京阪沿線に建てられた大阪府枚方《ひらかた》市の香里《こうり》団地(四千八百八十一戸)などの入居が、この年から始まっている。

五八年に武蔵野緑町団地に入居した歴史学者の色川大吉は、こう回想している。

日本ばなれした鉄筋高層アパートの林立する景観と、南側にダイニング・キッチンをもった洋式のライフスタイルは当時としては物珍しく、見物にきた友人が、「まるでイタリアに行ったようだ」と言うほどであった。戦後いちはやく成長過程に入り復興したイタリアの繁栄ぶりを映画で見たのであろう。そこはトイレも風呂も台所も食卓も狭いワン・フロアで、他は六畳と四畳半だけだったが、それでも厚いコンクリートの壁で仕切られてプライバシーは守られていた。(中略)

公団アパートでいちばん嬉しかったのはトイレが水洗だったこと、小さいながら風呂がついていたこと。とくに水洗トイレには憧れていた。というのは、池袋の間借り時代に汲みとり便

所のひどい悪臭に苦しんだからである。（『若者が主役だったころ―わが60年代』、岩波書店、二〇〇八年）

海外旅行が自由化される六四年よりも前であったから、人々はもっぱらマスメディアや映画を通して海外の実情を知ったのだろう。同時代のソ連の住宅については、一般にはほとんど知られていなかったと思われる。しかし少なくとも、団地イコールアメリカ式の戸建住宅ではなかった。

前章で触れたように、西武沿線でも五〇年代末には公団の団地が次々に建てられた。東伏見に東伏見団地（五百五十八戸）、西武柳沢《やぎさわ》に柳沢団地（五百十二戸）、久米川に久米川団地（九百八十六戸）と、新宿線の駅名と同じ名がついた三つの団地が西武沿線にできたのは、いずれも五八年であった。さらに五九年には、北所沢（現・新所沢）に新所沢団地（二千四百五十五戸）が、田無町（現・ひばりヶ丘）にひばりが丘団地（二千七百十四戸）が生まれている。西武沿線では中央線とは異なり、市街地が少なく、国立のような学園都市もなかったところに、いきなり団地が続々と建設されてゆくのである。

堤康次郎は、西武の総帥となっても、港区麻布広尾町（現・南麻布五丁目）の自宅を動こうとしなかった。小林一三が阪急の創業当時から宝塚線の池田にずっと住み、五島慶太も三八年から東急大井町線の上野毛《かみのげ》に住んだのとは対照的であった。「雅俗山荘」と呼ばれた小林の旧宅は、小林が死去した五七年に逸翁《いつおう》美術館となり、二〇一〇年には逸翁美術館が近くに移転したのに伴い、小林一三記念館となった。また、五島の旧宅があったところにも、六〇年に五島美術館が建てられた。どちらも、自らの私鉄の沿線文化を向上させるべく、自宅ないしその庭園を美術館や記念館として開放したのだ。

ところが、堤康次郎が住んでいたのは、西武沿線ではなかった。大泉、小平という二つの学園都市に失敗してからというもの、堤が目をつけたのはリゾート地や元皇族の土地や徳川将軍家霊域、あるいは後に福島第一原発が建つことになる元陸軍の土地などで、西武沿線の住宅開発には一向に力を注がなかった。

確かに五四年以降、西武は住宅金融公庫の融資による建売住宅を久米川や花小金井などの駅付近に分譲したが、その数は決して多くなかった。日本住宅公団は、いわば西武鉄道の肩代わりとして、西武沿線の開発に乗り出した。「西武線沿線では、鉄道という交通手段と一体化した住宅地開発ではなく、公的住宅による住宅地化が進行したのである」(渡辺啓巳「大都市近郊『住宅都市』誕生の原点とその実態―東村山市の事例から」、『東村山市史研究』第九号、東村山市史編さん室、二〇〇〇年所収)。

新宿線の久米川駅は、大正末期から東村山一帯の土地の分譲を行っていた東京土地住宅が、駅の用地を寄付して旧西武鉄道に建設を誘致し、二七年の高田馬場―東村山間の開通と同時に開業した(岡島貴美子「久米川駅付近の変遷」、『東村山市史研究』第五号、一九九六年)。

戦後は駅の北口、いまの栄町に木造平屋建の都営住宅が建設された。さらに五八年から六二年にかけて、やはり北口に当たる本町に「久米川第一三」「久米川第一四」「久米川第一五」「第一六久米川」「天王森アパート」からなる都営久米川団地が建てられた。総戸数は千九百七十戸で、都営住宅としては当時、最大規模といってよかった。

このうち、簡易耐火造住宅と呼ばれる平屋建のテラスハウスが五百三十五戸、二階建のテラスハウスが千三百七戸もあるのに対して、鉄筋コンクリートの四階建フラットタイプは八十八戸、同じく五階建フラットタイプは四十戸しかなかった(『東京都営住宅一覧』、東京都住宅局管理部、一九七〇年)。

つまり都営久米川団地は、団地とはいっても、同じ東村山町に属する多磨全生園やジョンソン基地の米軍ハウスなど、西武沿線にあったそれまでの集合住宅の形式を基本的に踏襲していたわけだ。

一方、北口に比べて開発が遅れていた南口には五八年、徒歩十二分の野口字《あざ》向台(現・美住町一丁目)に公団久米川団地が建設された。総戸数九百八十六戸のうち、四階建の2DKが三百四十四戸、二階建のテラスハウスの2DKが二百四十八戸、3Kが三百二十四戸、五階建のスターハウスの3Kが六十戸、店舗付が十戸を占めた。

テラスハウスの戸数は合わせて五百七十二戸で、全体の五八%にとどまった。同時代のノーヴィ・チェリョームシキのように、四階以上の建物で占められていたわけではないにせよ、都営久米川団地と比べてテラスハウスの比率が下がり、四階建や五階建の比率が上がったのは確かであった。

公団久米川団地は全戸賃貸で、家賃は四階建が五千四百円、テラスハウスが五千九百五十円、スターハウスが六千二百五十円〜六千七百円であった。税込みの月収は、四階建が三万円以上、テラスハウスが三万三千円以上、スターハウスが三万七千円以上なければならないとされた。ちなみに、当時の大卒の初任給平均は約一万二千円であった。第二次募集の平均倍率は三・三倍と、割安の都営住宅とは比べものにならないほど低かった（『朝日新聞』東京版、五八年十月十八日。なお第一次募集の平均倍率は新聞に掲載されておらず、不明である）。

このように、久米川ではほぼ同じ時期に、北口と南口に二つの久米川団地が建てられた。だが外見的には、公団久米川団地のほうがずっと斬新で、入居者の平均所得も都営久米川団地より高かった。東村山町発行の『東村山町広報』には、都営久米川団地について何も記されていない代わりに、公団久米川団地についてはこう記されている。

いま野口向台にはだれかれとなく人目をひく日本住宅公団が鉄筋コンクリート造り四階建とブロック造り二階建アパートが林立しあたかも都心がこゝに移つた感があります。（『東村山町広報』第一七号、五八年三月十日）

東村山町にとって、公団久米川団地の建設は、「あたかも都心がこゝに移つた感があ」るほどの衝撃があったのである。

公団久米川団地の完成とともにテラスハウスに入居し、六五年まで住んだ詩人の片桐ユズルは、私の質問にこう答えている。

一階が洋間のリビングキッチンで人の出入りもしやすく、二階のたたみの部屋で寝るという使い勝手がよかったです。それまで〔新宿線沿線の杉並区〕井荻の一間と台所の長屋に住んでいましたから、新しい空間が広すぎるように感じてラジオをかけて空間を満たしました。

同じ西武沿線でも、杉並区の井荻の長屋暮らしと、久米川の団地生活では格段の違いがあった。片桐と同様、井荻に住んでいた開高健は、「文明は駅の周辺とか団地とかにあって、私のところにはないのである。ガスも水道もないのである。トイレはいまだに一穴式で、古式落下法をたのしむという仕掛けになっている。ガスはプロパン、水道は井戸である」(「巨大なアミーバーの街で」、『展望』六七年六月号所収) と述べている。

公団久米川団地に入居当時、片桐は結婚したてで、間もなく子供が生まれた。団地に住んでいたのは、片桐のような二十代〜三十代の夫婦が中心で、「金の卵」と言われた地方出身の中卒、高卒の若者はもちろん、大学生ですらほとんど住んでいなかった。

団地に引っ越す前、色川大吉や片桐ユズルが住んでいたのは、「木賃アパート」と呼ばれる低質な民営木造賃貸共同住宅だったと思われる。木賃アパートは五五年頃から急増するが、特に新宿区や豊島区、中野区など、山手線の外側の地域に多かった (石田頼房『日本近代都市計画の百年』、自治体研究社、一九八七年)。高度経済成長期に上京してきた大学生や青壮年労働者を受け入れたのは、こうした木賃アパートであった。

つまり西武沿線では、北多摩郡や所沢市など郊外に団地ができるとともに、「都心により近く、開発が進んだ区部/都心により遠く、開発が遅れた郊外」という図式が逆転し、「低質なアパートに若者が多く住む区部/最新の団地に核家族が住む郊外」という、新たな図式が現れるのだ。

私は、公団久米川団地に六五年から六八年まで住んでいた。四階建フラットタイプの55号棟の三階で、間取りは2DKであった。それまで住んでいたのはひばりが丘団地の1DKであったが、妹が生まれるのに伴い2DKに引っ越した。

久米川駅から団地入口まで歩いて十二分は、幼稚園児だった私には遠く感じた。多摩湖線の八坂駅から歩いても、同じくらいかかった。この付近は、新宿線、多摩湖線、国分寺線という西武の三つの線路が複雑に絡み合ったところで、ひばりが丘団地同様、バスもハイヤー（地元ではタクシーをこう呼んだ）も西武、スーパーも西友であった。多摩湖線と国分寺線は単線で、私たちは本数が少なかった国分寺線の線路でよくいたずらをしたことを覚えている。

便所は水洗だが、ひばりが丘団地とは異なり和式であった。テレビは白黒であったが、六八年に母親が懸賞で東芝の19インチのカラーテレビを当てた。当時の団地でカラーテレビはまだ珍しく、近所の子供たちがわざわざ見に来たものだ。

わが家からは、芝生をはさんで、スターハウスの56号棟がよく見えた。久米川団地にはスターハウスは四棟しかなく、さながらランドマークのような役割を果たしていた。

久米川駅前には、「西友の独壇場といった感じがする」（『西武新宿線各駅停車』、椿書院、一九七六年）商店街が形成され、多磨全生園前を経由して清瀬駅南口に行く西武バスや、六七年に開通した新青梅街道を経由して立川駅北口に行く西武バスなどが出るターミナルがあったのに対して、八坂駅前にはそうしたターミナルもなく、まだ昔ながらの鶏肉専門店や団子屋が残っていた。久米川駅の南側を通る国鉄武蔵野線の建設は六四年から始まり、七三年四月に開通したが、このあたりはずっと地下区間に当たっていたため、気づくことはなかった。

毎年夏になると、わが家の窓からも西武園の花火がよく見えた。大和町（現・東大和市）の狭山丘陵にある幼稚園に通っていたときには、よく先生に引率され、目と鼻の先にある多摩湖に連れて行かれた。幼稚園児だけではない。久米川団地の住民にとって、いや東村山市民や大和町民、村山町（現・武蔵村山市）民などにとって、最も身近な行楽地は多摩湖や西武園であった。

桐野夏生の長編小説『ＯＵＴ』（講談社、一九九七年）には、武蔵村山市に住むと思われる主人公の香取雅子が車に乗り、新青梅街道を東京方面に向かって走らせる途中、西武多摩湖線をまたぐ陸橋から「西武遊園地の巨大な観覧車のイルミネーション」を眺め、息子と一緒に乗った昔のことを思い出す場面がある。

いまでは、都営久米川団地も公団久米川団地も存在しない。都営久米川団地は東村山本町アパートに、公団久米川団地はグリーンタウン美住になり、どちらも中高層アパートに変貌した。グリーンタウン美住にある、西武の車両を転用した図書館だけが、昔の面影を保っているといえようか。

西武鉄道の本社があり、池袋線と新宿線が交わる所沢は、「航空発祥の地」といわれる。一九一一（明治四十四）年に所沢陸軍飛行場がつくられ、同年にここで初飛行がなされた。一九三八年六月、旧西武鉄道の所沢―入曽間に、所沢飛行場前駅が開業した。四一年、軍施設の名称を冠した駅名は防諜上ふさわしくないとして、所沢飛行場前は所沢御幸町《みゆきちょう》に改称された。御幸とは天皇の行幸のことで、一二（大正元）年十一月に埼玉県で行われた陸軍特別大演習のさい、大正天皇が所沢陸軍飛行場を訪れたことに由来している。

戦後、所沢陸軍飛行場は米軍に接収され、米軍所沢基地となった。五一年六月、基地を拡張し、基地内に引き込み線を通して貨物を輸送するため、所沢御幸町駅を一キロ以上本川越寄りに移し、北所沢駅が開業した。

五六年十二月に決定した日本住宅公団北所沢地区市街化計画の担当者、坂田導夫は、初めて北所沢駅前に立ったとき、「民家、集落皆無の一望千里、アカマツを混えた広漠として乾いた伐採後6〜7年とみる薪炭萌芽林の様子に、（中略）果たしてどのような対応を図るべきかの戸惑いと興奮」を覚えたと回想している（「新所沢（北所沢）地区を訪ねて」、『都市開発研究』NO．9、二〇〇二年所収）。

五七年一月、公団は「民家、集落皆無」の北所沢駅前に広がる「一望千里」の山林や農地に、分譲住宅を含む二千五百戸の団地の建設計画を発表した。これは、「〔埼玉〕県下に建設されたニュータウンの先駆」（『所沢市史』下、所沢市、一九九二年）とされた。

団地の建設に当たり、公団は半分以上に当たる約六万七千坪もの土地を西武鉄道から購入した（池田義明『新所沢団地（緑町）の始まり』、私家版、二〇〇四年）。公団と西武の浅からぬ関係は、ここから始まっている。『西武』五八年七月十五日号では、「沿線ニュースフラッシュ」として、「戸数二千八百戸　工事進む新都市北所沢」という見出しのもと、次の記事を掲げた。


米軍の貨物輸送を目的として北所沢駅が開業したのは昭和二十六〔一九五一〕年六月二十一日、あれから七年経った今日、今や同駅一帯は一大住宅地としてその容貌を変えつつある。

（中略）

これが完成すると沿線随一の理想的な一大住宅地となることが約束され、完成後の戸数は二千八百戸、推定人口約一万二千人で、この数字は現在の所沢市市街地人口の約二分の一に当る。

完成後は更にこの団地を中心として益々住宅が増えるであろうことが想像され、有数な衛星都市として、その威容を誇るであろう。

このように、公団の団地が沿線に建設されることを機関紙に大きく取り上げるのは、同時代の大手私鉄では珍しかった。例えば、当時の京王帝都電鉄（現・京王電鉄）の機関紙『京帝だより』を見ると、京王線沿線のつつじヶ丘や聖蹟桜ヶ丘などに、同社の田園都市建設部が分譲住宅地を開発するという記事が大きく掲載されている（五七年二月一日、五八年四月一日など）。これらはすべて、東急が開発した多摩田園都市と同様、一戸建の分譲主体であり、賃貸団地についての記事はなかった。

公団は、団地の名称を新所沢団地とした。ここでも公団久米川団地と同様、近代的な都市基盤の整備が強調された。

健康的な田園の良さに加えて、ガス、電気、上下水道、それに商店街、行政機関、公園、公会堂その他の公共施設など、人工的な恩恵もすべてが完備しております。
都心でも、これ程都市施設が揃っている場所というのは少ないものです。ガスがあっても水道がなく、水道があっても放流下水道がないといったのが、大部分の都市の実態です。
この新所沢では、上水道のためには、浄水場を下水のためには立派な処理場を、そしてガスのためにはガス工場をわざわざ作ってあるというすばらしさです。（『公団の住宅』一五号、一九五八年）

新しくできる団地のために、浄水場や下水処理場をつくり、所沢ガス株式会社を設立して、ガスタンクまでつくったというのである。米軍所沢通信基地は依然として存在し、上空には米軍機が飛んでいたものの、北所沢に大団地ができることで、所沢のイメージは変わりつつあった。

新所沢団地は第一団地から第四団地まであり、第一団地が完成したのが五九年四月、第四団地が完成したのが六三年六月であった。総戸数は二千四百五十五戸で、四階建ないし五階建のフラットタイプ、五階建のスターハウス、二階建のテラスハウスからなっているのは公団久米川団地とほぼ同じであったが、テラスハウスは千五百五十戸と、全体の六三％を占めており、公団久米川団地よりも高かった。もちろん全戸賃貸で、平均競争率は第一次募集が三・一四倍、第二次募集が五・五倍であった（『朝日新聞』東京版、五九年二月二十八日、同五九年十二月八日）。

駅前に建設されたという点で、新所沢団地はほぼ同時期に国鉄中央線の豊田駅付近に建てられた多摩平団地（総戸数二千七百九十二戸）と似ている。

しかしそれ以外の点で、両者は全く違っている。多摩平団地は豊田駅よりも一段高い台地の上に建てられたのに対して、新所沢団地は北所沢駅と同じ平面に建てられた。また豊田は、多摩平団地が建てられても駅名が改称されなかったのに対して、北所沢は団地の完成に合わせて、五九年二月に団地の名称である新所沢に駅名が改称された。そしてもう一点。中央線沿線には、多摩平団地の完成以降、多摩平を上回る規模の団地は、六二年から七六年にかけて八王子市に建設された都営長房団地を除いて建設されなかったのに対して、西武沿線には新所沢団地の完成以降も、都営や公社の団地も含めて次々に大団地が建てられてゆく。

北所沢が新所沢に改称されて間もない五九年十二月、公団の要請により、駅ビル内に西武ストアーが開店した。西武ストアーは西武百貨店の百％の子会社で、一階には各種食料品を、二階には洋品、雑貨、家庭用品を、三階には食堂を配置した。六二年、新所沢駅は西武で初めての橋上駅舎となるとともに、一階全部が西武ストアーの売り場となった（前掲『セゾンの歴史』上巻）。六三年、西武ストアーは西友ストアーに改称している。

新所沢団地は、西武沿線のイメージアップのために大いに利用された。

現在公団が実施中の所沢地区新市街地開発事業を一般に周知し、同時に分譲宅地への案内や賃貸住宅応募へのPRを兼ねて、この程関東支所では西武鉄道KKの協力を得て同鉄道沿線の各所に取りあえず広告看板を掲示することになった。その場所は、西武池袋、西武高田馬場、西武新宿、所沢の各駅のホームである。（「西武沿線に広告看板」、『いえなみ』五九年三月号所収）

広告看板の効果があったのだろう。新所沢団地に入居した住民の前住所を見ると、中野区が一三％、練馬区が一〇％、杉並区が八％、豊島区が七％、新宿区が六％と、半数近くが西武沿線の区部で占められている（『所沢市史』現代史料、所沢市、一九九〇年）。その背景には、前述した木賃アパートに代表されるような、区部の劣悪な住宅環境があったことは容易に想像されよう。

政治学者の松本三之介は、五九年に大阪市立大学から東京教育大学（現・筑波大学）に勤務地が移ったのに伴い、新所沢団地のテラスハウスに入居した。引っ越してきた日の印象を、松本は私に「新所沢の駅も、駅のストアーも、駅前のロータリーも、道路も、そして団地の建物も、どこもみな真新しくてまぶしいような感じでした」と述べている。

ちなみに、片桐ユズルも松本三之介も、「思想の科学」の会員であった。香里団地に住んでいた仏文学者の多田道太郎や政治学者の樋口謹一、哲学者の大淵和夫、東伏見団地に住んでいた加固《かこ》寛子、埼玉県入間郡福岡町（現・ふじみ野市）の霞ヶ丘団地に住んでいた映画評論家の佐藤忠男、武蔵野市の武蔵野緑町団地に住んでいた農学史学者の筑波常治、世田谷区の西経堂団地に住んでいた政治学者の松沢弘陽《ひろあき》、北区の都営桐ヶ丘団地に住んでいた社会学者の稲葉三千男など、六〇年頃には団地に住んでいる会員が多かった（「会員名簿」、『思想の科学会報』二八号、一九六〇年所収）。しかし彼らの多くは、共産党の勢力が団地で強くなる六〇年代後半までに団地を離れ、一戸建に移っていった。

六六年の調査によれば、新所沢団地の入居者の年齢は、男性は三十代、女性は二十代がそれぞれ三五・八％、四二・三％と最も多いのに対して、男性は十代と五十代以上、女性は十代と四十代以上が一〇％に満たない。比較的若い核家族が多く、中・高・大学生に当たる世代が少ないことが、このデータからも裏付けられる（前掲『所沢市史』現代史料）。

団地の完成とともに、新所沢駅の乗降客数は急増した。五八年度には二千四百四十二人だったのが、六〇年度には九千五百五十七人と一挙に七千人以上増え、六二年度には一万二千七百二十五人、六四年度には一万六千七百七十人となった（同）。

これに伴い、西武鉄道は新宿線のダイヤを改正し、西武新宿発新所沢ゆきの電車を五九年四月に十四本設定、六二年五月には三十五本に増発した（『西武』五九年三月十五日号、同六二年五月十五日号)。六九年には、新宿線の輸送力増強に合わせ、新所沢—入曽間に百五十両収容の南入曽検車区(現・南入曽車両基地)も完成している。西武がいかに新所沢を重視していたかがわかろう。

新宿線は、真新しい新所沢の市街を抜けて所沢市から狭山市に入ると、本数が激減する上、車窓風景もガラリと変わり、雑木林や茶畑、桑畑などが一面に広がった。狭山市には、六三年になっても、まだ大団地がないどころか、中心部の入間川(現・狭山市)駅前ですら、砂利道のせまい街道しかなく、信号機など一基もなかった(鎌田慧『狭山事件』、草思社、二〇〇四年)。この年に狭山市で起こった狭山事件については、第十一章で改めて触れるつもりである。

一九六〇年から七八年まで、新所沢団地のテラスハウスで暮らした作家の奥泉光は、私のインタビューにこう答えている。

大田区の戸建に二世帯が同居していましたが、私を含めて子供が生まれたので狭くなり、親が公団に応募したら当たりました。家賃は確か月額五千円で高かったので、倍率はそれほど高くなかった。公団は値上げをしないことを条件に、高めに設定したようです。引っ越した当初は団地の周囲は雑木林しかなく、団地は雑木林に守られた小宇宙のようでした。あの感覚は、間違いなく私の著作に影響を与えています。所沢通信基地は線路の向こう側にあって、日常の世界とはつながっていなかった。通っていた所沢市立北小学校は団地の子供が圧倒的で、少なくとも子供どうしではテラスハウスとそれ以外の棟の間に区別はなかった。あの水平的な平等感は、私にとっては心地よいものでした。ところが、段々と団地の回りに分譲住宅地ができてゆき、雑木林がなくなっていった。ついには住宅地で埋め尽くされ、団地自体も建て替えられ、自分の記憶が全く消されてしまったように感じました。

奥泉が話したように、新所沢団地は、九三年から建て替えが始まり、いまでは公団久米川団地と同様、プラザシティ新所沢けやき通りおよびプラザシティ新所沢緑町という名の中高層アパートになっている。ただし、駅構内の西友や駅前のロータリー、けやき並木が続く駅前通り、そして六〇年にロータリーにつくられた女神の噴水像などはいささかも変わっていない。

東伏見、(西武)柳沢、久米川、新所沢と駅付近に公団の団地ができてゆくことで、西武新宿線のイメージは一新され、利用者数も急増した。一方、西武池袋線の沿線で最初に建てられた大団地は、ひばりが丘団地であった。この団地は、当初「ひばりヶ丘団地」と表記したが、田無市は六七年十月より「ひばりが丘団地」を、保谷市は同年十一月より「ひばりが丘」を、久留米町は六八年八月より「ひばりが丘団地」を町名に採用することで、「ケ」が「が」に改められた(『角川日本地名大辞典13　東京都』、角川書店、一九七八年)。すでに明らかなように、本書では団地名の表記を「ひばりが丘団地」に統一している。

公団は、保谷、田無、久留米の三町にまたがる中島飛行機の関連会社、中島航空金属田無製造所の跡地に目をつけた。ここにはかつて、戦闘機のエンジン部品を製造していた工場があり、東久留米駅からは引き込み線も敷設された。この引き込み線は、団地造成に際して、資材運搬に利用され、団地の完成とともに廃止された。

跡地のあたりは、池袋線と新宿線の中間地帯で、開発が遅れていた。最寄り駅の田無町からでも、歩いて十五分ほどかかった。松本清張『黒い福音』(新潮文庫、一九七〇年)では、このあたりの風景がこう描かれている。


東京の北郊を西に走る或る私鉄は二つの起点をもっている。

この二つの線は、或る距離をおいて、ほぼ並行して、武蔵野を走っている。東京都の膨れ上った人口は、年々、郊外へ住宅を押し拡げてゆくから朝夕は乗客で混み合う。

しかし、二つの線の中間地帯は、賑かな街にもなりきれず、田園のままでもなく、中途半端な形態をとっている所が多い。

この辺りになるとナラ、カエデ、クヌギ、カシなどの雑木林が到るところに残っている。旧い径は、その林の中に入っている。林の奥には農家の部落がひそんでいる。が、それについて行くと、部落の隣は、忽ち新しい住宅地に変る。この辺は、古い武蔵野の田野と、新しい東京の部分とが、ちぐはぐに錯綜している地帯であった。


この小説は、五九年から六〇年にかけて書かれた。ちょうど「新しい住宅地」であるひばりが丘団地ができてゆくころに当たる。当時、清張は新宿線の上石神井に住んでいた。

新所沢団地の建設を伝えた『西武』は、それから一カ月後の五八年八月、「田無町に公団住宅」の見出しのもと、次の記事を掲げた。

当社沿線に又一つニユータウンができる。場所は池袋線田無町と新宿線田無との中間、旧中島の工場敷地跡。日本住宅公団の住宅造成事業の一環としてこの七月着工したひばりが丘団地で完成は明年四月の予定である。（『西武』五八年八月十五日）

ひばりが丘という団地名は、公団が田無町長で神主でもあった賀陽賢司に依頼して付けられた。賀陽は八二年にこう回想している。

当時の久留米町長が医者、保谷町長は坊さん。なら、神主の私がいいだろう、と公団に頼まれて。麦畑が広がり、ヒバリが多かったことから思い付いた。（『朝日新聞』八二年八月二十七日）

平仮名＋ヶ丘という地名は、京王帝都電鉄（現・京王電鉄）田園都市建設部が開発した分譲住宅地、つつじヶ丘が初めてであった。五七年五月には、京王線の金子がつつじヶ丘に改称されている。この場合はひばりが丘とは異なり、私鉄会社が住宅を開発し、命名し、駅名も変えたのである。

ちなみに、モスクワにも日本語で「〜が丘」と訳せる地名がある。ノーヴィ・チェリョームシキと同じく市の南西部、モスクワ川右岸にある雀が丘（ヴォロビヨーヴィ・ゴールィ）である。「丘の名は、かつてこの地にあった教会が所有していた〈ヴォロビヨーヴォ村〉に由来する。ロシアでは古くは集落に創設者や所有者の名をつける慣習があったので、おそらく『雀（ヴォロベイ)』というあだ名の司祭がいたのだろう。一五世紀から一七世紀のロシアでは、『雀』というあだ名は珍しくなかった」(齋藤君子『モスクワを歩く—都市伝説と地名の由来』、東洋書店、二〇〇八年)。

雀が丘は、その名の通りモスクワ市街を一望できる丘陵地にある。ところが、東京の「〜ヶ丘」「〜が丘」はそうではない。東京では戦前から、自由ヶ丘(現・自由が丘)、梅ヶ丘など、地形とは関係なく駅名をつける習慣があった。ひばりが丘も例外ではない。

ひばりが丘団地にかける公団の意気込みは、次の文章からもうかがえよう。

昭和30年住宅公団ができてから、つくり出された団地は大小とりまぜて何百にもなります。あちこちに特長のある団地が次々と生まれ、そこには多くのダンチ族の豊かな生活が営まれております。

しかし、同じダンチと言ってもその内容はまちまちです。その位置、環境はもとより、規模、構造、共同設備から細部の設計に至るまで、千差万別と申してもよいでしょう。

このひばりヶ丘団地は、そのような多くの団地の中にあつて、最高の環境と最高の内容とを誇るトップクラスの大団地です。(『公団の住宅』一一五号、一九五九年)

ひばりが丘団地の総戸数は二千七百十四戸で、公団久米川団地や新所沢団地を上回った。全戸賃貸で、四階建のフラットタイプ、二階建のテラスハウス、四階建のスターハウスからなってい た。スターハウスが五階建から四階建に変わったのを除けば、久米川や新所沢と同じ構成であった。

だが、テラスハウスは五百七十四戸で、全体の二一％に過ぎなかったのに対して、四階建フラットタイプは七六％と四分の三以上を占めた。久米川や新所沢と比べると、両者の比率が完全に逆転し、団地の景観はモスクワ郊外に近づいた。

五九年四月、団地の名店街に隣接して、西武ストアーが開店した。新所沢駅構内に開店した所沢店同様、公団の要請によるものであった。ひばりが丘店では、西武百貨店店長の辻井喬と三島彰の発想で、ジョンソン基地ＰＸ（米軍専用の売店）をまね、初めてセルフセレクション、セルフサービス方式を取り入れ、商品を袋につめるサッカーと代金の計算を行うキャッシャーとの分離を行った（前掲『セゾンの歴史』上巻）。

四階建フラットタイプ主体の団地そのものは米軍ハウスとは似ても似つかなかったが、商店だけは米軍基地を模倣したのだ。いまでは、商品を袋につめるのは客に任されていて、サッカーを専任で置いているスーパーはほとんどない。

ひばりが丘団地は、特に外国人の間で関心が高かった。五九年六月には、早くも十八カ国の大使や公使が訪れている。「一三八〇〇平方米、一三五〇戸という日本最大のひばりヶ丘団地では、さすがの各国大使も『ワンダフル』を連発、特にセルフサービスのスーパーマーケットには大変な興味をよせていた」（『いえなみ』五九年三月号）。当時はまだ全部が完成していなかったにもかかわらず、この時点ですでに「日本最大」であった。『いえなみ』の記録によると、六二年までに、ハーバード大学やグアテマラのサンカルロス大学の学生、ボリビア副大統領、世界銀行副総裁、韓国住宅公社総裁など、外国の要人や学生が、相次いで団地を訪問している。

五九年五月、西武は池袋線の田無町をひばりヶ丘に改称した。新所沢に続いて、団地の名称を駅名としたわけである。いまや、西武が公団と結託して、沿線イメージを一気に上げようとしているのは、誰の目にも明らかであった。

小田急の成城学園前のように、田無町が自由学園前という駅名になることはついになかった。駅名改称とともに、ひばりヶ丘は団地の下車駅となり、自由学園が開発した南沢学園町の住宅地は忘却されていった。乗降客数は、五八年度が一万千二百七人だったのが、ひばりヶ丘に改称した五九年度には一万八千百十七人に急増している。

当時は、ミッチーブームと皇太子の結婚に全国が沸き返っていた。そしてその翌年には、六〇年安保闘争を迎えることになる。東京や大阪の郊外に大団地が次々とできてゆく時代は、偶然にも「政治の季節」と重なっていたのである。ひばりが丘団地も、このような時代の流れと無縁ではなかった。

第八章　ひばりが丘団地の時代1

東京都北多摩郡保谷町、久留米町、田無町にまたがるひばりが丘団地は、一九五八（昭和三十三）年六月から建設が始まり、五九年四月には二千三百五十六世帯が、六〇年二月には第二団地（通称）の三百五十八世帯が、それぞれ入居した。

全百八十二棟のうち、1〜3、6〜8、41〜51、54〜88、94〜114、162〜173の各号棟が中層フラットタイプ四階建、9〜40、89〜93、115〜161、174〜182の各号棟がテラスハウスであった。そして第一章で触れたように、4、5、52、53の各号棟がスターハウス四階建であった。

間取り別に見ると、2DKが最も多く、ほぼ半数に当たる千三百四十四世帯を占め、次いで3Kの九百二世帯、1DKの四百四十八世帯の順になっていた。1DKが中層四階建に、2DKが中層四階建とスターハウスに、3Kがテラスハウスに、それぞれ相当した。

全戸賃貸であったが、家賃の五・五倍以上の月収があり、同居親族一名以上の勤労所得者でなければ入居できなかった。「はじめは抽選倍率も割と低く、だいたい三、四倍から、多いところで七倍くらい」だったのが、評判が評判を呼んだのか、「第二団地入居のときの倍率は、中層（四階建）が十倍、庭つきのテラスは三十倍にはね上つたという」（「ひばりヶ丘の朝昼晩」、『婦人画報』一九六一年一月号所収)。

ひばりが丘団地には、どういう人々が入居したのだろうか。一九六〇年三月に日本住宅公団が調査した記録をまとめた『アパート団地居住者の社会心理学的研究』その2(日本住宅公団建築部調査研究課、一九六一年)をもとに見てみよう。

まず年齢構成である。男性は三十代が六七・七%を、女性は二十代が六六・七%を占め、ともに最も多い。前述した新所沢団地とほぼ同じである。家族は三人が三七・九%で最も多く、二人が二五・八%でこれに次いでいる。子供一人の家庭か、子供がいない新婚家庭が多いわけだ。

次に学歴である。男性は高等教育を受けた者(高専、短大、旧制大学、新制大学、大学院)が六五・六%、女性は中等教育を受けた者(旧制高女、旧制中学、旧制高校、新制高校)が八六・七%で最も多い。それぞれ、東京二十三区平均の二七%、四六%を、大きく上回っている。

職業構成を見ると、男性は「専門・技術・事務的職業」が最も多く、六七・七%を占めるのに対して、「生産工程従業者・労働者」は九・七%と少ない。これもまた東京都全体で前者が二三・〇%、後者が四八・五%であるのとは対照的である。「一般に団地がホワイト・カラーの居住地だといわれることが裏書されている」(同)。労働者階級よりも新中間階級のほうがはるかに多いということだ。

女性は無職、すなわち主婦・学生が八七・一%を占める反面、「専門・技術・事務的職業」は一二・九%となっている。少ないように見えるが、同時期に大阪府枚方市に造成された香里団地の七・四%よりは多い。

引き続き、前掲『アパート団地居住者の社会心理学的研究』その2によりつつ、ひばりが丘団地における家電製品の普及率について見ておきたい。それによると、テレビ八一・二%、洗濯機七三・五%、冷蔵庫二三・四%、掃除機一五・六%という数字が出ている。

ちなみに、六〇年八月当時の全国都市のデータによると、テレビ五四・五%、洗濯機四五・四%、冷蔵庫一五・七%、掃除機一一・〇%という普及率である。ひばりが丘団地では、全国都市の調査よりも五カ月前の時点で、家電製品がはるかに普及していたのがわかる。

しかし、間取りが同じ場合、コンセントの場所が同じだから、冷蔵庫、テレビ、洗濯機などは、どこの家もみな同じところに置かざるを得なかった。毎日家族が食事をともにするテーブルや、布団を出し入れする押し入れの場所まで同じであった。団地住民は、椅子に座ってダイニングルームで朝食や夕食を食べ、夜は和室に布団を敷いて寝るのが当たり前であった。

一見、シリンダー錠やコンクリートの壁を通してプライバシーが確保され、「個」が確立したように見えながら、そこにあるのは恐ろしく同質的な「集団」の生活であった。

五九年五月、団地完成とほぼ同時に80号棟の三階に入居した文芸評論家の秋山駿は、入居してすぐ、その矛盾を喝破した。

人間の生活がかくも千篇一律の光景を呈するとは、私は思っても見なかった。窓から透かし見られる一つの生活のパターンは、まったくそのままの形で他の二十三の部屋にも適合するものであろう。まず水の音がして、人の影が動き、窓を開け、子供達の声が騒いで、食事が始まる、といったふうな日常の儀式から、その後、掃除、洗濯、買い物、夕べの団欒と続いていくのだが、その食卓の位置、洗濯機の置き場所にしても、ほとんど寸分の相違もないのである。すべてよく似ている二十四の同じような人間が、すべてよく似ている同じような生活の光景を展開している、というのでは、これほど飽き飽きする見物はあるまい。(『舗石の思想』、講談社文芸文庫、二〇〇二年)

団地とコミュニズムの親和性が、ここに図らずもよく現れている。もちろん、公団はそんなことを予想するはずもなかった。

秋山が住んでいた80号棟は、中層フラットタイプ四階建で、階段が三つ付いていた。一つの階段につき、一階から四階まで左右に二つずつ2DKの部屋があるから、全部で二十四世帯になるわけだ。

公団は、テラスハウスやスターハウスのように、中層四階建以外のタイプを配置したほか、道路を曲線にし、松林などの自然を残すなど、なるべく人工的にならないよう工夫を凝らした。それでも、無味乾燥な光景は免れようがなかった。

六〇年三月、香里団地を訪れた作家の今東光は、日本住宅公団大阪支所募集課長の杉山幹之助と、洗濯物がいっせいに干されたベランダを見ながら、こう話している(「人呼んで〝ニュータウン〟」、『いえなみ』六〇年四月号所収)。

杉山　どうです。こういうおしめの満艦飾は……(笑)

今　盛んなものだね。実に生産意欲が旺盛だね(笑)

事情はひばりが丘団地でも同様であった。声が筒抜けにならず、プライバシーが確保されることで「生産意欲」が促進される。その結果、ベランダは「おしめの満艦飾」になる。これもまた、秋山が喝破した矛盾と通底していた。

まだ新婚で子供のいない世帯もあったから、どのベランダにもおしめが干してあったわけではないだろう。だが、二人家族が三人家族になり、三人家族が四人家族になるという傾向は、明らかに認められる。「1年間の出生数を調べてみたら全国平均の出生率は1000人当り17・2人なのに、この団地はなんと55人。6戸に1人の割でおめでたがあるというものすごさ」（「若夫婦が多い『ひばりヶ丘』」、『いえなみ』六一年九月号所収）。

ひばりが丘団地の名が全国に知られるようになったのは、一九六〇年九月、皇太子（現上皇）夫妻が視察に訪れたことが大きかった。

私がこのことを初めて知ったのは、東久留米市立第七小学校の三年生のとき、つまり一九七一年であった。担任の先生が、ひばりが丘団地というのはすごい団地だったんだ、その証拠に、皇太子ご夫妻もわざわざ見に来られたと話したのだ。視察から十一年たっても、団地のある東久留米では、過去の栄光はまだ消えていなかった。

団地ができたのとほぼ同じ五九年四月に結婚した皇太子夫妻は、六〇年九月の訪米前に団地を視察した。ただし、西武鉄道は利用せず、東宮御所から自動車「プリンス」に乗った。そして集会所で降りると、74号棟に向かった。

六日午後、北〔多摩〕郡田無町のひばりヶ丘団地をご見学になった皇太子夫妻は約一万二千人（田無署調べ）の歓迎陣に囲まれたが、人気の焦点はやはり美智子妃殿下に集まった感じ。この日の妃殿下の服装は、いま流行のベージュのタイトワンピースに、もえぎ色ターバン風の帽子と同色のサッシュベルト、真珠のネックレスというデラックス・スタイル。洋装のスタイルには日ごろ口やかましい〝団地夫人〟からも「ベルトと帽子に同色を使われるなどセンスがあるわ。あのスタイルなら米国に行ってももてるでしょう」という声も聞かれ、妃殿下に対するスタイル評は満点だった。

家庭訪問を受けた七十四号館の会社員、横井静香氏夫人洋子さんは「美智子さまのご訪問は庶民的でやわらかく、こちらの方が堅くなってしまいました。お話はキッチンとおフロのことが主で、ゴミの処理場など細かい点にまでお気づきでした」と妃殿下の庶民的なご態度に感激していた。（『毎日新聞』六〇年九月七日）

右の記事の左側には、皇太子夫妻が74号棟二階のベランダに立ち、外を眺めている写真が掲載されている。74号棟はすでに建て替えられていて現存しないが、このベランダだけは、いまもひばりが丘団地に保存されている。

隣接する同じ階や、すぐ下の階のベランダには、下着やおしめなどの洗濯物が、そのまま物干し竿にぶら下がっている。視察の目的は、団地住民のふだん通りの生活を見ることにあったため、あえて取り外さなかったのである。

前章で触れたように、団地の完成とほぼ同時に開店した西武ストアーひばりが丘店では、ジョンソン基地PXを模倣するサービスが日本で初めて導入された。団地＝アメリカ的マイホームという幻想は、すでに辻井喬によって生み出されていた。皇太子夫妻が訪米前にひばりが丘団地を訪れたことは、その幻想をさらに増幅させた。

社会学者の内田隆三は、「皇太子の御成婚は、恋愛のロマンス／祝福された結婚／新家庭の創造という一連の営みを通じてマイホーム形成の理想的・規範的なモデルとなったのである」（『国土論』、筑摩書房、二〇〇二年）と述べている。この点からすれば、皇太子夫妻がひばりが丘団地に見ようとしたのも、ダイニングキッチンや浴室を完備し、家電製品やガスレンジがそろうマイホームだったということになろう。

社会学者の大澤真幸も、こう述べている。

皇太子夫婦は、戦後社会が目指すべき、理想化された「家族」のモデルとなった。それは、エプロンをつけて洋風のキッチンで働く皇太子妃が典型的に示すように、明白に、「アメリカ」の市民生活を指向するものであった。皇室に、非政治化されたアメリカという媒介項を通じて光を当てたときに、天皇に代わって浮上したのは、皇太子の家族である。（前掲『不可能性の時代』）

内田とほぼ同じ見方といってよい。大澤は、「マイホーム生活の理想が、まずは『団地』に託され、そしてやがて、六〇年代後半には『持ち家』へと展開していく」（同）として、皇太子夫

1960年、前年に結婚した皇太子（当時）夫妻がひばりが丘団地を視察。このベランダは現在、53号棟（スターハウス）の前に保存されている（提供＝毎日新聞社）

妻と団地の親和性にも触れている。

しかし、アメリカに集合住宅はあっても、ひばりが丘団地のような四階建を主体とする団地はなかった。それはむしろソ連や東欧の団地に近いものであり、前述のようにコミュニズムと両立するものであった。

賃貸の団地とは、分譲の民間マンションや一戸建のマイホームを購入するまでの「仮の住処」なのだろうか。もしそうだとすれば、ひばりが丘団地は居住者の交代が激しく、継続的な住民の動きなど起こりようもなかったはずである。

前述した日本住宅公団の調査から五年後、六五年七月から八月にかけて、東京教育大学助教授の森岡清美らが、再びひばりが丘団地でアンケート調査を実施した。その成果は、森岡ほか「東京近郊団地家族の生活史と社会参加」（『社会科学ジャーナル』第

7号、国際基督教大学、一九六八年所収）にまとめられている。
それによると、当時のひばりが丘団地では、定住する世帯が非常に多かった。

平均年間移動率は3・46ときわめて低く、8割余が入居後5年以上を経過するも転出していない。団地は永久的な住いではないからどうしても居住年数が短かく、居住者の交代が頻繁となる傾向がある、とみなされやすいが、ひばりヶ丘団地についてはこの通念は当らない。

その背景には、一向に住宅不足が解消されない東京の劣悪な住宅事情に加えて、皇太子夫妻がわざわざ視察に来るほどの「最高の環境と最高の内容とを誇るトップクラスの大団地」（『公団の住宅』二五号、一九五九年所収）にせっかく当たったのだから、立ち去りたくないという心情もあったのではないか。ただ、八割以上の世帯がそのまま住み着いてしまうという事態は、公団も予想していなかったはずだ。

しかし住民は、決してはじめから団地での生活に満足していたわけではない。いざ住んでみると、さまざまな問題に直面した。

少なくとも、日本の団地は、その設備からいい、生活内容からいっても、「豊富の心理」によって保守化を結果するほど、豊かなものではないことは明らかである。逆に、新設団地では、通勤、教育、育児などにわたって、政治の貧困と不均衡を痛感させる要因がそろっている。
（「団地の人間関係学」、『朝日ジャーナル』六一年六月十八日号所収）

この指摘は、ひばりが丘団地にも当てはまる。電話がない、保育所がない、団地と駅を結ぶ西武バスが不便など、問題は山積していた。

公団はあくまで、団地というパッケージを用意しただけであった。それらの問題は、住民自身が解決するしかなかった。団地住民に革新的な政治意識が芽生えるゆえんである。

ひばりが丘団地の住民がまず取り組んだのは、保育所の設置運動であった。教育科学研究会の斎藤健一は、こう述べている。

公団住宅に入居を申しこむには、一定の資格を必要とする。入居資格者の収入基準が決められているのである。この場合、「ともばたらき」の合算も認められている。これは、住宅に困っている若い勤労者の経済状態を考慮にいれたうえでの措置だといわれている。とすれば、経済状態から考えても、これらの若い勤労者の家庭で、子どもを育てるためには、どうしても「ともばたらき」を持続しなければならないことになる。ここにまず、さしせまって、保育所の設置が要求される基礎がある。(「団地のなかの保育運動―ひばりが丘保育の会のあゆみ1」、『月刊社会教育』、国土社、六一年七月号所収)

この運動は、入居開始から五カ月がたった五九年九月から始まった。十月、保育所設立準備会は「共同保育をはじめましょう」をテーマに会合を行い、会の名称を「ひばりヶ丘保育の会」とした。保育の会は、会報に当たる『ひばりヶ丘保育しんぶん』を発行し、団地内の個人宅に幼児を預ける共同保育を始めた。
108号棟に住んでいた日教組本部書記次長の山村ふさは、『ひばりヶ丘保育しんぶん』第一九号（六一年五月二十八日）で、一九五七年に訪れたポーランドの首都、ワルシャワの「ノボリビア第14保育所」を、次のように紹介している（なおワルシャワの中心部付近には「ノボリピエ通り」があり、「ノボリビア」は「ノボリピエ」を指すと思われる）。

立派なのは建物と施設だけではありません。幼児八五人を保育するこの保育所には、看護婦・保母・事務職員などあわせて三〇人の職員が、生後三カ月から満三才までの幼児の保育をしていることです（三才以上は幼稚園へ）。日本の公立保育所の乳児一〇人につき保母一人、幼児三〇人につき保母一人とくらべて何度もききなおした私の顔を御想像下さい。

このような文章は、「社会主義は労働者とそして子どもをとにかく幸せにしている」（同）という確信に支えられていた。公団が保育所を設置しなかったことで、団地住民の社会主義に対する思いはかえって強まったわけだ。

「ひばりヶ丘保育の会」とほぼ同時にできたのが、「ひばりヶ丘団地主婦の会」であった。五九年九月に襲来した伊勢湾台風の被災者救済のため、成瀬瑛子ら主婦十四、五人が集まったのがきっかけだったが、一年で会員が五百四人にふくれあがった。「この一年間料理や木彫り、お化粧の講習会などつぎつぎと会の手で行われ十月にはバスをつらね楽しい遠足もあった」（『毎日新聞』六〇年十一月十一日）。

主婦の会ばかりか、保育の会の主体となったのも主婦であった。主婦がこうした活動を始めた背景には、家電製品の普及に伴う家事労働からの解放がある。アリストテレスは『政治学』(牛田徳子訳、京都大学学術出版会、二〇〇一年)で「国家がよく治められるためには、市民が日常不可欠なことから解放された閑暇の状態にあらねばならない」と述べたが、ここでいう市民とは成年男子(夫あるいは父)を指していた。団地という地域共同体においては、「日常不可欠なことから解放された閑暇の状態」に恵まれるのは、会社勤めで一日が明け暮れる夫ではなく、専業主婦=妻になるのである。

保育の会や主婦の会は、団地内の集会所を積極的に活用した。集会所はもともと、「団地内の各住宅の応接間の集合体または居住者等の共用の応接間」としてつくられたが、実際には応接間というより、住民どうしの交流や親睦の場になってゆく(滝いく子『団地ママ奮戦記』、新日本出版社、一九七六年)。

ひばりヶ丘団地には、南、北二つの集会所がある。北の集会所は八畳の日本間と、三十坪のホール。南の集会所は十五坪のホール。ここを会場にして、たくさんの集〔ま〕りが開かれている。

主婦の会、保育の会、赤ちゃんの栄養相談、智能《ちのう》テストをはじめ、洋裁、編物、手芸、料理、染色、ローケツ染、木彫お人形などの講習会に午後の時間があてられる。(「ひばりヶ丘団地パノラマ」、『婦人画報』六一年一月号所収)

六〇年九月に皇太子夫妻がひばりが丘団地を訪れたときも、74号棟に続いて集会所を訪れ、人形教室で団地の主婦がつくった作品を見学している。集会所は、コンクリートの壁に隔てられた住民どうしが積極的に交流する、公共圏としての役割を果たしていたのだ。

だが、集会所を最もよく利用したのは、後に自治会に発展する親睦会であった。保育の会や主婦の会に遅れること二カ月、五九年十一月に「ひばりヶ丘団地親睦会」が発足した。その模様を、会報誌『ひばり』第一号はこう伝えている。

緑なす武蔵野の地に、日本住宅公団ひばりヶ丘団地が開設されて早くも半年余、ようやく私たちも新しい生活環境になれ親しんでまいりました。しかしなにぶん新開地であるため、お互い見知らぬ間柄であり、また交通、教育、衛生、治安の各面にわたって不便不備な点が多いのはご存知のとおりです。そこでこれらの問題点をみんなで話合い、協力して次第に改め、また文化活動や運動を通じてお互いの親睦を深めてゆこうという声が暗い夜道を歩きながら、あるいは電車やバスの待ち合わせの間に自然におこって参りました。こうした空気のなかからひとりでに誕生したのが、十一月一日に発足することになった「ひばりヶ丘団地親睦会」です。

(『ひばり』五九年十月二十五日)

親睦会は、保育の会や主婦の会よりもはるかに会員数が多かった。

団地内に即時電話を二本架設したほか、団地住民を代表して公団や西武鉄道、西武バス、西武ストアーなどとの話し合いの機会をつくった。集会所に西武鉄道の運輸部長や西武バスの営業課長を呼び、ひばりヶ丘始発の電車増発、ひばりヶ丘駅の拡張、西武バスの増発などを約束させた（『ひばり』六〇年二月二十一日）。

六一年五月、会則が変更され、親睦会が「ひばりヶ丘団地自治会」になった。自治会は親睦会とは異なり、各棟から選ばれた運営委員からなる運営委員会が最高議決機関となり、運営委員会に提出された候補のなかから、総会で会長、副会長、事務局長や、文化部、厚生部、運動部、婦人対策部、広報部の各部長などの役員が選ばれた（『ひばり』六一年六月十八日、同年九月二十六日）。ちなみに、同時代のソ連の団地でも、運営委員会に相当する中央住宅委員会や総会に相当する全入居者総会があり、中央住宅委員会の下には文化・大衆活動部、年金生活者世話部、衛生部、計画＝財政部、環境整備・緑化部、住宅修理部などが置かれていた（有泉亨編『ヨーロッパ諸国の団地管理』、東京大学出版会、一九六七年）。

ひばりヶ丘団地自治会役員となった十三人のうち、親睦会から引き続き選ばれたのは五人、新たに役員になったのは八人であった。女性は婦人対策部の二人しかいなかった。

まだこのころは、自治会は親睦会と地続きで、男性によって支えられていたわけだが、やがて保育の会や主婦の会同様、主婦が主体となってゆく。

新役員の一人として、六〇年二月の第二団地完成とともに入居した上田建二郎が選ばれた（『ひばり』六一年六月十八日）。後に日本共産党書記局長、次いで党幹部会委員長となる不破哲三である。『ひばり』によれば、広報部長兼自治会協議会（自治協）常任委員になっている。

不破夫人の七加子《なかこ》は、「この自治会の組織や規約づくりには、不破もいろいろと協力をしました」（『道ひとすじ』、中央公論新社、二〇一二年）と回想している。その背景には、自治会副委員長として活躍した東大理学部時代の体験があったのかもしれない。

　不破哲三と上田七加子は六〇年から、衆議院議員選挙に初めて立候補するのに伴い、墨田区に引っ越す六九年までの九年間にわたり、北多摩郡久留米町のひばりが丘団地171号棟の四階に住んでいた。

　しかし、団地での活動については、『私の戦後六〇年』（新潮社、二〇〇五年）にも書かれていない。私は思い切って、不破自身にひばりが丘時代の話を聞きたいという手紙を書いた。数日後、「当時の地域の様子やそこでの生活ぶりなどで、なにかお役に立つことがあれば、お互いに時間をやりくりしてお話しする機会をつくりたいと思います」という返事が本人から届いた。

　二〇〇八年六月二十七日、私は東京・代々木の共産党本部で、不破哲三に初めて会った。渡された名刺には、「日本共産党中央委員会社会科学研究所　所長」と書かれてあった。ふだんは神奈川県旧津久井町（現・相模原市緑区）に住んでいるが、党常任幹部会の委員として、週一度の会議には必ず出るという。八十歳を超えたいまも、旺盛な執筆活動を続けているのは周知の通りである。

――ひばりが丘団地に住むようになったいきさつについて教えてください。
不破　西荻窪の普通のアパートに友人と二階と一階に分かれて住んでいたんです。そのとき、友人がひばりが丘団地への入居を申請した。僕はあまり関心がなかったんだけど、代わりに申請してあげるからと奥さんが言うから頼みました。そうしたら、僕のほうが当たってしまった。友人は、それから十年たってやっと当たりました。

家賃は、共益費を入れて六千円ちょっとだったかな。その六倍程度の給料がないと、入居の資格がなかった。

僕がいた組合は、名前だけは鉄鋼労連という大きい名前なのだけど、職員の給料は安いもんですからね、当然それに届かなくて、しょうがないから僕は自分で、給料値上げ証明書というのを作りました。これから一年間にここまで上がりますという証明書を自分で作って、自分で発行したんです。それで無事入居できた。

——最初に入居したとき、２ＤＫは狭いと思いませんでしたか。

不破　それまでがもっと狭かったですからね。五三年に結婚してから、ずっと一間暮らしでした。子供ができてからもそうです。だからね、やっぱり団地って広いと思ったんですよ。

——団地という住まいは、それまでの住まいと比べてどこが違いましたか。

不破　ひばりが丘に住むまであちこち転々としましたけど、大体どこに引っ越してもね、その地域と関わらないものなんですよ。いろいろな住民がいるなかで、ぽつんと昼間に家から出て、夜に帰るだけでした。

ところが、二千世帯以上も集まると、お互いが関係せざるを得なくなる。そこはいまのマンション暮らしとは違うんですね。近所付き合いがいいんです。例えば、夫婦の一方が鍵を持って出掛けてしまい、もう一方が先に帰ってくると、鍵がないから入れない。そうすると、隣の家に行って事情を説明し、ベランダから柵を越えて自分の家に入るわけです。

そういう近所づきあいが生まれるところが、民間のマンションのように、文字どおり隔離されていて隣どうし知らないような住まいとは全然違ったんですね。だからこそ、自然といろいろな運動が始まったと思うんです。

——上田耕一郎さんも、同じころに松戸市の常盤平団地に入居していますよね。当時、首都圏を代表する二つの大団地に、上田・不破兄弟がともに住んでいたことになりますが。

不破　ええ、そうですが、たまたまです。たまたま当たったからで、別に特定の地域を選んだわけではありません。

——団地での党活動というのは、どのようにして始まったのでしょうか。

不破　僕は鉄鋼労連にいて、妻は居住〔細胞〕にいるわけですよ。あの地域の党の事務所はどこにあるかって探すわけですよね。それでようやくわかって、久留米町の党の責任者のところへ行ったのですが、野を越え畑をいくつも越えてね。

——久留米町は、東京都で最も共産党が強かった清瀬町に隣接していましたが。

不破　僕は清瀬とはほとんど縁がありません。たしかに清瀬には戦後早くから、かなり強くて大きな党の支部ができていました。ところが久留米は、僕が移り住んだころには、まだポツンポツンと党員がいるにすぎなかった。

そのぐらい当時はまばらな組織でしょう。そういうところに来て、はじめはまわりに知り合いが誰もいなかったのが、運動してゆくとだんだんと広がってゆく。そうすると、党自体も活発になり、動く人も票も増えるわけです。

——ここに「党勢拡大特別週間　アカハタもって活動」という見出しのついた『アカハタ』六二年十一月四日の記事があります。「党勢拡大特別週間にはいって最初の休日の三日、共産党本館総細胞とアカハタ編集局細胞と機関紙経営局細胞では、東京都北多摩郡保谷町のひばりヶ丘団地（二千世帯）でいっせいに拡大運動をおこなった」。このような運動を行う場合、不破さんのご自宅は一つの拠点だったのでしょうか。

不破　そうですね。よくいろいろな集団が来て、うちに集まっていました。

――自治会も共産党の人が多かったのですか。

不破　いや、自治会というのは居住者全員を対象としていますから。最初のころは、産経新聞のボス的な人も多くてね。俵孝太郎さんとか柴田穂《みのる》さんとか。随分いましたね。

――久留米町で六〇年代に共産党が伸びてゆく背景には、団地の居住細胞を中心とする、党の活動があったのでしょうか。

不破　党の活動もあるけれども、いろいろな団体の運動がありますからね。そういうのをやっていれば、みな親しくなるじゃないですか。自治会主催の団地祭もありますしね。あのころの団地には、新しい集団生活をみんなで起こしていこうという気風がありました。いろいろな地域を歩いてきたけど、あの時代が一番おもしろかったですね。

六〇年代の久留米町における日本共産党の伸びについては改めて触れることにして、ここで話をもう一度、不破がひばりが丘団地に入居した一九六〇年の時点に戻したい。

六〇年という年は、言うまでもなく安保闘争の時期と重なっていた。小熊英二『〈民主〉と〈愛国〉』（新曜社、二〇〇二年）が指摘するように、市民という言葉は共産党周辺ではプチブルと同義語と見なされたが、安保闘争はこの言葉が積極的な意味をもって定着する画期をなした。

西武沿線でも、石神井公園駅に近い練馬区南田中町（現・南田中）に住んでいた哲学者の久野収を中心に、「むさしの線市民の会」が結成された。「むさしの線」とは、旧西武武蔵野線、つまり西武池袋線を指す（国鉄の武蔵野線が開業したのは七三年四月）。

新安保条約強行採決によって惹起された民主政治の深刻な危機の中で、旧むさしの線沿線に住む学者文化人達は、民主々義の根本原理に立ちかえって、自分達の住んでいる地盤から本当の民主々義を産み出してゆくために「むさしの線市民の会」を作りました。（『声なき声のたより』六〇年七月十五日号）

久野自身は、政治学者の高畠通敏《みちとし》の質問に答える形で、当時をこう回想している。

ぼくたちは、当時住んでいた練馬区の地元でも下からの行動を起こしました。まず、運動体として「武蔵野沿線市民会議」――いまの西武池袋線の沿線ですが、一層広い領域を意味させるために、旧称を使ったのです――をつくり、東大の坂本義和君、篠原一《はじめ》君、学習院の白井健三郎君、大泉の家永三郎君や暉峻淑子《てるおかいつこ》君らも加わって、街頭アピール行動をしたり、市民大集会を開いたりしました。これには驚くほど人々が集まり、熱心に耳を傾けてくれました。（「市民として哲学者として」、佐高信編『久野収集』V、岩波書店、一九九八年所収）

久野の言う「武蔵野沿線市民会議」は、「むさしの線市民の会」のことである。久野は「一層広い領域を意味させるために、旧称を使ったのです」としているが、一貫して首相の岸信介を支持し続けた堤康次郎を連想させる西武の名称を使いたくなかったからだと考えるのは、うがち過ぎだろうか。

中央線沿線の吉祥寺に住んでいた丸山眞男《まさお》は、「むさしの線市民の会」に加わっていない。同じ東大法学部の政治系教官でも、坂本義和や篠原一が西武池袋線沿線に住んでいたのに対して、丸山眞男は中央線沿線に住んでいたというのは暗示的である。

しかし、坂本も篠原も、街頭演説は下手だったようだ。「困ったのは、旧武蔵野沿線在住の学者、評論家、作家のそうそうたる連中でも、街頭のアピール演説なんかした経験がない。どうしようもないくらいヘタでしたね（笑）。誰も街宣車上でマイクを握ったこともないからムリもないんだけど（笑）。そこで、大阪、京都の大衆行動や羽仁五郎氏の選挙などで街頭演説の経験のあるぼくがその経験を生かし、みなさんにモデルを示すわけ」（同）。

久野は、職場、街頭、地域が三位一体となった形での市民運動を理想と考えていた。「むさしの線市民の会」は、地域での市民運動に当たる。「市民主義の成立」（前掲『久野収集』Ⅱ所収）と題する架空の対話文では、こう述べている。

小集団や〝市民会議〟には、政党の原理や職域の地位や労組の主張などをけっしてもちこんではいけないのだが、政党や職域や労組のアクティーブたちには、そこが全然わからない。すぐそれぞれの流れのアクティーブとして、グルーピングなり〝市民会議〟なりを自分らの思う方向にもっていこうとする。（中略）とにかく地域のグルーピングでは、政党や労組や職域でのステータスは、ぜんぶ消えなければうまくいかないだろう。

このような久野の思想は、日本共産党の党勢拡大を重視するような思想とはもちろん、「市民主義」の主張にはげしい違和感を抱き、街頭のデモ行進だけでなく、一人でできる投書や抗議電話も重要だとした丸山眞男の思想とも相いれない（苅部直『丸山眞男』、岩波新書、二〇〇六年）。だが、同時期に生まれた「声なき声の会」とは共通していた。

東京や大阪の団地でも、「むさしの線市民の会」と似たような動きが出てきた。その代表的なものは、枚方市の香里団地で結成された「香里ヶ丘文化会議」と、日野町の多摩平団地で結成された「多摩平声なき声の会」である。

また、松戸市の常盤平団地では、六〇年十一月に上田耕一郎が責任者となり、「市民生活向上のための共通問題」について語り合う「松戸市民の会常盤平支部」ができている（『常盤平新聞』六一年四月三日）。

一方、ひばりが丘団地では、不破が発起人の一人となり、「ひばりヶ丘民主主義を守る会」ができた。引き続き、不破に聞いてみた。

――入居されてまもなく、六〇年六月に「ひばりヶ丘民主主義を守る会」を立ち上げましたよね。

不破　安保の真っ最中というのは、もういろいろあってね。その波がほぼ終わったころに、これはどこが主催したのか知らないけれども、小学校で安保問題の講演会があったんですよ。学習院大学の久野収さんらが来たときに、何人か住民が集まったのを機に、心ある者は残ってやろうじゃないかということになった。こうして生まれたのが「民主主義を守る会」なんですよ。

不破は「どこが主催したのか知らない」と述べたが、久野収が来たということは、「むさしの線市民の会」が主催したのではないか。

この点で注目すべきは、竹内好《よしみ》が六〇年六月十日の日記に、「武蔵野線沿線の市民の会の宣伝第二班に属し、団地をまわる。総指揮は久野収」(「日記」下、『竹内好全集』第十六巻、筑摩書房、一九八一年所収)と記していることである。当時、西武池袋線沿線の目ぼしい団地といえば、ひばりが丘団地しかなかったから、竹内の言う団地はひばりが丘団地と見て間違いない。竹内は丸山と同じ吉祥寺に住んでいたが、丸山とは異なり中央線から西武池袋線に一人飛び込んだのだ。

おそらく久野は、ひばりが丘で自ら標榜する市民主義について語ったのだろう。その演説は、前掲「市民として哲学者として」にあるように、街頭演説の経験を生かしたものだったのではないか。

しかし、不破をはじめ、講演会に集まった住民は、「むさしの線市民の会」に加わらず、既存の親睦会とも違う組織をつくる道を選んだ。「ひばりヶ丘民主主義を守る会」は、ガリ版刷りの会報誌『ひろば』を発行する。

西東京市立中央図書館所蔵『ひろば』第二号(六〇年十月二十日)には、十月十二日に暗殺された日本社会党委員長・浅沼稲次郎を悼む「哀悼　浅沼稲次郎君」と題する会員の声が掲載された。また十一月二十日の衆議院議員総選挙を前にして、「この際、政府与党はもとより、議会主義をふりかざす民社党、農村にヨワイ社会党、〔全〕学連に突き上げられている共産党など各党の選挙綱領の研究が必要だとの要求によって小委員会が発足しようとしています」という記事も掲げられた。
ここから察するに、「ひばりヶ丘民主主義を守る会」は革新系の組織ではあったが、はじめから特定の党派で固められていたわけではなかった。この点では、「むさしの線市民の会」と共通するものをもっていたといえよう。

――六〇年九月の皇太子夫妻の団地訪問は、どう受けとめていたのでしょうか。

不破　これはもう本当にエピソード的に来ましたよね。そのことについて論評するとか、運動するとか、そういうことは一切問題にならない時期でした。

しかし、前掲『ひろば』第二号には、こんな声も掲載されていた。

皇太子夫妻の団地見学?―たった五十分間の二人の訪問客のために、通り道だけが穴ぼこをふさがれ、ブラシを洗《マ マ》われ、草がむしられ、集会所の床がはりかえられ、ガラスがみがかれ、店先はさっぱりと片づけられ、そして高級役人と団地管理人と親睦会役員と商店主と所轄警察が数日前から冷汗を流し、テレビと新聞記者が押しかけ、沢山の人々がスターをみようとひしめきあった。そして、よく停電するそのアパートに住む一万人の居住者は高家賃に悩み、共益費の使途も知らされず、保育所がほしいと訴え、高い豚肉をやめてサンマを食い、遠い勤め先に高い交通費を払って通い、そして、つかれてだまっている。

皇太子夫妻に対する冷めた視線が見てとれる。皇太子夫妻が演出するライフスタイルとは全く異なる団地の実態が暴露されている。家賃や物価、交通費の高さといい、勤務先の遠さといい、アメリカ的生活と団地のそれとの間には、あまりにも大きなギャップがあった。

――「ひばりヶ丘民主主義を守る会」のほかに、「ひばりヶ丘市民会議」というのもあり、後で合流しましたよね。

不破　よく知っていますね（笑）。正確には覚えていないんだけど、社会党の人たちが「市民会議」をつくった。それが我々の「民主主義を守る会」と合流しました。

おそらく、「市民会議」には日本社会党の党員が、「民主主義を守る会」には日本共産党の党員が加わっていたのだろう。実際に、不破が住んでいた171号棟に隣接する170号棟には、後に日本社会党の参議院議員となり、九六年には社会党を離党して新社会党の初代委員長となる矢田部理《おさむ》が住んでいた。

安保闘争を機にひばりが丘団地で生まれた二つの会は、六一年一月に合流して「ひばりヶ丘民主主義を守る会」となった。「民主主義を守る会」が、「市民会議」を吸収したのだ。

安保闘争自体は、六〇年六月十九日に新条約が自然成立してから、急速に勢いを失ったにもかかわらず、「ひばりヶ丘民主主義を守る会」の活動は、ずっと続いていたわけである。

こうして不破は、ひばりが丘団地に足場をおき、自治会、自治協、民主主義を守る会で活動を続けた。不破自身は後にこう回想している。「ここ（ひばりが丘団地）には九年間住み、自治会づくりの運動や、六〇年安保の闘争に始まった『ひばりが丘民主主義を守る会』の運動など各分野の活動に、夫婦共同で取り組みました。もっとも『夫婦共同』と言えるのは初めの時期だけで、その後大部分の時期は、団地内外の活動は妻が主役、私の方は団地の多くの男性組とともに応援団役に徹することになりましたが」（『不破哲三　時代の証言』、中央公論新社、二〇一一年）

不破は六四年三月、鉄鋼労連を辞め、党本部に勤めることになる。その背景には、清瀬在住で、六一年八月に共産党を離れた石堂清倫が、「このとき〔五九年五月〕井汲卓一門下とみなされていた上田耕一郎と不破哲三がこのグループから離れ、宮本〔顕治〕のグループに接近し、党内政治のなかで一歩一歩地歩をかためる」（前掲『続わが異端の昭和史』）と述べたような、不破の「変心」（前掲「不破・上田兄弟論」五）があったと思われる。

私が、党の組織原則からの重大な逸脱というこの状態からぬけだすことができたのは、第七回党大会から第八回党大会へすすむ過程においてのことで、なによりも、党の統一と前進にさからって公然と党破壊活動にのりだしはじめた反党分子との闘争を通じて、民主集中制の原則をあらゆる状況のもとで堅持し擁護することの第一義的な重要性を、きわめて具体的な形で、あらためて教えられたからであった。（「民主集中制の原則問題をめぐって」、『前衛』一九八三年八月号所収）

これは不破自身の言葉である。不破がひばりが丘団地を舞台に活動する時期は、党内で「反党分子」、すなわち構造改革派が追い詰められ、六一年の第八回党大会を機に、民主集中制に基づく「宮本体制」が確立される時期でもあったのである。

第九章　ひばりが丘団地の時代2

いま、私の手元に『日本住宅公団―東京・関東支所住宅団地案内図帳』（人文社、一九六五年）がある。これを見ると、一万人を超える人々が住んでいた六五年当時のひばりが丘団地で、どの号棟、どの号室に誰が住んでいたかが、すべてわかる。1号棟から182号棟までの断面図とともに、各号室の世帯主の氏名が一括掲載されているからだ。

二千七百十四戸のうち、空き家はたった十七戸しかない。あとは全部が埋まっている。なかなかの壮観だ。小さな長方形にびっしりと書かれた氏名を眺めていると、まるで二千六百九十七のマッチ箱に人が住んでいるかのような錯覚に陥る。ただし肉筆で書かれているせいか、転記ミスと思われる誤字も少なくない。

80号棟に秋山駿（三〇年生まれ）、171号棟に上田建二郎（不破哲三。同）、170号棟に矢田部理（三二年生まれ）が住んでいる。六〇年九月に皇太子夫妻が訪れた74号棟の横井静香や、「社会主義は労働者とそして子どもをとにかく幸せにしている」と述べた108号棟の山村ふさの名前もまだ見える（ただし実際には、山村は六二年に転居している）。前章で不破が言及した俵孝太郎（三〇年生まれ）は妻の萠子《もえこ》（同）とともにテラスハウスの31号棟に、柴田穂（同）は5号棟のスターハウスに住んでいる。思想の科学会員としては、58号棟に池田諭（二三年生まれ）

がいる。

大学関係者では、明大教授で経済学者の柴田政利(二二年生まれ)が171号棟に、東大助教授で国語学者の古田東朔《とうさく》(二五年生まれ)が6号棟に、早大助教授で法学者の西原春夫(二八年生まれ)が19号棟に、國學院大助教授で行政学者の高木鉦作《しょうさく》(二五年生まれ)が165号棟に、一橋大助教授で社会主義経済が専門の宮鍋幟《のぼる》(二七年生まれ)が36号棟に、日大講師で素粒子論が専門の井本三夫(三〇年生まれ)が102号棟に住んでいる。

このうち、西原は後に早大総長となり、高木は後に自治会・町内会の研究で知られるようになる。また宮鍋と井本は前述した「ひばりヶ丘民主主義を守る会」に入っている(『守る会ニュース』7号)。

不破、矢田部、山村、宮鍋、井本のほか、ひばりヶ丘民主主義を守る会の主な会員としては、日本共産党の党員でアカハタ記者の巌名泰得《やすのり》(三一年生まれ)が54号棟に、クロポトキン全集などを翻訳した能智修弥《のうちしゅうや》(一九〇〇年生まれ)が68号棟に、中野重治の研究者で、後に明治学院大教授となる満田郁夫(三五年生まれ)が87号棟に住んでいる。満田は六一年七月に、巌名と能智と井本は同年十月に、守る会の運営委員になっている(同1号、7号)。

民主主義を守る会は、「自治会民主化」のため、自治会に会員を多数送り込んだ。前述のように、不破は広報部長兼自治協常任委員となり、能智は副会長となった(『ひばり』六一年六月十八日)。六一年九月には、宮鍋、山村、満田が自治会の運営委員になっている(同、六一年九月二十六日)。上田七加子も、後に教宣部長と副会長を務めたという(前掲『道ひとすじ』)。

一九二〇〜三〇年代生まれが大半を占める団地住民世帯主のなかにあって、能智の年齢は抜きん出ている。だがよく見ると、65号棟には元陸軍中佐の大屋角造（一一年生まれ）の名前もある。五十代、六十代の男性も少しはいたのがわかる。

31号棟の河野政二、68号棟の小室勝美、71号棟の飯島方幹、88号棟の沢辺雅二などは、後に滝山団地に引っ越し、東久留米市立第七小学校で私と同じクラスになる児童の父親に当たる。彼らもまた、昭和一ケタ世代だったに違いない。六八年に滝山団地ができると、これらの世帯はいっせいに滝山に入居している。「ことしは久留米の滝山団地へはなんと百三十名の方々が転出された」（『ひばり』六九年二月九日）とある通りである。

そして88号棟の406号室には、原稔（三一年生まれ）の名前が記されている。私の父親である。六二年八月に渋谷区宮代町（現・広尾四丁目）の日本赤十字社産院（現・日本赤十字社医療センター）で生まれた私は、三歳までの日々をここで過ごした。

原稔が名古屋市の虹ヶ丘団地からひばりが丘団地に引っ越してきたのは、一九六一（昭和三十六）年四月三日であった。愛知県衛生部を三月三十一日に退職し、四月一日に国立予防衛生研究所（予研）に着任したばかりだった。

原がひばりが丘団地に引っ越した背景には、原が専門とするポリオ（小児マヒ）のかつてない大流行があった。予研は厚生省直轄の研究所であり、もともと海軍大学校のあった品川区上大崎にあったが、六〇年に北海道を中心にポリオが全国的に流行し、この年だけで五千六百六人が感染、三百十七人が死亡するに至って、新たな施設と人員が必要とされたのである（『30年のあゆみ』、日本ポリオ研究所、一九九九年）。

これに伴い、北多摩郡村山町にあった結核療養所、国立村山療養所の広い敷地の一部を譲り受け、国立予防衛生研究所村山分室が六一年四月にほぼ完成した。最寄り駅は、西武上水線（現・拝島線）の玉川上水であった。村山分室は、その役割からポリオワクチン検定庁舎と呼ばれた。原が勤めることになったのは、この庁舎であった。

ポリオは、六一年春にも九州で流行しはじめ、初夏にかけて増大し、前年の北海道の大流行に匹敵する勢いとなった。厚生省や予研には、免疫率の低い従来のワクチン（ソークワクチン）ではなく、日本でまだ大量製造されていなかった生ポリオワクチン（セービンワクチン）の輸入を求めて、母親たちが連日つめかけた。だが、生ワクチンについては、厳密な投与実験が済んでおらず、それが済んでから大規模な投与に移るべきだとする意見が、学者の間では大勢を占めていた（『予研二十年のあゆみ』、国立予防衛生研究所、一九六七年）。

乳幼児が多かったひばりが丘団地では、ポリオ流行に対する関心がとりわけ高く、六〇年九月十一日には保育の会、民主主義を守る会、市民会議共催の「子供を小児マヒから守りましょう」の集いが開かれた（「小児マヒ流行と母親のねがい」、『ひろば』六〇年十月二十日所収）。この記事には上田という署名があるが、内容から察するに、上田七加子が書いたものに違いない。

これ以降も上田七加子は、『ひろば』誌上でポリオに関する記事の執筆を続けている。六〇年十二月には、団地住民の有志が保谷、久留米、田無の三町町議会に生ワクチン輸入を請願したところ、三町ともに党派を超えた全議員が賛成した。特に保谷町では、町議会代表が厚生省に陳情までしている。六一年二月には、団地北集会所で「子供を小児マヒから守る三町協議会」が開かれ、ひばりヶ丘民主主義を守る会と保育の会が参加した。

投与実験の結果を待たず、ソ連から直接生ワクチンを入手しようとする動きも出てきた。二月三日、清瀬町では町長、町議会議長、町議会副議長、共産党所属の町議会議員、母親連絡会、婦人民主クラブが一体となり、ソ連大使館に生ワクチンの使用を陳情したところ、日ソ協会清瀬支部を通して輸入されることになった。

このとき、婦人民主クラブ清瀬支部から参加したのは、石堂清倫の妻、文子であった（『婦人民主新聞』六一年二月十九日）。当時、石堂清倫はすでに日本共産党とは距離をおいていて、八月には離党届を出すことになる。

六一年六月二十一日、ついに厚生省は、「生ワクチン約千三百万人分」の緊急輸入を正式に認めた。厚生大臣・古井喜実《よしみ》の政治的判断であったが、ひばりが丘団地や清瀬に見られたような母親たちの運動に押された面も否定できない。

> 同省の方針としては、現在世界で生ワクチンを生産しているソ連、アメリカ、イギリス、カナダ、スイスの五カ国に照会して輸入先を決めることにしているが、大量輸出能力をもつ国はソ連しかないので、ソ連からの大量輸入に落ちつかざるをえないとみられる。（中略）ソ連製生ワクチンは先に総評を通じて厚生省に寄贈された検定用原液が十九日から国立予研で検査に入っているので、来る七月十日前後には検査が終わり、実際に使用できるはこびとなる模様である。（『毎日新聞』六一年六月二十二日）

ポリオの流行が、六〇年安保闘争の余韻冷めやらぬ日本に、米国ではなく、ソ連という国の存在を大きく浮かび上がらせたわけである。清瀬町でいち早く起こったことが、少し遅れて全国に波及したともいえよう。

六一年六月二十三日、発足してまだ一カ月もたたない「ひばりヶ丘団地自治会」は運営委員会を開き、「小児マヒ対策促進」にとりくむことを決めた。保谷、久留米、田無の町議会に、検定に時間をかけず、生ワクチンをすぐ実施するよう請願した（『ひばり』六一年七月十六日）。

唯一の大量使用国であり、十三カ国に輸出しているソ連では一億人以上に実施して事故を一件もおこさず、チエッコスロバキアでは小児マヒ患者が一人もいなくなりました。正しい実施方法さえとられれば、完全予防できるのを、厚生省が、お母さんたちの声に耳をかたむけて「生ワクチン実施」をこの流行期以前に行ってくれなかつたのが、くやまれます。（同）

原稔によると、こうした「お母さんたちの声」の背景には、生ワクチンを大量に製造するソ連は社会主義国家であるがゆえに資本主義の国々よりも進んでいるという、社会主義の理念に対する信仰のようなものがあったという。

ちなみに、予研で国産生ワクチンの製造が始まるのは、ソ連とカナダから輸入された生ワクチンの集団投与により、ポリオの流行が全国的に下火になった六三年からであった。つまり、せっかく村山町に予研が建てられても、一番肝心なときに国産生ワクチンの製造ができなかったわけだ。その代わりに、ソ連製生ワクチンがポリオの予防に目覚ましい効果をあげたことは、結果的に母親たちの要求の正しさを証明するとともに、社会主義に対する信仰を、ますます強固なものにした。

ポリオの流行は全国的な現象であったが、電話がない、保育所がない、保谷町には中原小学校ができたけれども久留米町にはない、西武ストアーの物価が高い、水道水に油が混じる、西武バスの本数が少ない、ひばりヶ丘駅から乗る西武池袋線の混雑が激しくなる、公団の家賃が上がる、西武バスや西武鉄道の運賃がどんどん上がるなどの問題は、ひばりが丘団地ないし西武沿線に固有の問題であった。

政治学者の松下圭一は、自治体が住民のために保障しなければならない最低限度の生活環境基準を「シビル・ミニマム」と名付けたうえで、こう述べている。

都市計画は近隣住区の設計を原型としなければならないが、都心再開発にせよ郊外新開発にせよ、一定面積の上に住む人口を想定し、その人口全体にたいするシビル・ミニマムの確保を規準として、住宅配置、日照・緑地あるいは集会施設、通勤施設、電話・郵便施設、光熱施設、上下水道、さらに病院、保育所、学校、図書館のみならず銀行、商店までの計画的配置をおこなわなければならない。シビル・ミニマムなくして、今日では都市計画自体が不可能なのである。この意味で従来の公団団地は、施設設置基準をもつにもかかわらずなお失格であるときめつけなければならない。あのような公団団地の設計を許容したこと自体は予算不足よりもむしろシビル・ミニマムの思想の未成熟にあるといわなければならない。(「シビル・ミニマムの思想」、『展望』一九七〇年五月号所収)

ひばりが丘団地もまた、松下の言う「あのような公団団地」の一つにほかならなかった。シビル・ミニマムが満たされなければ、結局は団地住民自身が解決してゆくしかない。だからこそ団地では、一般の住宅地に比べても、住民の政治的意識が高まったのである。

山積する問題のうち、保育所については「ひばりヶ丘保育の会」が生まれ、保育所ができるまでの間、団地内の個人宅に交代で幼児を預ける共同保育が行われたのは前述した通りである。保育の会では、保谷、久留米、田無三町共立の保育所を求めたが、応じたのは保谷町だけであった。

六二年一月八日、保谷町内に当たるひばりが丘団地に、保谷町立そよかぜ保育園が開園した（『ひばりヶ丘保育しんぶん』六二年一月二十一日）。全国の団地で初めての公立保育園であった。保谷町は、中原小学校で久留米町からの越境通学を認めたように、そよかぜ保育園でも久留米町や田無町に住む幼児の入園を認めた。続いてこの年の四月には、大阪府枚方市の香里団地でも、枚方市立香里団地保育所が開所している。

保育所の問題が、さしあたり幼児を抱えた共稼ぎの夫婦に限定された問題であったのに対して、西武鉄道の運賃値上げは、全世帯に共通の問題となった。六〇年十一月当時、東京で自動車をもっている世帯は二・六％しかなく、ひばりが丘団地でも通勤通学や池袋への買い物に際しては、ほぼ全世帯が鉄道を利用したからである（前掲『アパート団地居住者の社会心理学的研究』その2）。この問題に対しては、自治会も民主主義を守る会も、一貫して強い姿勢でのぞんだ。

以下、この問題について、主に「西武沿線にひろがる運賃値上げ反対の市民運動」（『地方自治資料』二五二号、一九六二年所収）によりながら、やや詳しく触れておきたい。

西武鉄道は、五九年に運賃値上げを実施したが、それから二年もたたない六〇年十二月、他の大手私鉄各社と足なみをそろえて、一〇%以上の値上げを運輸省に申請した。このときは国鉄が値上げされたばかりで、運輸大臣の木暮武太夫《ぶだゆう》も便乗値上げは許さないとしたが、六一年五月十九日には、私鉄経営者協会が総会で運賃の一斉値上げを決議し、西武も値上げ案を作成した。

これが通れば、池袋―ひばりヶ丘間の普通運賃は四十円から五十円に、通勤定期一カ月は八百九十円から千九十円に、通学定期一カ月は五百五円から五百九十円に上がるはずであった。

ところが、一九六〇年下期の私鉄各社の営業成績を見ると、西武は七億千百万円もの鉄道営業利益をあげ、グループ全体の純利益も七億四千五百万円にのぼっていた。鉄道営業利益は、東急の一・四倍、京浜急行の二・一倍、東武の三・九倍であり、純利益は、東急の一・五倍、京浜急行の三・四倍、東武の二・二倍であった。借入金の利子を払っても、西武は六〇年度の一年間に九億六千万円の利益を上げていた。

その背景には、相次ぐ大団地の建設に象徴されるような、沿線人口の急増があった。前述のように、ひばりヶ丘駅の乗降客数は、駅名が田無町だった五八年度が一万千二百七人だったのが、ひばりヶ丘に改称された五九年度には一万八千百十七人と、一挙に七千人近く増え、六〇年度以降も毎年三千〜四千人ずつ増え続けた。

西武池袋線では、五八年十二月に六両運転を、六一年十二月に八両運転を始めたほか、六〇年六月からは所沢までの各駅とひばりヶ丘、大泉学園、石神井公園、池袋に停車する急行を、平日朝の上りに限って走らせ、ひばりヶ丘駅のホームを拡張して急行と各停が相互に乗り換えられるようにしたのも、こうした状況に対処しようとしたからであった（『西武』五八年十一月十五日、

六〇年六月十五日、六一年十一月十五日)。

だが、西武池袋線の混雑は一向に解消されなかった。ピーク時の混雑率は、一九五九年度に一七二%だったのが、六〇年度に二四〇%、六二年度に二六八%に達した(西武鉄道広報部による)。沿線には、警報機も遮断機もない踏切が多く、死亡事故がたびたび発生した上、駅ではホームと電車の間が空きすぎて、乗客が転落する事故も起こっていた。関東の私鉄で最ももうかっているにもかかわらず、西武はこうした設備の改良に金をかけていなかった。


値上げの決議が発覚すると、西武沿線の住民は直ちに反対運動を起こした。その運動を最初に組織化したのは、練馬大根の会、中練馬市民つどいの会、みつがしわの会(民主主義をまもる石神井の会)、大泉平和と生活を守る会といった練馬区内の市民団体であった。これらの四団体は、むさしの線市民の会やひばりヶ丘民主主義を守る会と同様、六〇年安保闘争のなかから生まれたものであった。西武運賃値上げ反対運動の根底には、安保闘争の体験があったのである。

四団体の呼びかけにより、六一年七月十二日には「西武鉄道運賃値上げ反対こんだん会」が開かれた。この会には西武沿線の三十四団体、五十名の代表が集まったが、そのなかにひばりが丘団地の自治会も含まれていた。そして全団体の合意により結成されたのが、中練馬市民つどいの会会長で、東京都立大教授の阿部行蔵を座長とする「西武運賃値上げ反対連絡会」であった。

かつて四谷教会の牧師として、中野懇談会の代表世話人の一人に名を連ねた阿部は、それから九年を経て、再び西武沿線の住民運動のリーダーとなったのである。

七月十三日には、さっそく反対連絡会の代表八名が西武本社を訪れ、値上げ反対を伝えている。

ひばりヶ丘団地自治会では、広報部が発行する通常の『ひばり』のほか、『西武運賃値上げ反対連絡会ニュース』も同時に配布した。八月一日に発行されたその第二号には、阿部行蔵が運輸大臣に提出した質問書が掲載された。そのなかには、次のような一節がある。

西武鉄道の場合、電車、バスのほか、デパート、ホテル、遊園地、不動産、広告業等を直営または間接に経営して、多大の収益をあげています。このような総合企業においては、個々の企業（たとえば鉄道やバス）をきりはなして、それだけの経営改善のために値上げをおこなうことは近代企業の常識に反すると思われますがいかがでしょうか。

ここには、国鉄沿線にはない、私鉄沿線ならではの住民意識が現れている。例えば、中央線沿線の多摩平団地の住民や、堤康次郎がつくった国立学園都市の住民がこうした文章を書くことは、決してなかったはずである。

国鉄は六四年度に三百億円の赤字を計上して以来、赤字経営を続けることになるが、それでも七〇年代前半までは大手私鉄と比べて運賃を低い水準に抑えていた（中西健一『戦後日本国有鉄道論』、東洋経済新報社、一九八五年）。多摩平団地で国鉄の運賃値上げ反対運動が活発になるのは、七〇年代になってからであった。

ただし、大手私鉄がみな同じだったわけではない。西武グループは、西武鉄道の親会社で、グループの本体というべき国土計画興業（もとの箱根土地株式会社。後のコクド。現在は解散）をはじめ、西武鉄道、西武百貨店、西武自動車、西武運輸、西武建設などが一体となっていた（ただし株式上場していたのは西武鉄道のみ)。「多大の収益をあげて」いる「総合企業」という点では、前述のように、西武が最も突出していたのである。

しかも、二十キロ以上にわたって、同じ会社の二つの線(池袋線と新宿線)が、一キロから五キロの間隔をおいて並行する地域というのは、西武沿線以外にはなかった。

二つの線にはさまれた地域は、西武の濃度が一層高くなる。ひばりが丘団地も、後述する滝山団地もそうであった。

前掲「西武沿線にひろがる運賃値上げ反対の市民運動」では、引用した質問書を受ける形で、西武を「東京西郊一帯を独占的に支配する一大コンツェルン」「堤財閥」としている。西武という巨大独占資本に搾取されてきた沿線住民が、ついにその横暴を告発するという構図が透けて見える。

八月五日、全国の大手私鉄十四社は、東京、名古屋、大阪、福岡の各陸運局に対して、平均一五％の運賃値上げを申請した。八月十七日、運輸大臣は運輸審議会に諮問すると同時に、その旨を官報に掲載した。運輸省設置法により、官報掲載から二週間以内に利害関係者から異議申請が出された場合、公聴会を開かなければならなかった。つまり住民からすれば、八月十七日から三十日までは、異議申し立ての期間に当たっていた。

八月二十一日、西武運賃値上げ反対連絡会の第二回総会が開かれた。参加した団体の数は九十八にのぼり、東伏見団地からも新たな代表が加わった。不破哲三は、「沿線の各地で声が上がっていることがわかり、呼びかけがあったので沿線住民の集まる会合にも出掛けましたし、保谷周辺の責任者に会いに行ったりしたこともありました」と回想している。おそらく、このときもひばりヶ丘団地自治会を代表して参加したのだろう。

この第二回総会では、沿線各駅、街頭で十万人の反対署名を集めること、公聴会開催要求を参加団体別に運輸審議会に出すこと、「西武運賃値上げ反対大行進」を行うことなどを決めた（『ひばり』六一年八月二十七日）。

これを受けて、ひばりが丘団地でも署名活動が始まった。自治会と民主主義を守る会が協力し合い、八月二十七日から二十九日にかけて、千七百七十人分の署名と千百二十円のカンパが集まった。「これは、殆んど一戸一人の署名なので、全世帯数の半分位になると思われるが、①全世帯の署名、②家族全員の署名を目標に今後活動する。今後の予定として、30日に自治会で署名ボ〔簿〕の整理〔を〕し署名のすんでない部屋番号を出して、個別訪問する」（『守る会ニュース』4号）こととした。実際に民主主義を守る会では、会員が署名していない世帯を個別訪問したようである（同6号）。

九月十四日から十六日にかけて、運輸審議会は公聴会を開催した。この席上、西武鉄道社長の小島正治郎は、「いまのままでは、当社は今後二年間に約二十二億の欠損をだすことになり、新三か年計画〔六三年度に混雑時の輸送力を六〇年度比四四・九％増にする計画〕の遂行は困難となる」と述べた（『西武』六一年十月十五日）。一方、自治会と民主主義を守る会からも婦人部の石垣千代と能智修弥が参加し、「西武および政府の資料によって調査しても、会社の赤字ということはみとめられない、会社は半期四億以上の利益をあげている」と述べている（『ひばり』六一年九月二十六日）。

九月二十四日の日曜日には、大泉学園から池袋までの十二・五キロを、のべ約千人が行進する

「西武運賃値上げ反対大行進」が行われた。

> 一駅区間づつ《ママ》のリレー式という新方法は、子供づれのお母さんからお年寄り、民青〔日本民主青年同盟〕の若者たちあるいは全逓《ぜんてい》〔全逓信労働組合〕や〔日〕教組の労働者などあらゆる層を含め、ひばりヶ丘団地からも数名が参加しました。
> 九時半大泉を出発した行進は、「西武値上げ反対」「物価値上げ反対」「お買物は地元の商店街で」などと沿道の人たちに呼びかけ、途中で湯茶の接待をうけたり、沿線のコーラスサークルの人が作った値上げ反対のうたの大合唱をしながらあるきました。（同）

西武池袋線に乗らないで、歩いて大泉学園から池袋まで行進すること自体、西武鉄道の乗客になりたくないという意志が表れていた。「お買物は地元の商店街で」という呼びかけにも、池袋の西武百貨店や団地の西武ストアーでは買わないという意志が込められていた。

ここまで徹底した反対運動は、ほかの私鉄沿線にはなかった。六〇年安保闘争以来の反堤＝反西武＝反米的空気に加えて、労働者階級や勤労人民が大資本に搾取されてどんどん貧しくなるというマルクス経済学の窮乏化理論が、西武沿線でとりわけリアルに実感されたことにより、党派の違いを越えた反対運動が一挙に広がったように思われる。つまり、この反対運動もまた、沿線住民の社会主義に対する思いをあぶり出したのだ。

予想をはるかに超える反対運動に直面した運輸大臣の斎藤昇は、公聴会での住民の声にも配慮しつつ、私鉄運賃の値上げ認可を見送った。値上げが認可されたのは、申請から一年以上がたち、運輸大臣が綾部健太郎に交代した後の、六二年十月十九日のことであった。
これを住民側の勝利、資本側の敗北と見ることもできよう。しかし、西武鉄道従業員組合機関紙『西友』を編集、発行する太田祐道は、「今回の値上〔げ〕に西武沿線に住む進歩的と言う一部のグループの人々により指導されている当社の値上〔げ〕反対運動の理由が新聞などで報道されているのみであるかどうかは別として之《これ》に全面的協力、活発な動〔き〕をみせているのが共産党員などである。それからみてこの運動が一般の利用者による自発的なものでないように思われる」と述べた(『西友』六一年九月三十日)。値上げ反対運動は「一般の利用者」が起こしたのではなく、「進歩的と言う一部のグループ」と共産党員によるものだとしたのである。

一九五九年四月に開店した西武ストアーひばりが丘店は、辻井喬らの発想によりジョンソン基地PXのサービスをいち早く取り入れたように、米国をモデルとするスーパーを目指していた。秋山駿は、私との対談で当時をこう回想する。

モデル団地にふさわしいような高級なものを売っていた。駅のそばのレストランもちゃんとテーブルクロスがかかっていてワインが置いてあるような店があったし。つまり、ムードとしては新しい生活の謳歌があった。(「団地と文学」、『群像』二〇〇八年十一月号所収)

ところが、団地では西武百貨店にあるような高級品は売れなかった。六一年九月の西武値上げ反対運動では、西武ストアーも西武資本の一環として攻撃された。これ以降、西武ストアーの評判はさらに悪くなった。

魚・野菜部はあれでも商売しているつもりなのかとあきれるほど、品質やサービスが悪い。百貨店の強味を生かして、思いきって衣料品（和装も含め）を充実してもらいたい。大体西武がしっかりしていないから名店街にも客がよらない。（『ひばり』六一年十二月二十四日）

西武ストアーは団地住民に敬遠され、赤字続きであった。ここには、団地にアメリカ的ライフスタイルがいち早く体現されていると見て出店を要請した公団の、あるいはそれに応えた辻井の誤算があったように思われる。もっとも、六〇年九月に団地を訪れた皇太子夫妻ですらそう見ていたのだから、公団や辻井だけを責めるわけにもいくまい。

六三年四月、西武ストアーは商号を変更し、より大衆的なスーパーマーケットのチェーン店を目指す西興ストアー、次いで西友ストアーとして再生を図っている。いわば西武沿線住民の身の丈に合った店舗へと変更を余儀なくされたわけだ。

社長に就任した辻井は、当時をこう回想している。

量販店については、すでにダイエーやヨーカ堂が活動をはじめていて先行例があった。少し前に創業していた西興ストアーを西友ストアーと改名し、百貨店法に抵触しない小型店という思想ではなく、むしろスーパーマーケットの日本型という考えで、多店舗を展開するのが方法としては秀れていると思われた。（前掲『叙情と闘争』）

辻井は、首都圏の八百五カ所を出店候補地として選び、西武沿線では二駅ないし三駅おきに店舗を配置することとした。その背景には、会長の堤康次郎が、西武鉄道専務の宮内巌に対して、鉄道の遊休土地を西友ストアーに貸与するよう指示したという事実がある。西武の駅前に西友があるという、今日おなじみの風景は、このときにつくられたのである。しかし駅舎の制約もあり、駅前につくられた店舗はスーパーというよりはむしろ、駅前小売店という感じであった。

西武沿線に依拠している限り、辻井の理想とするスーパーをつくることは難しかった。辻井は、西武沿線に店舗を多く配置させながら、「脱西武」を掲げ、西武沿線に拘束されないチェーン展開を行う方針を明確に掲げた（前掲『セゾンの歴史』上巻）。堤康次郎および西武鉄道という呪縛から逃れるためであったのは言うまでもないが、辻井が駅前に固執しなかったのは、アメリカ同様、日本でも「クルマ社会」がいよいよ拡大しつつあるという時代認識があったからであった（前掲『叙情と闘争』）。

ひばりが丘団地では、入居一周年を記念して六〇年十月一日から九日まで、親睦会主催の団地祭を開催した（『ひばり』臨時号第二号）。これは親睦会が自治会になってからも続き、六一年十一月三日から五日まで、自治会が主催する「団地文化祭」が、二つの集会所を主な会場として開かれた（『ひばり』六一年十月二十九日）。

南集会所では、ひばりヶ丘民主主義を守る会が、会の歴史、ポリオ、西武、教育の四部門に分かれて展示を行った（『守る会ニュース』7号）。六〇年安保闘争が終息しても、民主主義を守る会は政治的関心を持ち続けた。同じく安保闘争を機に結成されながら、安保闘争の終息とともに政治的関心が後退し、身近な生活の問題を話し合う文化サークルへと変質した香里団地の香里ヶ丘文化会議とは、この点が違っていた。

北集会所では、十一月五日に羽仁説子が「団地の子どもの成長をめぐって」と題して講演した（『ひばり』六一年十月二十九日）。羽仁説子は、自由学園の創立者、羽仁吉一、もと子夫妻の長女であるとともに、講座派の歴史学者として知られる羽仁五郎の妻であり、ひばりが丘団地に近い久留米町大字南沢（現・東久留米市学園町）に三四年からずっと住んでいた。

羽仁説子とひばりが丘団地の関係は、不破哲三とひばりが丘団地の関係と同様、浅からぬものがあった。31号棟に住み、娘の協子を団地から最も近い幼稚園である自由学園幼児生活団に入れた俵萠子は、仕事と育児の両立に疲れはて、気持ちが弱ったとき、いつも思い出すのは羽仁説子『私の受けた家庭教育―羽仁もと子の思出』（婦人之友社、一九六三年）の一節だったと述べている（『ママ、日曜でありがとう―体当り共稼ぎ育児レポ』、秋田書店、一九六四年）。

これより前、六一年七月には日本共産党第八回大会が開かれている。この大会で、議長の野坂参三は次のような報告をした。

婦人の組織、団体の状況は、まったく分散的であり、政府の統計によっても約三万の組織にわかれている。このことはアメリカ帝国主義と日本独占資本が婦人のあいだで反動的攻勢をつよめるための分裂工作がひきおこしたものであるが、それは反面では、民主的婦人運動の集中と統一の大きな立ちおくれという弱点をも反映している。

われわれは、この現状をそのまま放任するわけにはいかない。婦人運動の活動家たちとともに反帝反独占の民族民主統一戦線の一翼をになう婦人戦線の統一をつよめるための組織的問題を提起すべきときが熟しつつある。その方向は、すべての民主的婦人団体や婦人が全国的に統一してゆくための、単一の大衆的な全国的婦人組織の確立である。(「日本共産党第八回大会中央委員会の政治報告」、『前衛』一九六一年九月臨時増刊号所収)

羽仁説子は、夫の五郎と同じく共産党員ではなかったが、野坂を尊敬しており、「戦争中、どのような弾圧にあっても節操をかえることのなかった政党として、共産党に期待するところ深いものがあります」(『新婦人しんぶん』、新日本婦人の会、六三年七月二十五日)という考えをもっていた。尊敬する野坂が「単一の大衆的な全国的婦人組織の確立」を唱えたことは、羽仁を行動に駆り立たせた。六二年一月、羽仁は他の三十一人の女性とともに、「全国的な一つのつよい婦人組織」の設立を呼びかけた(『新日本婦人の会の四〇年　1962〜2002』、新日本婦人の会、二〇〇二年)。

三十一人の女性のなかには、日本婦人団体連合会会長の櫛田ふき、作家の壺井栄、画家のいわさきちひろ、洋画家の丸木俊が含まれていた。

自宅の最寄り駅は、羽仁がひばりヶ丘、櫛田と壺井が鷺ノ宮、いわさきが上井草、丸木が石神井公園であり、いずれも西武沿線であった。羽仁、櫛田、壺井は四六年に婦人民主クラブの創設にも加わったことがあった。壺井は、戦前から櫛田とつきあいがあり、「通り一つをへだてただけの櫛田さんとは毎日のように往き来し、ひそかな声で禁句を語り合ったりもした」(前掲「鷺宮二十年」）と述べている。

六二年四月、新組織の名称は新日本婦人の会と決まった。ほぼ同じころ、日本社会党の主導により日本婦人会議が結成され、羽仁はこちらの議長団の一人にもなっている。「だれにも煩わされず、自分自身の判断で統一の組織に参加することです。『政党と政党の間、その外郭組織の間の統一戦線をつくりあげる努力こそ先決だ』という方がありますが、これはこれまでも幾度かくりかえし、試みられ、壁にぶつかっています。それをまたむしかえし軌道にのせるより、むしろ、はじめから出直すことによって婦人の真の組織を作りあげてしまうことが統一戦線のために大切なようにおもいます」（「婦人の力を〝組織〟として結集発展させよう」、『羽仁説子の本Ⅲ　婦人と生き方』、草土文化、一九八〇年所収）というのが羽仁の基本姿勢であった。

日本婦人会議の結成に刺激されたのか、新日本婦人の会は、六二年十月十九日の結成大会よりもずっと前から活動を始め、全国各地に支部や班をつくっていった。ひばりが丘団地は当初、田無・保谷・久留米三町合同の支部に属し、上田七加子（不破哲三夫人）が支部長となった。やがて自治体ごとに支部がつくられると、上田は久留米支部長と三多摩総支部の常任委員になっている（前掲『道ひとすじ』）。支部とは別に、班もひばりが丘団地につくられた。

ちなみに、六二年三月に前述した「ひばりヶ丘団地主婦の会」は解散している（『読売新聞』武蔵野版、一九六二年三月二十五日）。それが新日本婦人の会の支部や班の設立と関係があったのかは不明だが、ひばりが丘団地班はこれ以降、居住細胞とともに自治会に影響を及ぼしてゆく。

上田七加子は、ひばりが丘団地班の活動をこう振り返っている。

私は〔班の〕社会科学研究会で、マルクスやエンゲルスの古典をあらためて勉強しました。この勉強会は意外と好評でした。とくに三〇代の主婦が多く、みんなまじめで勉強熱心でした。会では二週間に一度、チューターの当番を決めて研究発表をし、討論もします。私はほかにもいろいろ活動していたので、二週間に一度というのは案外たいへんでしたが、立場上、手を抜くわけにもいかず頑張りました。

レーニンの帝国主義論をやるときには、私に「帝国主義って、なあに?」と聞いていた方なども、学習が進んでいくと「今度は資本論をやりましょう」などと提案してくれました。(前掲『道ひとすじ』)。


この回想を読むだけでも、成瀬瑛子を中心として、「料理や木彫り、お化粧の講習会」などを行ってきた「主婦の会」とは全く異なる活動をしていたことがわかろう。

新日本婦人の会が正式に結成された二日後、西多摩郡福生町(現・福生市)の多摩川原に十万人以上が集まり、「10・21横田大集会」が開かれた(『アカハタ』六二年十月二十二日)。共産党系の団体・日本平和委員会が呼びかけたもので、集会が終わるや、横田基地に向け、三つのコースに分かれてデモ行進を行った。

実行委員長は、西武運賃値上げ反対連絡会の座長であった阿部行蔵がつとめた。新日本婦人の会の結成を呼びかけた櫛田ふきは、団長であった。集会に出席した野坂参三は、「この力を結集して基地撤去、日韓会談粉砕、独立、平和、生活擁護のためにたたかおう」と演説している。

日本社会党は、ソ連の核実験再開をめぐる対立の激化から、この集会には参加しなかった。一方、壺井栄の夫である壺井繁治《しげじ》や中野重治に交じって、五七年から六一年まで西武新宿線の上石神井に住んでいた松本清張が激励の電報を寄せた。清張は、『ゼロの焦点』（光文社、一九五九年）や「日本の黒い霧」（『文藝春秋』六〇年一月号〜十二月号に連載）など、占領期の米軍をテーマとする小説やノンフィクション作品をすでに数多く書いていた。

清瀬とひばりが丘は、ポリオの問題と同様、基地の問題にも鋭く反応した。清瀬町では、十月十八日に「清瀬町民総決起集会」が開かれ、三日後に開催される横田大集会に参加することが決定されたが、その中心となったのは、清瀬在住のプロレタリア作家、鹿地亘を会長とする「清瀬町実行委員会」であった（『アカハタ』六二年十月二十日）。

結核のため清瀬の国立療養所清瀬病院に入院した鹿地は、鵠沼《くげぬま》に転地療養していた五一年に米軍諜報機関（キャノン機関）に拉致され、米国のスパイになるよう強要された。結局、一年後に釈放されたが、この事件は謎に包まれていて、松本清張も「鹿地亘事件」（前掲「日本の黒い霧」に所収）で事件の謎に迫ろうとしている。

横田大集会には、ひばりヶ丘民主主義を守る会も参加している。ここで注意すべきは、ちょうどこの時期が、いわゆるキューバ危機の時期と重なっていたことである。ソ連のフルシチョフ首相がミサイル撤去の決定を発表した十月二十八日には、キューバのカストロ首相が、米国に対して「グアンタナモの米海軍基地の撤去とキューバへの返還」を含む五項目の要求を発表している（『朝日新聞』六二年十月三十一日）。

このニュースは、横田大集会に参加した人々を勇気づけた。ひばりヶ丘民主主義を守る会も例外ではなかった。

十一月二十五日、民主主義を守る会はキューバ大使館から映画を借り、ひばりが丘団地南集会所で「キューバ映画の会」を開いている。非会員も含めて三十人が集まったこの会で、対米五項目の要求の支持声明が満場一致で決められた。

その声明文の一節を、次に引用しよう(『守る会ニュース』21号)。

私たちの会は二年前、日米安全保障条約を改定しようとする政府の措置に反対して起ち上った大きな国民運動の中でうまれました。そして現在、日米安保条約が日々私たちの生活を重苦しくしめつけている事態の中で、私たちの政府が私たち国民の意志を無視して強大な軍事基地の設置をアメリカに許していることに深いいきどおりを感じています。(中略)

キューバ国民のみなさん、私たちは貴国人民の革命の戦いを心から支持し敬意を表します。私たちの在日米軍基地に対するはげしい憎悪は、貴国人民の心に必ずや通じるものと考えます。海をこえた私たち人民の友情が今後もかわらないことを信じて、心からの挨拶を送ります。

共同の敵、アメリカの帝国主義打倒

キューバ革命の前進萬歳

キューバ人民と日本人民の友情と連帯萬歳

米軍によって国土が踏みにじられていることに対する憤りと、その憤りを媒介とした「キューバ人民」に対する共感と連帯感。六〇年安保闘争以来の激しい反米感情が、キューバ危機に際して再び沸き上がったのだ。ひばりが丘団地が、同じ西武沿線のジョンソン基地や米軍所沢通信基地ばかりか、立川基地にも横田基地にも比較的近いという地理的事情もあっただろう。

この文章を誰が書いたのかはわからない。だが、「市民」でなく「人民」という言葉からして、イデオロギー性は明らかである。「革命の戦い」に対する熱い共感には、日本共産党第八回大会で野坂参三が、「キューバ人民は、七年間にわたるバチスタの売国ファシスト政権を打倒して、一九五九年一月、ついに民族民主政府をうちたて、アメリカ帝国主義のあらゆる妨害に抗して、社会主義陣営と各国人民の強力な援助と支持のもとに、民族民主革命を着々と遂行してきた」(前掲「日本共産党第八回大会中央委員会の政治報告」)と述べたような公式見解が反映している。

もはや、ひばりヶ丘民主主義を守る会の主体が日本共産党員であることは、誰の目にも明らかであった。


一九六二年は、私が生まれた年でもある。『ひばり』には「生れた子」というコーナーがあり、団地内で生まれた新生児の氏名が掲載されている。七月と八月分が掲載された『ひばり』六二年九月三十日に、なぜか八月二十九日に生まれた私の名前は出ていないが、ここに出ている金島浩明(55号棟。七月十七日生)、河野克美(31号棟。七月二十二日生)、飯島康仁(71号棟。七月三十一日生)、戸田直美(66号棟。八月一日生)、宮城孝仁(80号棟。八月二十四日生)といった名前は、どれも私にとって強い郷愁を呼びおこす。

なぜなら、彼ら彼女らはみな、やがて私と同じく滝山団地に引っ越し、東久留米市立第七小学校の同級生になるからである。七月と八月に限っても、これだけの新生児が同じような環境で育つことになるのだ。そして彼ら彼女らや私は、もはや生まれたときから団地にしか住んだことがなく、団地に何の違和感ももっていない。だから、「私たちが『家』を思うとき、いつも土の上の一戸建を想定していました。ですから団地を見ても、たとえばホテルとかアパートとかいうふうに『団地』と思い、なかなか『家』と思うことができません」（前掲『団地ママ奮戦記』）という親の感覚はわからなくなっている。そういう子供たちが大量に生み出される時代に入っていたのである。

第十章　アカハタ祭り（赤旗まつり）

一九五五（昭和三十）年の第六回全国協議会（六全協）で、日本共産党が従来の武装闘争路線を「極左冒険主義」として放棄したことはよく知られている。これ以降、共産党は「うたごえ運動」と呼ばれるコーラス活動に力を入れ、マルクス・レーニン主義を堅持しつつ、選挙による議会進出を目指すことになる。

五八年七月から八月にかけて開かれた日本共産党第七回大会では、機関紙である『アカハタ』の役割がこう強調された。

わが党の宣伝、扇動、組織の武器は、「アカハタ」と「前衛」であり、地域の政治新聞、経営、居住、農村の細胞新聞、または職場新聞等である。大衆闘争の指導、党の思想的組織的建設のために欠くことのできない武器として、中央機関紙・誌を中心とする機関紙活動は全党の努力を集中すべき問題である。現在「アカハタ」の発行部数は、第六回党大会当時とくらべていちじるしくへっている。多大な紙代滞納もいぜんとして解決されず、機関紙の危機はつづいている。総選挙闘争のなかで「アカハタ」は六全協後はじめて増勢に転じた。これは全党の努力と前進をすすめるものである。しかしまだ相当数の党員が「アカハタ」を読んでいない。これらのことは、党として緊急に克服しなければならない深刻な事態である。(「中央委員会の政治報告」、『前衛』一四五号臨時増刊、一九五八年所収)

野坂参三によるこの政治報告を受けて、五八年十一月に開かれた第三回中央委員会では、『アカハタ』日曜版の発刊が決定された。「党支持者の圧倒的多数は、日常的に党とのつながりをもっていない。アカハタ『日曜版』はこれらの広範な党支持者を系統的に党とむすびつける武器である」(『アカハタ』五九年一月二十一日)とされたのである。『アカハタ』日曜版は、五九年三月の第一日曜日である三月一日に発刊された。

時あたかも、自民党の岸信介内閣が進めようとしていた日米安保条約の改定に反対する闘争(六〇年安保闘争)が高まりつつあった。『アカハタ』日曜版が発刊されたのと同じ月には、共産党、社会党を含む諸団体の共闘組織として、「安保条約改定阻止国民会議」が結成された。『アカハタ』は岸内閣を批判する一方、共産党から分かれ、全学連を主導する共産主義者同盟(ブント)に対しても、「統一活動を内部から攪乱し破壊しようとするトロツキストの策動」として激しい批判を加えた。

同年九月には、『アカハタ』が四五年十月に再刊されてから三千号になるのを記念して、党中央委員会は中央区の浜離宮恩賜庭園で「アカハタ祭り」を開催すると発表した。

アカハタ再刊三千号を記念して、「アカハタ祭」を開催することになりました。これは、画期的な催しとなりましょう。

フランス共産党の「ユマニテ祭」、イタリア共産党の「ウニタ祭」は、それぞれの国の大きな楽しい国民的な年中行事の一つになっており、党勢を拡大し、機関紙誌を普及し拡大するための重要な行事にもなっております。

こうした友党の広い国民各層への結びつきを、わたくしたちもつくり出してゆき、アカハタをもっとひろく国民各層のなかに拡大してゆきましょう。

東京および近県の全党機関、細胞および読者各位が、職場、居住地域で、大衆の協力をえて、楽しい健康な働くものの祭を盛大にするよう努力してください。

「アカハタ祭」実行委員会は、各分野の専門家、活動家の協力をえて、演劇、バレエ、歌とおどり、人形芝居、ダンス、コーラスなど多彩な催しの計画をすすめております。東京の各地区、近県の党機関の努力で園遊会模擬店の計画もすすめられています。また、写真コンクールその他も計画されております。(『アカハタ』一九五九年九月二十二日)

祭りの主な内容が「演劇、バレエ、歌とおどり、人形芝居、ダンス、コーラス」であることからもわかるように、この祭りには六全協以降の共産党の路線が反映していた。

浜離宮恩賜庭園は、江戸時代には「浜御殿」と呼ばれる将軍家の別邸であったが、明治以降は皇室の離宮となり、天皇がしばしば訪れるようになった。一八八三(明治十六)年から一九一六(大正五)年までは、宮中行事の一つである観桜会の会場として使われたこともある。

四五年に東京都に下賜され、四六年四月に東京都建設局公園緑地部が管理する都営の都市公園の一つとして開園した。当初、入園は無料だったが、同年六月から有料になった。最寄り駅は新橋で、都心に位置しており、総面積は二十四万九千五百五十平方メートルであった（『都市公園案内』、東京都建設局公園緑地部、一九七二年）。

第一回アカハタ祭りには、二万人が集まった。なぜ共産党は、皇室の離宮だったところをわざわざ会場に選んだのかはわからない。

しかし当時は、メーデーも毎年、明治神宮外苑で行われていた。六三年には、右翼の妨害活動に手を焼いた宗教法人明治神宮が、メーデー会場には貸さないことをいったん決定したが、外苑以外に三十万人以上を収容する場所がないと労働省や文部省に説得され、決定を撤回したこともある（『朝日新聞』六三年四月二十六日）。

六〇年十月に開かれた第二回アカハタ祭りの会場は武蔵野市の武蔵野陸上競技場だったが、狭すぎたのだろうか、六一年十一月に開かれた第三回アカハタ祭りでは、再び会場を浜離宮恩賜庭園に戻し、第一回の倍に当たる四万人を集めている（『アカハタ』六一年十一月六日）。なお『アカハタ』では恩賜という文字を嫌ったのか、一貫して「浜離宮庭園」と記している。

さらに六二年には、第四回アカハタ祭りの会場が狭山公園に変更された。それ以来、アカハタ祭り（六六年から「赤旗まつり」）は七五年まで、まだ全面開園していなかった代々木公園に変更された六九年を除く毎年秋に、狭山公園で開かれるようになる。

前述のようにこの公園は、一九三七年四月、村山貯水池（多摩湖）の堰堤《えんてい》下に東京市立の公園として開園し、戦後は浜離宮恩賜庭園と同様、東京都建設局公園緑地部が管理する都営の都市公園となった。前掲『武蔵野夫人』では、「芝生の間に径《みち》をうねらせた現代風の公園」として描かれている。

アカハタ祭り実行委員長の土岐強《つよし》は、変更の理由をこう説明している。

いままでは、東京都の中心地域でアカハタ祭りにふさわしい会場を見つけることがむつかしくなりました。アカハタ祭りの参加人員が余りにも急速にふえ、ことしは、去年よりもはるかにふえる見込みなので、都心部のどの公園や広場でも身動きできないほど超満員になるかもしれないからです。

しかし、多摩湖公園は第四回アカハタ祭りにふさわしい広びろとした会場です。どれほどたくさんの人がおしかけても決して収容しきれないことはありません。村山貯水池を背景にしたこの自然公園の景観はすばらしいものです。ここでアカハタ祭りの一日をすごすことは考えてみるだけでも愉快ではありませんか。(『アカハタ』六二年十月九日)

ここでいう多摩湖公園とは、正確には狭山公園のことである。とはいえ、確かに最寄り駅は多摩湖(現・西武遊園地)であり、西武狭山線と山口線には狭山湖(現・西武球場前)という駅が、また西武池袋線には狭山ヶ丘という駅があり、沿線には埼玉県狭山市もあったから、多摩湖公園と表記したほうがかえってわかりやすかったろう。

だが土岐の説明は、次の二つの点で納得しがたい。

まず、「都心部のどの公園や広場でも身動きできないほど超満員になるかもしれない」と言うが、前述のように、アカハタ祭りよりもはるかに多くの人々が集まるメーデーは、当時、明治神宮外苑で行われていた。さらに四六年から五〇年にかけてのメーデーは、最大で五十万人が集まり、毎年皇居前広場で行われた。こうした「都心部」の広場が、アカハタ祭りの会場として使用を許可されない現状について触れていないのだ。

それから、「多摩湖公園は第四回アカハタ祭りにふさわしい広びろとした会場です。どれほどたくさんの人がおしかけても決して収容しきれないことはありません」と言うが、狭山公園の総面積は二十五万八百五十平方メートルで、浜離宮恩賜庭園とほとんど変わらず、園内に大きな池がある点までよく似ていた（前掲『都市公園案内』）。ちなみに、皇居前広場の総面積は約四十六万五千平方メートルである（原武史『完本　皇居前広場』、文春学藝ライブラリー、二〇一四年）。

したがって、アカハタ祭りの会場を浜離宮恩賜庭園から狭山公園に変更した理由は、別のところに求められなければならない。この点につき不破哲三に直接尋ねてみたところ、「多摩湖畔にちょうどたまたま空き地があったんです」としか答えてくれなかったが、以下では私見を述べてみる。

六二年は、日本共産党の結党四十周年に当たっていた。天皇制廃止と私有財産制度の否定を目的として結党された党の祭りを、「恩賜」が付いた皇室ゆかりの場所で開催するという矛盾は当初からあったわけだが、この記念すべき年に改めて強く意識されたのではないか。

しかも、六一年二月には『中央公論』が深沢七郎の小説「風流夢譚」を掲載したことに怒った右翼の少年が中央公論社社長の嶋中鵬二《ほうじ》邸に押し入り、同社が刊行する『思想の科学』六二年一月号の「天皇制特集号」は発売中止になるなど、菊タブーと呼ばれる社会現象が起こりつつあった。こうした状況のもと、共産党としては天皇制に迎合しない態度を鮮明にする必要があったのではないか。

その結果、浜離宮恩賜庭園と同じ都営の都市公園で、天皇制や皇室と何らかかわりがなく、かつ浜離宮恩賜庭園に匹敵する広さの公園を探したのではなかろうか。

このうち、上野恩賜公園や井の頭恩賜公園などは、「恩賜」の付く公園という点で浜離宮恩賜庭園と同様であった。総面積七十九万六百二十四平方メートルと、広さではダントツの小金井公園もまた、かつて東宮仮寓所が置かれ、皇太子（現上皇）が住むなど、皇室とゆかりが深かった。総面積五十五万百八十八平方メートルの代々木公園は、まだ開園していなかった（前掲『都市公園案内』）。あとは狭山公園を除いて、ほとんどが浜離宮恩賜庭園よりも狭かった。

しかし、狭山公園にも難点はあった。都心から遠く離れていることである。党員やアカハタの購読者数が飛躍的に伸びていることを示すためには、第四回アカハタ祭りで第三回よりも多くの人数を集めることが必須条件であった。六二年十月に新日本婦人の会が結成されるなど、共産党の支持者は女性に広がっていたとはいえ、この課題を達成できるのかという問題があった。

だが、狭山公園は都心から遠くても、西武沿線に位置しており、同じ西武沿線の清瀬やひばりヶ丘からは近かった。六〇年十一月の総選挙では、共産党の得票率が清瀬町で一七・一%と、東京都内で最も高かったほか、ひばりが丘団地のある保谷町と田無町でそれぞれ八・三%と八・五%、狭山公園のある東村山町でも七・三%に達した（『衆議院議員選挙の記録昭和35年11月20日執行』、東京都選挙管理委員会、一九六二年より算定）。

これらの数字はいずれも、東京都区部で共産党が強かった中野区や杉並区の得票率を上回っていた。アカハタ祭りが狭山公園で開かれる時期は、団地の建設とともに、清瀬町以外の西武沿線の町でも国政選挙で共産党が得票率を伸ばしてゆく時期に当たっていた。こうした地域の住民にとっては、浜離宮恩賜庭園よりも狭山公園のほうがずっと近くて便利だったのである。

しかも、多摩湖や西武園への行楽客が増える六〇年代になって、西武鉄道は多摩湖線や狭山線の輸送力増強に力を入れるようになった。六一年九月に多摩湖駅を三百七十六メートル移設して西武園に隣接させ、十月には新宿線のダイヤを改正して休日に西武新宿―西武園間と西武新宿―多摩湖間にそれぞれ急行電車を三十分おきに走らせたほか、アカハタ祭りが開かれる直前の六二年十一月一日には、池袋線のダイヤを改正して休日に池袋―狭山湖間に急行を上下各線ともに午前六本、午後七本走らせた(『西武』六一年十月十五日、六二年十月十五日)。

これらの急行に乗れば、西武新宿や池袋から多摩湖、西武園、狭山湖まで、いずれも四十分程度で行けるようになった。普通電車で一時間近くかかっていたのとは格段の違いであった。

本来、このようなダイヤ改正は、「日本で遊園地といったら、まず西武園というように総合大遊園地にして、アメリカのディズニーランドに劣らない世界一の立派なものにしてゆきたい」(前掲「年頭のことば」)という堤康次郎の構想に根差していた。親米反ソを信条とする堤康次郎にとっての理想は、ダイヤ改正により所要時間を短縮することで、西武園を発展させ、米国のディズニーランドに匹敵する大遊園地にすることであった。ところが実際には、西武園のすぐ隣で、毎年秋にアカハタ祭りが開かれることになったのである。

アカハタ祭りの会場に当たる東村山町は、総務課が共産党に対して机などの提供を約束した。また東村山細胞は、十一月四日午後から「日本共産党創立四十周年アカハタ祭り」と書かれたビラ二千枚を東村山駅前などに張り出している(『アカハタ』六二年十一月五日)。

祭りが開かれる六二年十一月十一日は日曜日だったから、改正されたダイヤはまことに好都合であった。狭山公園の最寄り駅は多摩湖であったが、西武園からも歩ける上、狭山湖からは無料バスも出ていた。前々日と前日の『アカハタ』には、西武池袋線、新宿線、狭山線、多摩湖線、西武園線、国分寺線、山口線などの路線や、多摩湖、狭山湖、西武園、ユネスコ村が入った地図が掲載されたほか、西武新宿発多摩湖、西武園ゆきの急行や、池袋発狭山湖ゆきの急行の時刻も掲載された。

しかも西武は、祭りに合わせて、西武新宿と池袋の両駅で特設切符売場を設け、往復割引切符まで発売した。「西武新宿駅、西武池袋駅頭でアカハタ祭り行き割引乗車券発売所で会員券を明示してください」（『アカハタ』六二年十一月九日）とある通りである。新宿方面からだと、国鉄中央線に乗り、国分寺を経由して多摩湖や西武園に行くこともできるので、せっかくの客を中央線にとられないようにしたのだろう。

日本共産党と西武鉄道の間に、何らかのやりとりがあったのは明らかである。だが、西武鉄道の機関紙『西武』に、アカハタ祭り関係の記事はいっさい掲載されていない。

六二年十一月十一日、秋晴れの狭山公園で、第四回アカハタ祭りが開かれた。集まった人数は、午後二時半の時点で、前年を一万人上回る五万人に達した（『アカハタ』六二年十一月十二日）。地方から貸し切りバスに乗って現地入りした参加者もいたが、多くは西武鉄道を利用し、多摩湖、西武園、狭山湖の三駅から会場に入ったと考えられる。

この年の四月八日には、花見客のために臨時電車が運転され、西武の輸送人員は普通旅客だけで約五十万人と史上最高を記録したが、それでも多摩湖、西武園、狭山湖の三駅で降りた客の数は合わせて三万六千人であった（『西武』六二年四月十五日）。アカハタ祭りは、あっさりとこの数字を塗り替えたのだ。

中央舞台の上には、議長の野坂参三、書記長の宮本顕治、実行委員長の土岐強ら中央役員が並んで座った。彼らの背後に設けられた壁には、「日本共産党創立40周年万才！　第45回十月社会主義大革命万才！　党員15万、アカハタ20万、日曜版60万を早く達成しよう！」と書かれた横断幕が掲げられた。青々と水をたたえる多摩湖の土手のうえには日本民主青年同盟（民青）の若者たちが勢揃いし、民青の旗である青旗を振っている。

まず、土岐強が「きょうはあらゆる階層の人びとが参加しています。来ていないのはアメリカ帝国主義と日本独占資本の代表だけです。わたしたちはみなアカハタによって結ばれた家族です」（『アカハタ』六二年十一月十二日）とあいさつした。

続いて、野坂参三がマイクの前に立った。東京の多摩地区では、同じような光景が十月二十一日の「10・21横田大集会」で見られたばかりであった。

みなさん！　キューバの事件が起こったとき、アカハタだけがたよりだった。その証拠に駅売りのアカハタが飛ぶように売れました。商業新聞などは皇太子夫妻の訪比〔フィリピン〕は書きたてても、日本の歴史に新しい一ページをひらいた「新日本婦人の会」の結成については、一言もふれていません。どんなにアカハタが大切であるか、みなさん、安保闘争や政暴法〔政治的暴力行為防止法〕闘争を思いだしてください。アカハタがなかったら、あれだけの大動員や大闘争ができたでしょうか。（同）

独立・民主・平和・繁栄の日本を！
万国の労働者団結せよ！

アカハタ

11月12日 月曜日 日刊 第4353号

日本共産党中央機関紙

第四回 アカハタ祭り

秋晴れの多摩湖畔に五万人

力強い共産党躍進の姿

参加者は最高記録 各会場に楽しい催し

絶好の秋晴れの下に開かれた働くものの祭典 ―第四回アカハタ祭り会場

アカハタ拡大活動家を表彰

あすからのた

あいさつする野坂議長

「アカハタ祭り」の盛況を伝える『アカハタ』（1962年11月12日号）

会場から割れんばかりの大拍手が沸き起こる。その光景は、西武多摩湖線の武蔵大和―多摩湖間の車窓からもよく見えたはずである。

会場は、この中央舞台のほか、「青年の広場」「少年少女の広場」「こどもの広場」「青空寄席」「展示会場」「似顔絵会場」に分かれていた。広場の名称は、労働者の祭典であるメーデーとは異なり、子供を連れた母親の姿が多かったアカハタ祭りの特徴をよく表していた。「民青の多摩湖一周マラソン」も同時に行われ、優勝者にはカメラ、二位から六位までにレーニンの石膏像、七位から十五位までにレーニンの肖像画が贈られた（『アカハタ』六二年十一月十日）。

青年の広場では、フォークダンスや

民青体操などが繰り広げられ、こどもの広場では、「アカハタ祭りをたたえる歌」のコーラスがあった。展示会場では、「日本共産党四十年のあゆみ」「日本とアジアの基地大パノラマ」が展示された（『アカハタ』六二年十一月九日）。

午後には中央舞台で、宮本顕治が「アメリカの陸海空軍に包囲されたなかでたたかっているキューバの人民、沖縄県民（このときまだ沖縄は返還されていない――引用者注）、この人民の意気ごみにわたしたちは負けずに、一日も早くアメリカを日本から追いだし、その手先自民党政府を倒し、独立、民主、平和、中立の日本をつくるためにがんばりましょう」とあいさつすると、会場は再び拍手に包まれた（『アカハタ』六二年十一月十二日）。続いて、ソ連大使館広報課長、キューバ代理大使、ルーマニア公使、中国演劇家代表団など、社会主義国から来日したゲストが紹介された。

中央舞台では、「おたのしみの抽せん会」も行われた。「独立賞」にはテレビが、「民主主義賞」にはステレオが、「平和賞」には電気オルガンが、「党創立四十周年記念賞」にはレーニンブロンズ像とカットグラスがそれぞれ贈られた。

ここでは、独立、民主主義、平和といった共産党のスローガンが、団地でいち早く普及する家電製品と結び付いている。共産党にとっての家電製品は、アメリカ的なマイホームの象徴では決してなかったはずである。

中央舞台や少年少女の広場では、午後もロシア民謡などの歌や踊り、フォークダンスが続いた。午後四時、最後に参加者と党幹部が一体となって、インターナショナルを大合唱し、日本共産党万歳を三唱して祭りは終わった。

文化資源学者の渡辺裕が指摘するように、ロシア民謡やインターナショナルは、五〇年代から盛んになる「うたごえ運動」で繰り返し歌われたものであり、五三年刊行の関鑑子《あきこ》編『青年歌集』にも収録されていた。さらにさかのぼれば、ソ連では合唱をコミュニティ統合の核として使うというフランス革命以来の思想の系譜を最も凝縮された形で受け継いでおり、「うたごえ運動」はそれを日本に導入したものであった（『歌う国民』、中公新書、二〇一〇年）。この運動を最も忠実に受け継いだのが日本共産党であり、「アカハタ祭り」でも大々的に「うたごえ」が取り入れられたのである。

「10・21横田大集会」に続いて、アカハタ祭りに初めて参加した「若い婦人の一団」（『アカハタ』六二年十一月十二日）もいた。ただしこの祭りに、ひばりヶ丘民主主義を守る会が参加したかどうかはわからない。

会場周辺の売店について、『アカハタ』はこう記している。

> 中央売店では、アカハタ弁当も飛ぶような売れゆきで係もてんてこ舞い。各地の党組織、民主団体、各事件の「守る会」の売店では、各地の特産品を売り出している。「キューバ亭」では、カストロむすび、カリブ牛乳など〝世界の焦点（商店の誤りか――引用者注）〟も出ている。（同）

文中の「守る会」が具体的にどういう組織を指しているのかは不明である。だが、「守る会」と「キューバ亭」という二つの言葉は、ひばりヶ丘民主主義を守る会を想起させる。

六〇～七〇年代の日本共産党の組織活動は、すさまじいものだった。全国の共産党員の数は、六一年六月に七万八千人だったのが、六六年の第十回党大会で二十八万八千四百人となり、七二年度中に三十万人を突破した。『アカハタ』（六六年より『赤旗』）の部数も、日刊・日曜版含めて、五八年七月に八万千部だったのが、七〇年七月に百九十万部となり、七四年中に三百万部を突破した（前掲『日本共産党の戦後秘史』）。

これに伴い、「アカハタ祭り」の参加者も、六三年と六四年は六万人、六五年は八万人あまりと、着実に増えていった（『アカハタ』六三年十月二十一日、六四年九月二十八日、六五年十月十八日）。六六年には、新聞の表記にしたがい、アカハタ祭りが「赤旗まつり」に改称された。

七〇年十一月の赤旗まつりでは、前年の衆議院議員総選挙で初当選し、七〇年七月の第十一回中央委員会総会で書記局長に抜擢された不破哲三と、七〇年七月の第十一回党大会で赤旗編集局長となり、赤旗まつり実行委員長となった実兄の上田耕一郎が、そろって中央舞台に並んでいる（『赤旗』七〇年十一月二日）。

結党五十周年に当たる七二年からは、日程が二日間に増え、参加者は両日合わせて十三万人を超えるようになった（『赤旗』七二年九月二十五日）。この年の十二月に行われた衆議院議員総選挙で、共産党は結党以来最多となる三十八議席を獲得し、野党第二党となっている。

参加者が増えるとともに、上條恒彦、芹《せり》洋子、倍賞千恵子、今陽子らの歌手が舞台に立つようになり、仕掛けも盛大なものになった。六六年の赤旗まつりからは、祭りのスローガンが書かれたアドバルーンが上がるようになる。

そのスローガンは、六六年が「ベトナム人民支援」「日本共産党第十回大会を成功させよう」、六七年が「佐藤首相の南ベトナム・アメリカ訪問反対！」、六八年が「安保破棄・沖縄返還で全民主勢力の団結を」「米軍北爆反対・ベトナム全土からの撤退」、七〇年が「国民的団結で七〇年代に民主連合政府を」、七一年が「日本共産党の躍進と革新統一戦線で佐藤内閣を倒し、民主連合政府を」など、その時々の党の方針が反映していた。

六二年以降、西武鉄道はアカハタ祭りのたびに往復割引切符を発売するばかりか、七〇年からは池袋線にも新宿線にも乗れる「周遊割引乗車券」を発売するようになった（『赤旗』七〇年十一月一日）。さらに六五年からは、臨時電車まで運転するようになる。その関係記事を、『アカハタ』や『赤旗』からいくつか拾ってみる。

当日は臨時増発、増結電車が出る予定です。（『アカハタ』六五年十月十六日）

西武新宿からは午前十一時五十一分から午後一時五十一分までの間に臨時急行が七本でます。（『赤旗』七二年九月二十一日）

西武新宿駅から西武園までは、午前十時二分から午後三時二分までの間、二十分間隔で臨時急行が出ます。（『赤旗』七三年九月二十二日）

西武電車は、西武新宿駅を起点に（一部萩山―国分寺間）この二日間で急行七十三本（いずれも八両編成）、普通四十一本の計百十四本六百七十四両を増発、そのほとんどが満員の客を狭山公園に運びました。（『赤旗』七五年十月十二日）

七四年と七五年の赤旗まつり当日には、西武の路線図とともに、往路の西武新宿発多摩湖ゆき、西武園ゆき、池袋発狭山湖ゆきと、復路の多摩湖発西武新宿ゆき、西武園発西武新宿ゆき、狭山湖発池袋ゆきの時刻表が『赤旗』に掲載された。臨時の急行には、時刻の前に二重丸が記されている。

七三年の赤旗まつりでは、一日目に当たる九月二十三日の多摩湖駅の乗降客数が七万人に達している（『赤旗』七三年九月二十五日）。西武遊園地駅、もと多摩湖駅の二〇一三年度一日平均の乗降客数が二千六百九十六人であるのを踏まえれば、まさに驚異的な数字である。しかしもちろん、こうした数字も『西武』では触れられていない。

西武グループでは、毎年秋に「社員家族慰安大運動会」と称する一大行事があったが、六一年までは豊島園で行っていたのを、六二年からは狭山湖駅前の西武園第一グランドに会場を変更している。アカハタ祭りの会場が浜離宮恩賜庭園から狭山公園に変更されたのと同じ年である。六三年の社員家族慰安大運動会は、十一月二日と三日に西武園第一グランドで行われ、両日で一万五千人が集まった。アカハタ祭りが行われてからわずか二週間後のことであった。三日には堤康次郎も姿を見せ、こうあいさつした。

今日は日本晴れに恵まれ、諸君の明るい元気な顔を見ることができ、涙の出るほどうれしい。会社は順調に発展をつづけております。

この間、私はアメリカ第七艦隊のムアラー司令官以下全閣僚から歓迎会に招かれ、ミサイルの発射ジェット機の艦上発着状況などを親しく案内してもらいました。外国人としては例のないことで光栄に思っております。

第七艦隊がいかにして日本を防衛しているかその模様を親米家のミスター堤に日本を代表して見てもらい、国民に知らせてくれ、ということで大変いたみ入った次第です。(『西武』六三年十一月十五日)

このあいさつを、先の野坂参三や宮本顕治のそれと比較してみれば、あまりの違いに改めて驚かされるはずである。アカハタ祭りのために便宜を図ったのは、あくまでも国鉄に対抗して会社の収益を上げるためであり、西武園を親米の拠点にする理想そのものは揺るぎもしない——堤はこう言いたかったのかもしれない。

しかし、開催場所や開催時期の近さに加えて、お楽しみ抽選会で家電製品などが当たったこと、六四年以降は踊りやフォークダンス、マスゲームなどが取り入れられたことなど、アカハタ祭りとの共通点も少なくない。

もっとも、ここでいう家電製品というのは、アカハタ祭りとは異なり、アメリカ的マイホームの象徴だったはずだ。踊りやフォークダンスを取り入れたのも、ソ連からの影響では決してなく、むしろ全米レクリエーション協会が結成されたアメリカの「レクリエーション」の思想に基づいているということになるだろう。

さらに重要な共通点がある。

先に引用したアカハタ祭り実行委員長・土岐強の「わたしたちはみなアカハタによって結ばれ

た家族です」というあいさつは、前述した堤康次郎の大家族主義を思い出させないであろうか。「親」である康次郎が姿を見せるや、「会場から一斉に拍手がわき起」(同)るのは当然だろうが、アカハタ祭りでも野坂参三のサインをもらおうとする人々の行列ができ、「いれかわり立ちかわり、さしだす本のとびらにサインする野坂さんは一息いれる暇もな」(『アカハタ』六四年九月二十八日)かったというのだから、よく似た光景が現れたわけだ。

西武園第一グランドでの社員家族慰安大運動会は、六四年の堤康次郎の死去以降も従来のスタイルが踏襲され、アカハタ祭りや赤旗まつりと日程を微妙にずらしながら、七一年まで毎年続けられた。しかし、アカハタ祭りや赤旗まつりの迫力には到底及ばなかった。七二年からは「社員・家族レクリエーション大会」に改称され、会場も所沢社員グランドに変更されている。

アカハタ祭りや赤旗まつりが多摩湖畔の狭山公園で行われた時期は、ちょうどベトナム戦争の時期に当たっていた。特に六七年は、首相の佐藤栄作が羽田から飛行機で南ベトナムを含む東南アジア諸国訪問に飛び立つ十月八日が、ちょうど第九回赤旗まつりの日と重なっていた。

六六年十二月に結成された三派全学連(中核派、社学同、社青同解放派)や社学同ML派、社青同国際主義派、革マル派など、新左翼の諸セクトは、日本のベトナム戦争加担拡大に反対すべく、佐藤首相の南ベトナム訪問を実力で阻止しようとして羽田で機動隊と衝突し、中核派の京大生・山崎博昭が死亡した。

いわゆる第一次羽田闘争である。

日本共産党は、この闘争に対して「トロツキストらが暴行のあげく勢いあまって自分達の仲間を死にいたらしめたものであり、この死亡事件自体、かれらの目にある暴行と、挑発者としての狂態ぶりをいっそう証明したものです」（『赤旗』六七年十月十二日）という評価を下したが、日本民主青年同盟中央委員会役員として赤旗まつりの準備をしていた川上徹は、全く別の感想をもった。

六七年一〇月八日、佐藤首相が南ヴェトナム訪問へと飛び立った。ヴェトナム反戦運動の高揚しつつある最中のことだ。アメリカの傀儡《かいらい》政権を日本が支えようとする構図として、急進的な学生たちからは理解された。「三派系」はこれを実力阻止すると言って羽田で機動隊と衝突し、学生ひとりの死者を出した。

> 同じ日、共産党は多摩湖畔で「赤旗祭」をやっていた。この行事は何ヵ月も前から党の秋の大行事として予定されているものだった。学生細胞や民青班も総動員するようにという指示が出されていた。動員数が決まりチケットの販売数が割り当てられていた。（中略）各大学民青班の主力は、「赤旗祭」に動員されたのだった。
>
> ヴェトナム反戦闘争の主導権を「三派系」と争っていた大学の民青系活動家にとっては、一つの手痛い「事件」となってしまった。この大事な時に「歌って」「踊って」いていいのかという、いささか戯画化された形で押しこまれる形となった。（川上徹、大窪一志『素描・1960年代』、同時代社、二〇〇七年）

ゲバ棒に覆面、ヘルメット姿で羽田に集まり、国家権力と対峙した新左翼の学生と、まるで何事もなかったかのように、多摩湖畔で「歌って」「踊って」いる民青の学生。一方は「闘う組織」、他方は「闘わない組織」。この単純明快な対比の図式を川上自身が認めざるを得なかったところに、彼らの苦悩がにじみでていた。

しかし、日本共産党のなかで、このような負い目をもつ人々はごく少数にすぎなかった。『赤旗』ばかりか一般紙も、第一次羽田闘争では三派全学連に完全に批判的であった（小熊英二『1968』下、新曜社、二〇〇九年）。

全体から見れば、党の方針は微動だにせず、党勢は着実に拡大し、赤旗まつりの参加者も増えていった。その背景には、大団地が相次いで建設されたことに象徴される郊外の変容があった。東京都で言えば、共産党の支持者が、労働者階級の多い東部や下町から、新中間階級の多い西部の多摩地域に、あるいは清瀬のような病棟地帯からその周辺に波及するとともに、主婦をはじめとする女性の支持者が増えたのである。

第一次羽田闘争を起こした新左翼の学生の多くは、大学に比較的近い、都区内の木賃アパートに住んでいた。木賃アパートは、六三年から六八年までの五年間だけでも、都区内で二十五万戸つくられ、北区から大田区にかけて「木賃アパートベルト地域」が形成された。とりわけ、上田・不破兄弟が住んでいた中野区野方では、この五年間に一万五千戸の木賃アパートが建てられている（『東京の住宅問題』、東京都住宅局、一九七一年）。

一方、新たに共産党支持者となった人々は、民青の学生や単身の青壮年労働者を除けば、その多くが郊外の団地に住んでいた。両者は、たとえ同じ西武新宿線や西武池袋線を利用することはあっても、住んでいる地域が違うため、直接あいまみえることはなかった。民青の川上徹のように、新左翼と接点をもっていたのは、大学で否応なしに彼らと顔を合わせる学生に限られていた。

そして西武沿線ほど、五〇年代後半以降、公団や都営、都住宅供給公社の団地が郊外に多く建設され、村が町へ、町が市へと昇格し、郊外が激変した沿線はなかった。アカハタ祭りや赤旗まつりが都心ではなく、西武沿線の郊外で行われ続けたのは、ソフト化路線を進める共産党の戦略として、実に巧みであったと言わなければならない。


漫画家の手塚治虫は、兵庫県川辺郡小浜村（現・宝塚市）に育ち、宝塚歌劇団など阪急文化の影響を受けたが、五二年に上京してからは五三年に豊島区椎名町（現・南長崎）の木賃アパート「トキワ荘」に住んだのを皮切りに、六〇年に練馬区谷原町《やはら》（現・富士見台）、七四年に杉並区下井草、八〇年に東久留米市小山と、八九年に死去するまで、西武沿線の一戸建を転々とした（前掲『私鉄探検』）。西武池袋線の飯能に土地を探したこともあった。

それとともに手塚は、六一年から『アカハタ』日曜版に漫画の連載を始め、赤旗まつりにも招かれるようになった。七四年一月三日から二十五日まで、十三回にわたって『赤旗』に連載した「手塚漫画の主人公たち」と題するエッセイの最終回で、手塚は漫画の本質の一つとして「批判精神が基調になっていること」をあげ、「体制側をほめ上げたりする漫画は最低だと思う」と述べている。手塚は、『赤旗』紙上で漫画を描くばかりか、漫画を通しての自己の思想までも表明していたのだ。

この年の赤旗まつりで、手塚は「手塚治虫マンガ教室」を開き、子供たちの人気の的になっている。

舞台にはった白い紙に、チビッ子の代表が背のびしながら大きな字を書きました。一枚に「あかはた」、もう一枚には「まつり」。

さてどんな絵ができるでしょう。小首をかしげた手塚さん。しばらくすると、一気に書きだしました。

「あれなあに」「うーん。ちょっと待ってなさい。だんだんできるから」と、ジッと舞台をみつめる親子。

こどもたちが息をつめてみつめるなか、シマウマやネコ、ライオン、サルなどの動物の絵がつぎつぎにできていきました。会場から拍手がわき、「ほう、さすがだね」というおとなの感嘆の声も。(『赤旗』七四年九月二十四日)

会場には、『中野新報』の記者時代に漫画を描いていたこともある上田耕一郎の姿もあったという。手塚を赤旗まつりに招いたのは、上田だったのではないか。

七六年以降、赤旗まつりの会場は調布市の関東村跡地に移った。総面積は「およそ三十七万平方メートル」(『赤旗』七六年九月十七日)で、狭山公園より十万平方メートル以上広かった。

ここは戦前、調布陸軍飛行場に属していて、帝都防空の拠点であった。戦後、連合国軍に接収され、六四年の東京オリンピック開催に際して、代々木のワシントンハイツ(現・代々木公園)が選手村として利用されるのに伴い、米軍住宅が移転し、関東村と呼ばれるようになった。七三年に飛行場が全面返還されたのに続いて、七四年十二月には関東村も返還された。七五年三月には、関東村の管理権が防衛庁から東京都に移ったため、赤旗まつりの開催が可能となった(『調布市史』下巻、調布市、一九九七年)。

日本共産党は、返還されて間もない関東村跡地を、「自由の広場」と称し、開催期間も二日間から三日間に延長した。浜離宮恩賜庭園では歴史を抹殺することができなかったが、関東村跡地は都営の都市公園ではなく、正式な名称がなかったため、それが可能だったのだ。

中央舞台の最寄り駅は京王線の飛田給《とびたきゅう》となり、これ以降、赤旗まつりが狭山公園で行われることはなくなった。会場が狭山公園から関東村跡地に移った七六年の十二月に行われた衆議院議員総選挙で、日本共産党は三十八から十七へと議席数を大幅に減らしている。

一九七八年十月、西武鉄道社長の堤義明がクラウンライターライオンズを買収するとともに、本拠地を福岡から所沢に移転させ、西武ライオンズ(現・埼玉西武ライオンズ)が誕生した。七九年には、狭山湖駅前に西武ライオンズ球場ができている。

新生ライオンズのペットマークやマスコットとして、手塚治虫の漫画「ジャングル大帝」の主人公レオが選ばれた。これ以降、レオは西武グループのシンボルマークとなり、八五年には山口線が新交通システムに移行するのに伴い、愛称が「レオライナー」となった。

西武鉄道にとっても、手塚治虫は沿線の大事な文化人であった。堤義明が手塚漫画に執着したのは、赤旗まつりが狭山公園で行われなくなった時点で手塚を共産党から「奪還」し、西武のイメージを一新しようとしたからではなかったか。

第十一章　狭山事件

西武鉄道の各駅に降りてみると、ある特徴に気づくだろう。高架区間にある駅は別として、跨線橋の上に改札口があり、北口と南口、あるいは東口と西口の双方に出られる駅が実に多いのだ。

こうした駅は橋上駅と呼ばれている。前述したひばりヶ丘や野方もそうだ。

だが、私が西武沿線に住んでいた六〇～七〇年代には、橋上駅どころか跨線橋自体、ない駅が多かった。ホームの端にある段差のはっきりしない階段を降りると構内踏切があり、そこを渡ると駅舎があって、有人の改札口がある。改札口があるのは必ず駅の北側か南側、あるいは東側か西側のどちらかであって、同じ駅前でも、改札口のある側とない側では、全く対照的な風景が広がっていた。

もちろん、改札口のある側には商店街ができ、バスターミナルができ、人の流れができる。一方、改札口のない側は駅前とは思えぬほど住宅がなく、関東ローム層に覆われた畑が広がっていたりする。それだけではない。改札口を片方につくることで、改札口のないもう片方の風景を隠蔽するという、政治的な判断を伴っている場合もある。

例えば、西武池袋線の清瀬は、橋上駅となる一九七一（昭和四十六）年一月まで北口しかなかった。ところが、病院や療養所などが集まっているのは駅の南側であった。

第三章で触れたように、清瀬村に結核患者のための療養農園や病院、療養所が集中してできたのは、昭和初期であった。清瀬駅を利用する患者とその家族は、最大三十年以上にわたって遠回りを余儀なくされたわけだ。

西武新宿線、西武園線、国分寺線が発着する東村山も、橋上駅となる七一年十月まで西口しかなかった。明治末期から昭和初期にかけて、この駅にはハンセン病患者が自嘲して「御召列車」と呼んだ患者専用の特別列車が、現在の中央線や国分寺線を経由して到着し、患者は正規の駅舎ではなく、「間口二間、白壁の患者専用駅」から外に出た(多磨全生園患者自治会編『倶会一処《くえいっしょ》』、一光社、一九七九年)。患者が収容される公立療養所第一区府県立全生病院(四一年より国立療養所多磨全生園)は、駅の東側にあった。

三四年五月十八日、東村山駅に降り立った作家の北條民雄は、ハイヤーから乗車を拒否され、旧西武鉄道(現・西武新宿線)の線路をまたいで全生病院への道を歩きだした。

駅を出て二十分ほど雑木林の中を歩くともう病院の生垣が見え始めるが、それでもその間には谷のやうに低まつた処や小高い丘のだらだら坂などがあつて、人家らしいものは一軒も見当らなかつた。東京から僅か二十哩《り》そこそこの処であるが、奥山へ這入つたやうな静けさと、人里離れた気配があつた。

病院での体験をもとにした小説「最初の一夜」の書き出しである。この「駅」こそ、東村山にほかならない。川端康成は「最初の一夜」を激賞し、『いのちの初夜』と改題して出版したが、三七年十二月五日に北條の死を知らされる。

旧西武鉄道で東村山に向かったその日のことは、川端が小説「寒風」でこう描いている。「武蔵野の寒さを鳴らしながら揺れるやうな電車のなかで、癩者の遺骨がわざと置き忘れられるといふ網棚を私はなんとなく見上げた」(『川端康成全集第7巻』、新潮社、一九八一年)。

六五年から六八年まで久米川団地に住んでいた私には、当時の東村山駅の記憶がかすかにある。各線が発着するホームの所沢寄りに階段があり、構内踏切を渡ると、西口の改札に出た。商店街もあったが、乗降客が多く駅前にスーパーの西友があった隣駅の久米川に比べると、寂しい感じは否めなかった。ましてや、改札のなかった駅の東側の風景を思い出すことはできない。

西口には、西武バスの営業所と派出所があり、黒塗りの西武ハイヤーが何台か停まっていた。これに乗って帰ったのだが、都心から帰るなら西武新宿線に乗り、久米川で降りるほうが便利だったので、この帰り方は国分寺で中央線から西武国分寺線に乗り換える場合に限られた。

清瀬も東村山も、橋上駅になってからは改札口のなかった側が急速に開発され、格差は解消されていった。だが、七〇年前後まで、格差は厳然と存在していた。

いや、七〇年前後どころではない。七九年まで西口しかなく、二〇一〇年になってようやく橋上駅に改築され、東西自由通路ができた駅がある。

西武新宿線の狭山市、七九年までの駅名でいえば入間川である。

西武鉄道で最初に橋上駅となったのは、新宿線の新所沢であった。六二年五月七日に竣工式が行われ、八日から使用されている。

新装なった橋上駅は、通路、事務室とも壁を少なくして明るいガラス張りとしたほか、新しい建築材料を採用しているので非常に明るくニュータウンの玄関というにふさわしい。(『西武』六二年五月十五日)

ニュータウンというのは、五九年四月から入居が始まった公団の新所沢団地を意味する。橋上駅になったことで、西口と東口の格差は解消し、新所沢団地があった西口に比べて開発の遅れていた東口の駅前にも、西武沿線では珍しく、西武鉄道が開発した二百区画の分譲住宅地ができていった。

前述のように、同年十二月には駅ビル内に西武ストアーが開店し、橋上駅になった六二年五月にはダイヤ改正も行われている。「運転課では新所沢駅利用旅客の利便をはかるため、五月一日から新宿線のダイヤを一部改正し、いままで一日十四本だった新所沢折返し電車を三十五本にした。これは所沢折返しだったのを延長運転するものであるが、その結果、新所沢発上り電車の運転回数は四割増したことになる」(同)。

しかし、昼間の運転本数は、新所沢までの区間が一時間に四本以上あったのに対して、新所沢から先の区間、つまり新所沢—本川越間では一時間に二本に半減し、三十分に一本しかなかった。西武鉄道が新所沢を重視すればするほど、新所沢以遠との格差は拡大するばかりであった。

橋上駅となった新所沢を横目に見ながら、本川越ゆきの下り電車にそのまま乗っていたとしよう。左手に見える新所沢団地が途絶えると、左右の車窓には三四年に北條民雄が東村山で見たような、見渡す限り茶畑や桑畑、あるいは雑木林が続く風景が広がったはずである。開発の波は、まだ新所沢から先の区間には達していなかったのだ。

所沢市から狭山市に入り、次の入曽を過ぎると、五八年に開設された航空自衛隊入間基地の広大な敷地が左手に姿を現す。当時はまだ米軍ジョンソン基地との共用だったため、線路に沿って鉄条網が張られ、英語の看板も見えたに違いない。基地が見えなくなると、電車は右に少しカーブして速度を緩め、駅に停まった。

入間川である。五四年に狭山市が誕生するまでは、その名の通り、入間郡入間川町の中心駅であった。

狭山市立中央図書館に所蔵されている最も古い狭山市の住宅地図『狭山市住宅地図'67』(日本住宅地図、一九六七年)を見ると、改札のある西口の町名は入間川一丁目となっている。駅前には池袋線の入間市駅や稲荷山公園駅などに向かう西武バスのターミナルがあり、派出所があり、西武通運があり、通りに沿って食堂やクリーニング店、洋品店、酒屋、新聞店などが軒を連ねている。その周辺には、市役所、図書館、電報電話局、入間川小学校、川越高校入間川分校などが集まっている。

さらにその西側には、駅名の由来となる荒川水系の一級河川、入間川が流れている。「日曜日にはひばりヶ丘、新所沢の団地をはじめ沿線各地の太公望が五百人くらい乗降してい〔た〕」(『西武』六二年八月十五日)という。

こう書くと、いかにも栄えているように見えるが、駅舎は一九四二年に建てられたもので、七九年に改築されるまで「新宿線中で最も古い建物」(前掲『西武新宿線各駅停車』)だった。六三年当時は、市内のメインストリートですらまだ砂利道のせまい街道でしかなく、信号機など一基もなかった（前掲『狭山事件』）。

一方、改札のない東口の町名は祇園《ぎおん》となっている。駅前は、一面の白紙になっている。通りや店どころか、人家もない。

六七年五月、狭山市は入間川地区を対象に住居表示を変えた。入間川一丁目や祇園という地名は、このときにできたものだ。それ以前は、入間川一丁目も祇園も「入間川」という大きな町の一部で、「狭山市入間川〇〇〇〇」という具合に、四桁の数字を付けていた。

しかし、これではあまりに不便だったので、入間郡入間川町時代の字名にちなむ地域が別に設定されていた。これによれば、入間川一丁目は菅原三丁目と御幸《みゆき》一丁目に、祇園は菅原三丁目と菅原四丁目に相当する。

菅原という字名は一丁目から四丁目まであった。このうち、一丁目から三丁目までは、いまも自治会の名称として残っているが、菅原四丁目は残っていない。かつて「線路向こう」と呼ばれたその地域に、被差別部落があった。

そこは、西武新宿線の下り電車がカーブして入間川駅に入る直前、右手に見えた。もし、同線に御召列車（戦後はお召列車）が頻繁に運転されていれば、線路端の家々は「排除」されたかもしれない。だが実際には、明治から昭和にかけて入曽―入間川間で御召列車（お召列車）が運転されたのは、一九一二（大正元）年十一月に埼玉県で行われた陸軍特別大演習のときだけであった。

このときには、新宿から国分寺を経由して川越（現・本川越）まで運転されている。当時、国分寺―川越間は川越鉄道（二二年以降は旧西武鉄道）が営業していた。川越鉄道は、国有鉄道と線路幅が同じ（一〇六七ミリ）だったため、大正天皇を乗せた御召列車がそのまま乗り入れることができたのだ。

埼玉県編『大正元年陸軍特別大演習埼玉県記録』（埼玉県、一九一三年）には、「御道筋停車場及御通過鉄道線路ニ沿ヒタル部落ニアツテハ家屋ノ内外ヲ問ハス各戸不体裁ナキハ勿論通路ハ清潔ニ掃除シ砂塵ノ飛散スル場合ニハ洒水《しゃすい》セシムル等予メ注意シ置クヘシ」の一文がある。

昭和天皇は、ジョンソン基地の前身に当たり、自ら「修武台飛行場」と名付けた入間郡豊岡町（現・入間市）の陸軍航空士官学校（一九三八年開設）を、一九三九年から四四年にかけて、四〇年を除く毎年訪れている。だが、中央本線と八高線を利用し、高麗川から自動車で入るか、東北本線と川越線を利用し、武蔵高萩から自動車で入るコースをとっており、旧西武鉄道（現・西武国分寺線および新宿線）には一度も乗っていない。

六三年五月一日、川越高校入間川分校に通う女子高校生、中田善枝が下校途中に誘拐された。いわゆる狭山事件の発生である。

同日、中田の実家に脅迫状が届いている。

子供の命がほ知かたら五月2日の夜12時に、
金二十万円女の人がもツてさのヤの門のところにいろ。
友だちが車出いくからその人にわたせ。

時が一分出もをくれたら子供の命がないとおもい。——
刑札には名知たら小供は死。
もし車出いッた友だちが時かんどおりぶじにか江て気名かッたら
子供わ西武園の池の中に死出いるからそこ江いッてみろ。(後略。すべて原文ママ)

「さのヤ」は佐野屋という酒屋で、現在は閉店している。最寄り駅は入間川でなく、入曽であった。実際に佐野屋は身代金の受け渡し場所となり、中田善枝の姉が犯人と言葉を交わしたが、警察がいることに気づいた犯人は金を受け取らずに逃げ、警察は犯人を取り逃がしている。「西武園の池」というのは、当時「ボート池」と呼ばれた西武園遊園地内の池のことだろう。この池は西武園競輪場に隣接していて、すぐ南側にはジェットコースターがあった。だが、五月四日に中田善枝の遺体が発見された場所は、この池ではなく、菅原四丁目の畑であった。

五月二十三日、同じ菅原四丁目に住む二十四歳の青年、石川一雄が別件逮捕された。石川は六月十七日にいったん保釈されたが、中田善枝を殺害した容疑で再逮捕される。すでに明らかなように、別件逮捕は被差別部落出身者を犯人に仕立て上げるための布石にほかならなかった。

新聞が差別的な記事を書き立てるなか、六三年五月二十九日の『アカハタ』だけはこう書いている。

石川青年についてはキメ手になる物的証拠はいまだになに一つないのに、警察とこれに同調する商業新聞ははじめから石川青年を事実上「犯人」にしあげて一般のにくしみをかりたてて

いる。(中略)
犯人は現場付近の地理にくわしい地元のものという前提に立って、捜査をおこなったといっているが、実際は日ごろから警察が目をつけていた市内の特定地域＝未解放部落にだけとくに力を入れて、ここから犯人を洗い出そうとした。

これは、部落解放同盟埼玉県連とほぼ同じ見解であった(『解放新聞』六三年六月二十五日)。日本共産党は、後に部落解放同盟と鋭く対立するようになるが、事件が起こった当時は違っていた。この記事が出てから五カ月後、西武園に隣接する狭山公園で「アカハタ祭り」が行われたのは、前章で述べた通りである。

石川一雄は、入間川町立入間川小学校五年生のとき、所沢市の農家に子守奉公に出されたのを皮切りに、職業を転々とするが、その職場は西武新宿線や国分寺線、池袋線の沿線が多かった。新宿線の新井薬師前駅近くの鳶《とび》職の家、国分寺市の靴屋、狭山市の製茶工場、田無町(現・ひばりヶ丘)駅近くの農家、米軍所沢通信基地などである。いずれも、短期間でやめているのは、漢字の読み書きがほぼできないことが影響していた。

一九五八年三月、石川一雄は十九歳のときに新宿線の東伏見駅近くの東鳩製菓(現・東ハト)に採用された。ここで石川は、海老沢菊江という女性と知り合い、婚約する。菊江の実家は田無の洋傘屋で、同じ新宿線の沿線にあった。

前掲『狭山事件』には、二人がボートを漕いでいる写真が掲載されている。キャプションには「西武園の池で」とある。前述のボート池のことだろう。花見の時期に撮られたものだろうか。

狭山事件。麦畑の農道で被害者の遺体を発掘する捜査陣（提供＝朝日新聞社）

六〇年から六二年にかけて、毎年四月の日曜日には、西武新宿や池袋から臨時電車が運転され、多摩湖（現・西武遊園地）、西武園、狭山湖（現・西武球場前）の三駅で降りた客の数が合わせて三万六千人に達している（『西武』六〇年四月十五日、六一年四月十日、六二年四月十五日）。だが、こうしたダイヤの恩恵を受けなかった狭山市民にとっても、西武園や多摩湖は最も手軽に行ける憩いの場となっていた。

六二年十二月、海老沢菊江は肺結核で死去した。そのとき、石川一雄はすでに東鳩製菓を辞め、米軍所沢通信基地での再度の勤めなどを経て、狭山市にある権現橋の袂にあった養豚場に住み込んでいた。狭山事件が起こる二カ月あまり前まで、石川はこの養豚場で働いていた。

石川一雄も含め、養豚場で働いていた

のは、菅原四丁目の出身者が多かった。そこは、身代金の受け渡し場所に指定された佐野屋から、五百メートルほどしか離れていなかった。

六三年三月に起こった「吉展《よしのぶ》ちゃん事件」で犯人を取り逃した警察は、狭山事件で同じミスを繰り返したことで、世間の非難を浴びていた。警察が養豚場に目をつけたのは、被差別部落に対する偏見とともに、失墜した威信を回復したいという焦りがあったのは明らかである。


では石川一雄は、事件の起こった六三年五月一日に、どういう行動をとっていたのだろうか。六四年九月から始まった第二審公判で、本人が無実を訴えた証言を収録した部落解放同盟中央本部編『狭山事件公判調書』第二審第1分冊、第2分冊（部落解放同盟中央出版局、発行年不明）や、前掲『狭山事件』、亀井トム『狭山事件第2集』（辺境社、一九七四年）、部落解放同盟中央本部中央狭山闘争本部編『無実の獄25年　狭山事件写真集』（解放出版社、一九八八年）、無実の石川一雄さんをとりもどそう狭山市民の会編『狭山事件・現地からの報告』（たいまつ社、一九七九年）を手掛かりに当日の行動をたどれば、次のようになる。

石川一雄は午前七時二十分頃に自宅を出て、西武新宿線の単線線路を渡り、入間川駅に向かった。片手には、母親がつくった五目飯の弁当をぶら下げていた。父親には「友人の仕事の助っ人にいかなくては」と言いながら、実際には仕事をさぼり、気晴らしに出掛けようと思ったのだ。時計は持っていなかった。

入間川駅には、自動券売機がなかった。駅の窓口では、「西武園まで」と言って五十円を支払い、厚紙の切符を手に入れたはずである。西武園競輪場には何度か行ったことがあったし、前述のように、海老沢菊江と西武園遊園地に遊びに行ったこともあったから、石川一雄が気晴らしの場所として西武園を思いついたのは不自然ではない。彼自身、後に「競輪専門の新聞を百円でよく買って見たのですが、選手の名前を読めなくても、数字で予想の番号が9番まで書いてあったのです。目というんですが、車券を買うときも目で買っていたので、必ずしも文字を読まねばならない必要がなかったのです」と述べている（狭山事件弁護団、部落解放同盟中央本部編『石川一雄獄中日記』、三一書房、一九七七年）。ただ、この日が競輪開催日だと思い込み、競輪場のレースを見ようとして西武園に行こうとしたのか、それとも別の目的があったのかは定かでない。

改札を抜けると、そこは下りホーム（1番線）であった。本線（2番線）と側線（3番線）のある島式の上りホームに行くには、西武新宿寄りにあった階段を降りて構内踏切を渡らなければならなかった。

そのとき、2番線に7時25分発の西武新宿ゆき電車が入ってきた。前掲『狭山事件』では7時29分発の西武新宿ゆき、また前掲『狭山事件第2集』では7時28分発の急行西武新宿ゆきとなっているが、平日七時台の上りはこの電車のほかに7分（準急西武新宿ゆき）と57分（急行西武新宿ゆき）しかなかったから、石川一雄が乗ったのは7時25分発であったと思われる（西武鉄道のダイヤは、同広報部による。以下も同じ）。なお石川一雄自身は、駅に行ったのは「七時半頃」と証言している。

この上り電車は本川越発の急行で、現在と同様、田無までは各駅に停車する。七時台といえば朝の通勤ラッシュ時のはずだが、当時の入間川駅では一時間に三本しかなかったわけだ。

四両編成の電車は入曽、新所沢、所沢と停車し、東村山には7時44分に着いた（航空公園駅はまだなかった)。本数が倍増する新所沢からは、都心へ向かう新所沢団地や西武の分譲住宅地在住のサラリーマンが多く乗ってきたはずである。背広服の彼らは、身なりからして赤い格子のシャツに白いジャンパー、紺のズボンに長靴姿の石川一雄とは違っていた。彼は東村山で下車し、ホームの所沢寄りにある階段を降りて構内踏切を渡り、隣のホームに停まっていた7時49分発の西武園ゆきに乗り換えた。接続はきわめてよかった。

都心への通勤ルートから全く外れた盲腸線を走るこの電車には、客がほとんど乗っていなかっただろう。電車が所沢方向に進み、左にカーブして新宿線の線路と分かれると、すぐ前方に狭山丘陵が迫ってきた。その麓には、結核療養所の保生園(現・新山手病院)や白十字会村山サナトリウム(現・東京白十字病院)があり、青葉の薫る八国山《はちこくやま》(現・八国山緑地)が隣接していた。後に宮崎駿のアニメ「となりのトトロ」の舞台となる一帯である。これらは、右手の車窓からよく見えたはずだ。

西武園までは一駅で、7時53分に着いた。駅のすぐ北側には、五〇年五月に完成した西武園競輪場があった。しかし西武園競輪は、四月二十三日が最終日で、この次は五月五日までなかった(『日刊スポーツ』六三年四月二十三日および五月五日による)。競輪開催日には西武新宿から臨時の急行が運転され(当時)、数千人の入場者でにぎわう西武園競輪場も、この日は閑散としていたに違いない。

石川一雄は、競輪場の見える土手に座ってぼんやりしたり、ベンチに寝転がったりして、「九時半頃まで」(前掲『狭山事件公判調書』第二審第1分冊)西武園にいたという。前掲『狭山事件・現地からの報告』では、その場所を「ゴルフ場のあたり」としているが、競輪場の北側一帯に西武園ゴルフ場富士見コースができたのは六四年十月で、当時はまだなかった。

多摩湖や「アカハタ祭り」の会場となった狭山公園は、もっと離れていた。だが、九時半までは一時間半以上もあったから、行けないことはない。前掲『狭山事件』には「二時間ほどで引き上げた」とあるが、石川一雄の証言に従えば、西武園に二時間はいなかったことになる。

このとき、石川一雄の眼には、前年に堤康次郎が「日本で遊園地といったら、まず西武園というように総合大遊園地にして、アメリカのディズニーランドに劣らない世界一の立派なものにしてゆきたい」（前掲「年頭のことば」）と述べた西武園の輪郭が、はっきりととらえられていたはずである。堤康次郎が本場のディズニーランドをモデルにし、親米反ソの殿堂にしようとした西武園は、石川一雄にとってはたとえ一時的にせよ、菅原四丁目＝被差別部落という差別の視線を逃れることのできるアジールにほかならなかった。

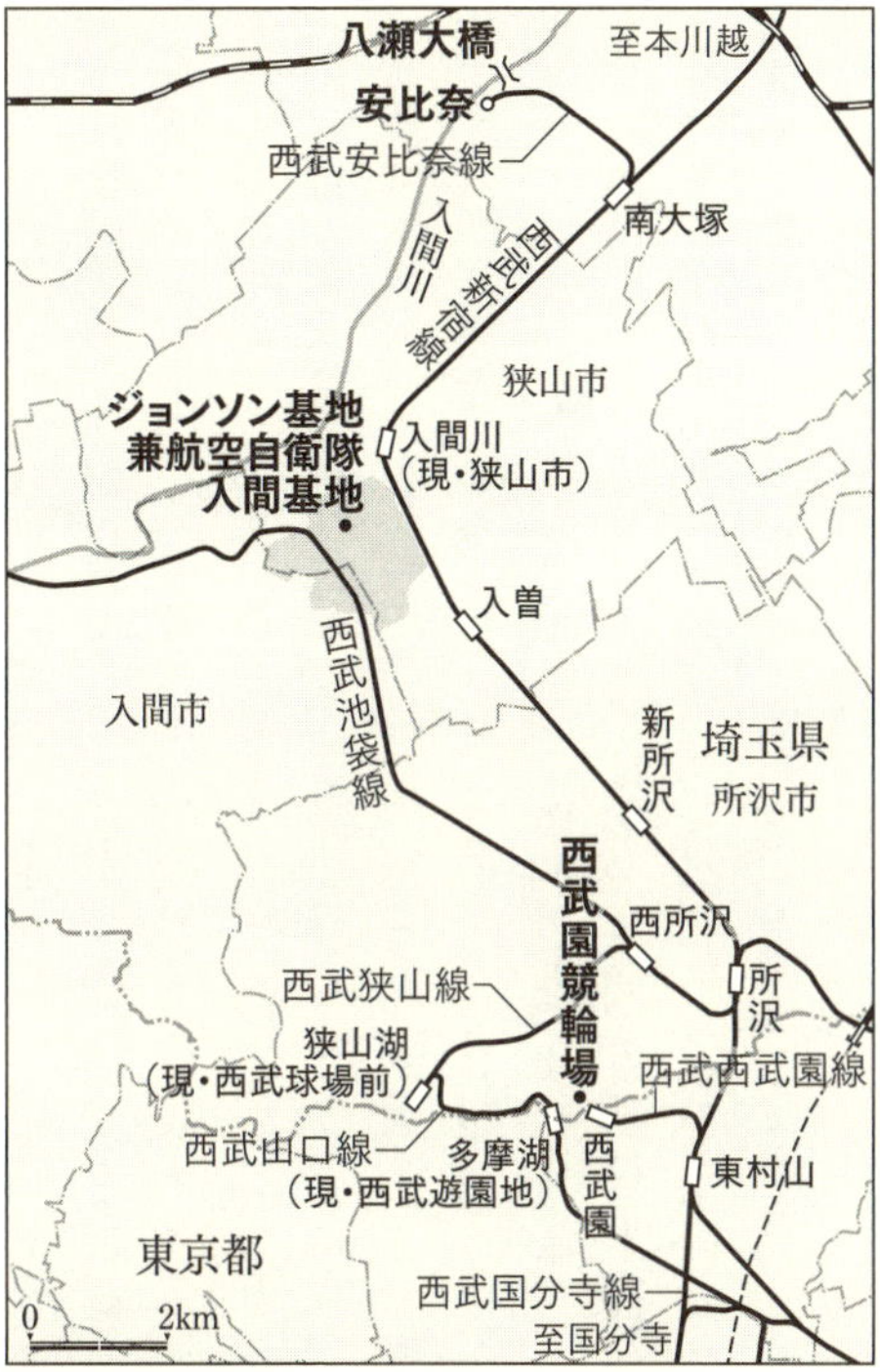

狭山事件関連地図（1963年５月１日当時）

あるいは、こうも言えるかもしれない。そもそもディズニーランドに、競輪場はなかった。西武鉄道が四八年十月に発表した東村山文化園（現・西武園ゆうえんち）の構想と計画のなかには競輪場の建設が含まれていなかったのに、各地の競輪の人気と成功に刺激され、東村山文化園の予定敷地内に約一万八千坪の競輪場を建設することにした時点で、堤康次郎の夢は断たれていたのである（前掲「西武鉄道と狭山丘陵開発」）。けれども、競輪場の建設は、結果として石川一雄のような沿線住民に、「居場所」を与えることになった。

西武園駅に戻ってきた石川一雄は、窓口で「所沢まで」と言い、今度は二十円を差し出した。すぐに入間川に戻るつもりはなかったのだ。「九時半頃」まで西武園にいたという証言からして、彼が乗ったのは、おそらく西武園9時53分発の東村山ゆきだったろう。西武鉄道広報部によれば、9時37分発という電車もダイヤ上はあったが、これは不定期運転で、運転日は不明だという。

9時53分発に乗ったとすれば、「二時間ほどで引き上げた」とする前掲『狭山事件』の記述とも矛盾しなくなる。この場合、東村山に9時56分に着き、10時7分発の急行本川越ゆきに接続する。所沢着は10時11分であった。

所沢市立所沢図書館に所蔵されている最も古い住宅地図『ゼンリンの住宅地図　所沢市』（日刊新民報社、善隣出版社、一九六七年）を見れば、所沢市が狭山市に比べていかに栄えていたかがよくわかる。所沢駅前から延びる商店街の長さは一キロをはるかに超えており、入間川駅前には一つもなかった銀行が五つもあった。いまもある御幸町という地名は、前述した一二年の陸軍特別大演習における大正天皇の行幸にちなむものである。

しかし、商業区域は駅の西側から北側にかけての一帯にほぼ限定されていた。駅の西側から南側にかけては、西武建設所沢車輌工場の膨大な敷地が広がっていた。当時、西武鉄道の車両はほぼすべてここで製造されており、所沢駅とは単線の線路でつながっていた。なお出入口のなかった駅の東側は、入間川と同様に開発が遅れていた。いま東口にある西武鉄道の本社もまだなかった。

石川一雄は、駅前から北西に延びる通りを三百メートルほど歩いて、パチンコ店の「東莫会館」に入った。駅前にパチンコ店があったにもかかわらず、わざわざ歩いて東莫会館に入ったのは、前に何度か来たことがあったからだ。第二審第三回公判で、石川一雄は「あなたはその東莫というところにはしばしば行きましたか」という質問に対して、「ええ、行きました」と答えている（前掲『狭山事件公判調書』第二審第1分冊）。

東莫は「とうばく」と読む。賭博に引っかけた名称だろうか。このパチンコ店は、前掲『ゼンリンの住宅地図』ではスーパーマーケットの尾張屋に変わっている（尾張屋が東莫会館の跡地にできたという論拠は、前掲『狭山事件第2集』による）。いまは尾張屋もなく、ブランドーレ所沢というテナントビルが建っている。

パチンコを打つ合間に、石川一雄は「東莫の前」の「銀行の脇」で弁当を食べた（同）。前掲『ゼンリンの住宅地図』によると、東莫会館に最も近かった銀行は、一九五三（昭和二十八）年に開店した大生相互銀行（現・東和銀行）であった。

石川一雄は「二時頃」（前掲『狭山事件公判調書』第二審第1分冊）までパチンコをしてから、所沢駅に戻り、入間川に帰ろうとした。窓口では「入間川まで」と言い、三十円を差し出したはずである。この時間帯は、本川越ゆきの電車は一時間に二本しかなく、13時40分発の次は14時10分発までなかった。石川一雄が乗ったのは、14時10分発だったのではないか。「それから本川越行に乗ってね入間川で降りました」（同）という証言からして、新所沢ゆきには乗っていない。

入間川には、14時21分に着いた。したがって、「二時ちよつと過ぎに駅降りた」（同）という証言は正確でない。だが、ふだんは西武新宿線に乗らない石川一雄が入間川駅の時刻表を正確に記憶していないという証拠にはなり得る。これは重要なポイントである。

このまま帰宅すると早すぎて、仕事をさぼったことがばれてしまうのを恐れた石川一雄は、西口の周辺をしばらく散歩し、出身校である入間川小学校の築山に座って休んでいた。すると雨が降ってきたので、あわてて駅に戻り、下りホームの北側にあった西武通運の貨物上屋に「三時半か四時頃」（同）着いている。

貨物上屋というのは、駅に隣接して設置され、貨物の荷捌きや積み降ろし、保管などに使用される建物を意味する。壁はないか、あっても一部の側にしかなく、開放構造になっている点が倉庫とは違う。石川一雄はこれを荷小屋と称している。前掲『狭山事件公判調書』第二審第2分冊には、「日本通運倉庫（通称ニゴヤ）」と記している箇所もあるが、前掲『狭山市住宅地図'67』によれば、西武通運が正しい。この貨物上屋に隣接して、西武新宿線の下り線から貨物専用の側線が敷かれていた。

敗戦により陸軍航空士官学校は米軍ジョンソン基地となり、大量の軍事物資が国分寺から東村山を経由して入間川駅に運ばれてきた。当時の模様を、『西武』六二年八月十五日はこう記している。

〔昭和〕20年9月5日米軍の進駐に伴ない、ジョンソン基地への物資輸送のキーステーションとなり、構内は米軍の貨車で埋まり、貨車周辺を完全武装の米兵が物々しく警戒していた。電車を入曽と南大塚で停め、貨車の入換をした。やがてR・T・O（鉄道輸送司令部）の分室が設置され、米兵一名、通訳二名、配車掛二名（鉄道側）が常駐した。〔昭和〕23年はじめ、貨車が車止めを乗越えてR・T・O内にとびこんだため、R・T・Oは同年3月所沢へ新事務所を作り移転した。

一九四八（昭和二十三）年に西武通運が本社を川越市から入間川町に移したのは、おそらくこのことと関係があろう。朝鮮戦争のときには、軍用貨物列車を優先させるべく、一般の電車の間引き運転が行われたこともある（前掲『多摩の鉄道百年』）。

石川一雄が向かった貨物上屋は、入間川駅で降ろした軍事物資をジョンソン基地に輸送するために建てられたのではないか。米軍のジープやトラックが発着する風景が思い浮かんでくる。占領期が終わり、軍用貨物列車が廃止されても、西武新宿線には引き続き貨物列車が走っており、入間川駅では鉄道貨物を取り扱っていた。貨物上屋も、ずっと使われていたと思われる。石川一雄は雨宿りをするため、しばらくここにいた。

六一年七月から六二年六月までの一年間で、入間川駅の一日平均の貨物取扱数量は、発送が七・四トン、到着が三十九・七トンであった。発送で最も多かったのは大麦で全体の三七％を、到着で最も多かったのは石炭で全体の三三％を占めている。大麦は列車でビール会社に送られ、石炭は車で航空自衛隊入間基地や燃料会社に送られた（『西武』六二年八月十五日）。

石川一雄は、「［荷小屋で］何していたの」という問いに対して、「結局、俵に腰かけていたんです」と答え、その中身を「いろんな、鳥のえさとか」としているが（前掲『狭山事件公判調書』第二審第1分冊）、実際には発送用の大麦俵であった可能性がきわめて高い。

六三年五月当時、入間川駅を通る貨物列車は、国分寺—本川越間と、所沢—安比奈《あひな》間の上下線に運転されていた。国分寺—本川越間の列車は、国分寺で接続する国鉄中央線から（または中央線に）乗り入れており、国鉄の線路を通して全国とつながっていた。一方、所沢—安比奈間の列車は、貨物専用線である安比奈線の安比奈で入間川の砂利を積み、次の南大塚から新宿線に入り、さらに所沢から池袋線に乗り入れた。前者は一般の貨物列車であったが、後者は砂利輸送のための列車であった。なお安比奈線は、六七年に入間川の砂利採取が禁止されたのに伴い、営業が休止されたまま今日に至っている。

石川一雄の父親、富造は、「入間川で採取される砂利の貨車積みなどの仕事」に従事していたこともある（前掲『狭山事件』）。安比奈駅で働いていたということだろう。

もし、石川一雄が雨宿りをしている間に貨物列車が到着し、貨物の積み降ろしが行われていれば、貨物上屋のあたりに人が出入りし、その姿が目撃されていたかもしれなかった。

だが実際には、石川一雄が貨物上屋で雨宿りをしていた可能性のある15時30分から17時にかけて、入間川駅を発着する貨物列車は一本もなかった。つまり、貨物上屋周辺での動きはなかったのだ。大麦俵は、翌日の早朝6時2分発の上り貨物列車に載せられ、国分寺から中央線に入り、どこかのビール会社に輸送されたのではなかったか。

貨物上屋で彼は「四時頃」（前掲『狭山事件公判調書』第二審第1分冊）、中学生と思われる男女が十人以上、自転車に乗って通り過ぎるのを眺めている。

注目すべきは、第二審第三回公判における次のやりとりである。

――〔自転車に乗った中学生の〕ほかに荷小屋にいるときのことで憶えていることとありますか。

「あります。

ちようどね、家に帰る頃だと思つてね、入間川の駅に時計を見に行つたわけだね、そうしたら電車が出てすぐだつたので、五時三分前頃だつたですね」。(同)

石川一雄のこの証言は、きわめて重要である。

当時、西武新宿線は所沢―本川越間が単線であったから、入間川駅でも必ず下り電車と上り電車の交換が行われていた。

16時51分、まず下りの急行本川越ゆきが入間川に到着した。続いて52分には、上りの急行西武新宿ゆきが到着した。そして下り電車は54分に、上り電車は55分にそれぞれ発車した。

石川一雄の言う「五時三分前」は、16時57分ということになる。まさしく、下りも上りも「電車が出てすぐ」ではないか。

先に、ふだん西武新宿線を利用しない石川一雄は入間川駅の時刻表を正確に記憶していないと述べた。ところが、ここでは「五時三分前頃」と、分単位で時刻を証言している。しかも、その時刻は入間川駅の時刻表と矛盾していないのだ。石川一雄が16時57分頃に入間川駅の改札口で時計を見ていたのは、ほぼ間違いない。

この一点だけでも、五月一日午後三時五十分頃、石川一雄が中田善枝と出会い、午後五時までに山林中に連行して強姦、殺害し、遺体を菅原四丁目の芋穴に運んだとする検察側の主張は、全く成り立たなくなるのである。狭山事件について論じた著作は山ほどあるが、事件当日の西武鉄道のダイヤに注目したものは、管見の限り一つもない。

もう少し、石川一雄の証言に耳を傾けてみよう。石川一雄は、駅に時計を見に行ってから、また貨物上屋に戻り、二時間近くを過ごしてから、「七時頃」(同) に帰宅したという。

実はこの間、貨物列車の発着がなかったわけではない。17時41分に安比奈発の上り貨物列車が入間川に到着し、18時1分に発車している。しかし前述のように、この列車は砂利輸送の列車であるから、入間川駅で貨物の積み降ろしはせず、上りホームの側線 (3番線) に停まっていただけだったと思われる。依然として貨物上屋に動きはなく、石川一雄は誰にも邪魔されぬまま、そこにいることができたのだ。その反面、少なくとも三時間近くにわたって貨物上屋にいたにもかかわらず、目撃者が一人もいなかったという結果を生んだわけだけれども。

一九六五年八月、内閣同和対策審議会は、「同和地区に関する社会的及び経済的諸問題を解決するための基本的方策」についての答申をまとめ、首相の佐藤栄作に手渡した (『解放新聞』六五年八月十五日)。部落解放同盟はこの答申に注目し、答申の完全実施を求める「国民運動」を始めた。ところが、この運動に日本共産党を除名された「日本のこえ」派の代表、神山茂夫が加わっていたことから、日本共産党は激しく反発した。

これ以降、共産党は部落解放運動から脱落する。そして七五年一月には、「わが党中央は、狭山事件について、無実の『えん罪』であると規定したことはな〔い〕」(『赤旗』七五年一月十一日）とする党の公式見解を発表し、狭山裁判から手を引くようになる。

狭山事件からちょうど四年が経過した六七年五月一日、住居表示変更により、狭山市入間川の町名が大きく変わった。新たにできた入間川一丁目〜四丁目という町名は、西武新宿線線路の西側に限定された（『広報さやま』六七年四月十日）。入間川四丁目に町名が変わった住民は、「たとえ四丁目であっても、入間川の名称を冠したい」と述べたという（石川一郎『狭山現地報告』、三一書房、一九七八年）。一方、入間川菅原四丁目は、祇園と富士見一丁目に分割された。

この町名変更に、狭山事件が影響を与えていたかどうかは、行政資料を読む限り明らかではない。しかしこれ以降、『広報さやま』や『狭山市政だより』でも地域名として用いられてきた「菅原四丁目」「菅四」の文字は消えることになる。

それでも、出入口のなかった入間川駅の東側は、西側に比べて開発が遅れていた。その遅れを解消するきっかけとなったのは、日本住宅公団による大団地の建設であった。十万人都市を目指す狭山市にとって、団地こそは最も手っ取り早く人口を増やす手段にほかならなかった。

団地は狭山台団地と命名され、入間川駅の東方約二・五キロのところに建設された。総戸数は三千百十三戸（うち賃貸千八百四十三戸、分譲千二百七十戸）と、西武沿線の公団住宅でも滝山団地（三千百八十戸）に次ぐ規模となった。

新所沢でとどまっていた大団地が、ようやく入間川まで波及してきたのだ。けれども、団地の最盛期はとうに過ぎていた。

狭山市は、七二年から旧菅原四丁目に当たる駅の東側一帯の用地買収に乗り出し、七四年春から東口広場の建設に着手した。七五年三月には、狭山台団地への入居が始まるとともに、東口広場が完成し、狭山台団地ゆきの西武バスが乗り入れるようになった。団地が完成したことで、七五年は前年に比べて、入間川駅の乗降客が六千人も増加している（『狭山市史』通史編2、狭山市、一九九六年）。同年十一月には、西武新宿線の入間川までの複線化が完成した。

七七年十二月からは駅ビル「西武狭山ステーションビル」の建設が始まり、七九年三月に完成した。新たに東口が開設され、ホームには地下階段が設置された。駅名の入間川が狭山市に改称されたのも、このときであった。

一九九四年十二月二十一日、石川一雄は仮出獄し、三十一年七カ月ぶりに故郷の土を踏んだ。入間川は、駅名が狭山市と変わり、駅ビルができ、東口ができていた。狭山市は、特急レッドアロー「小江戸」が停まる主要駅になっていた。電車は四両編成から十両編成になり、全車両が冷房車に変わっていた。平日七時台上りの本数は、三本から八本に増えていた。狭山事件が起こった当時、一日平均一万二千五百五十四人だった乗降人員は、五万八千九百十三人と、四・七倍に激増していた。

けれども、石川一雄の家は、かつてと同じ場所にあった。住所は入間川でなく富士見一丁目となり、増築して部屋数は増えていたものの、同じ家には違いなかった。狭山台団地の建設をきっかけとする駅東側の開発は、石川一雄が住んでいたあたりまでは及んでいなかったのである。

第十二章　堤康次郎の死

一九六四（昭和三十九）年四月二十四日朝、首相の池田勇人に国鉄湖西線（七四年開通）の敷設を陳情した自民党代議士で西武鉄道会長の堤康次郎は、その足で東京駅に向かった。そして改札を通り、地下通路を歩いていたとき、突然倒れた。

そのとき、西武百貨店取締役店長の辻井喬（堤清二）は銀座にあった読売新聞社にいた。知らせを聞いた辻井は、すぐに東京駅丸の内口に駆けつけた。康次郎は、職員の仮眠室に寝かされていたが、辻井の顔を見るや「脳溢血か」と聞いた（前掲『叙情と闘争』）。それが最後の言葉となった。康次郎は意識不明のまま、二日後の四月二十六日に国立第一病院（現・国立国際医療研究センター病院）で七十五年と一月あまりの生涯を閉じた。

死因は心筋梗塞であった。

葬儀は、自民党と西武鉄道の合同葬として、四月三十日に豊島園ローラースケート場で行われ、五万人が弔問に訪れた。

六四年五月十五日発行の『西武』第七七号は、「堤会長追悼特集」となった。

まず一面に「謹みて堤会長の御逝去を悼む」というキャプションのついた四段抜きの遺影が掲げられ、二面と三面を全部使って、葬儀の模様が詳細に報じられた。そこには、池田勇人、吉田茂（元首相）、小泉信三（友人代表）、河上丈太郎（日本社会党委員長）、西尾末広（民主社会党委員長）、石坂泰三（経団連会長、東芝会長）、谷口久次郎（滋賀県知事）の弔辞のほか、在日米軍司令官のモーリス・A・プレストン、康次郎の娘婿で西武鉄道社長の小島正治郎の弔辞も掲載されている。

続いて四面と五面には、「苦闘の生涯」と題して、康次郎の略年譜とともに、小学校時代から晩年に至るまでの康次郎の写真が大きく十八枚も掲載された。「堤会長の生涯はその巻頭から苦闘の歴史である。政治家たらんとして志をたて、ついに衆議院議長の栄職を完うし、また事業家として理想を久遠の彼方に持してしかもその多くを達成し得たのも、すべてその非凡なる才能に加えて、粉骨砕身己れを空しゅうして刻苦勉励したその集積の賜である」という文章を添えて。

――日米協力こそわが民族立国の大道であるというのがあなたの信念であり、この両国のかけ橋になろうというのがあなたの願いであります。

――日米両国間の友好親善関係を促進する上にあなたが尽された努力は、必ずや両国の公式記録の一ページを飾ることになりましょう。

右は、四月三十日の葬儀で読まれた、池田勇人とモーリス・A・プレストンの弔辞の一節である。両者ともに、期せずして康次郎がいかに日米親善に力を尽くしてきたかを強調している。

それをうかがわせるエピソードを、辻井喬が前掲『叙情と闘争』で描いている。

五九年一月、康次郎は夫人の操や辻井とともに初めて訪米し、ニューヨークでマッカーサーに、ワシントンのホワイトハウスで大統領のアイゼンハワーにそれぞれ会った。マッカーサーに甲冑を献上したのは前述の通りだが、アイゼンハワーには米国に対する数十万の感謝署名帳をめくりながら、「これは私の選挙区〔衆議院滋賀全県区〕で一月間に集めた署名です。これを見ても、日本の国民が、いかにアメリカの対日占領政策の寛大さに感謝しているかがお分かりいただけると思います」と述べた。

訪米の目的は、首相の岸信介に代わって、アイゼンハワーの訪日を要請することにあった。父親の露払い役を演じた辻井は、「その行為は、転向などしていないと内心叫ぶように確かめている自分への紛れもない背信であった」と述べている。

感謝奉仕

西武

盤石の事業体制を宣明

企業団の中枢、火曜会

遺志奉じ更に発展を

謹みて堤会長の御逝去を悼む

会長への感激で入魂の仕事を

一路線にも会長の魂

遺業高揚し続け

「謹みて堤会長の御逝去を悼む」。創始者・堤康次郎を追悼する『西武』(1964年 5 月15日号)

しかし、アイゼンハワーの訪日は実現しなかった。言うまでもなく、日米安保条約の改定に反対する六〇年安保闘争があったためである。

この時期の康次郎は、終始一貫して岸信介を支持し続けた。

当初、消極的だったといわれる吉田茂グループにも働きかけ、〔昭和〕三十四年八月二十日には吉田茂元首相と岸首相との会談をセット（箱根湯ノ花ホテル）し、以後ともに安保改定批准にのぞむ岸を激励している。この時期、康次郎の発した書簡についてみると、岸首相に対して三十四年十月十六日、三十五年一月十四日、五月十日、十一日、十二日、二十四日と頻繁に手紙を送っている。これらのなかで、調印のため渡米する岸への激励、さまざまな情報提供、国会審議にあたって「解散の決意をもって事に当る」ことの要請などを行なっている。(前掲『堤康次郎』)

ここでもう一度、西武池袋線の沿線に当時、「むさしの線市民の会」が結成されたことの意味を考える必要がある。「新安保条約強行採決によって惹起された民主政治の深刻な危機の中で、旧むさしの線沿線に住む学者文化人達は、民主々義の根本原理に立ちかえって、自分達の住んでいる地盤から本当の民主々義を産み出してゆくため」(『声なき声のたより』六〇年七月十五日号)につくったというこの組織は、明らかにアンチ岸であるとともにアンチ康次郎としての性格をもっていた。そう考えれば、会の名称に西武を使わず、康次郎に乗っ取られる前の武蔵野鉄道にちなむ「むさしの線」をあえて用いた理由もわかるだろう。

新安保条約は自然成立したものの、アイゼンハワーの訪日が実現しなかった上、混乱の責任をとって岸内閣が総辞職したことは、日米関係に深刻なダメージを与えたものと康次郎には映った。その代償として思いついたのが、西武百貨店を米国に開店させることであった。

新安保条約が成立した翌年、父はアメリカに百貨店を作れと言い出した。この二~三年の一連の動きは日米の信頼関係を損ねた、国民レベルでの交流を盛んにすることでその傷を癒やしたいから百貨店を作れという理屈だった。それ自体論理的に飛躍しているし、表向きの華やかさはさておき経営力ではアメリカの企業に敵うはずがないと反対したが、最後は「これは政治家としてのわしの判断だ」と押し切られた。（前掲『叙情と闘争』）

こうして六二年三月に開店したのが、地上四階、地下一階の米国西武百貨店ロサンゼルス店であった。開店当日の模様を、地元紙ロサンゼルス・タイムズは、「西武百貨店が開店してからわずか十五分のうちに店内は五千人の買い物客で溢れ、失神する女性が続出、すべての入り口は警官によって封鎖され、ウイルシャー大通りは四ブロックの区間にわたって交通が制限された」と伝えている（同）。日本への物珍しさもあって、開店直後の一週間だけで、三十万人以上が来店した（前掲『堤康次郎』）。

しかし、その後の客足は急減し、初年度の売上高は予想していた約六百四十万ドルを大幅に下回る三百万ドルにしかならなかった。辻井の危惧が的中したわけである。

前掲『堤康次郎』は、米国西武百貨店が開店からわずか数カ月で経営不振に陥った理由を、次のように説明する。

売れる商品がカメラ、トランジスタラジオ、真珠などに限られ、これらの商品はディスカウントショップに対抗できなかったこと、現地商品も地元の百貨店やスーパーの仕入・販売力におされ、競争力で劣位に立たされたことが原因であった。さらに、現地採用者にたいする管理上の問題もあった。

ここでいう地元のスーパーとは、ロサンゼルス郊外に一九六一年、開店した大規模ショッピングモール「デルアモ・ファッションセンター」を、また地元の百貨店とは、米国西武百貨店ロサンゼルス店の正面にあり、安価な日用商品の大量仕入れ態勢を整備した「メイ百貨店」を指していると思われる（『アメリカの百貨店』、日本生産性本部、一九六一年。前掲『セゾンの歴史』上巻）。だが、この説明だけでは、理由を十分に説明したことにはなるまい。なぜなら、当時の康次郎が把握できなかった、より根本的な問題に対する言及が欠けているからである。

アメリカでは十九世紀から、鉄道建設が急ピッチで進められ、主要都市間で鉄道の通っていない区間はなくなるまでになった。当初、そこを通る列車はＳＬが牽引していたが、しだいに「インターアーバン」と呼ばれる電車にとって代わった。その事情を、小島英俊『鉄道という文化』（角川選書、二〇一〇年）はこう説明する。

アメリカでは電力は安かったし、電車は蒸気列車に比べ、加速性、減速性もよい。軽快な短編成の電車なら駅間距離を短くして多くの駅に停車し、運転本数を増やし、郊外では高速運転もできた。さらに高架や路面を使って各都市のダウンタウンまで入っていけたので、集客性も良かった。当時は産業勃興期で、人や物の往来が増加しつつあったアメリカではこのインターアーバンが急速に発展し、最盛期には総延長が三万キロにも達したのである。

このインターアーバンは、日本の私鉄にも影響を与えている。例えば、一九〇五年に開業した阪神電気鉄道では、技術長の三崎省三が訪米し、最新の電気鉄道事情をつぶさに調査した結果、並走する非電化の東海道本線の列車の速度をはるかに上回る、表定時速六十五キロの電車を走らせることも可能という見通しを立てていた（『阪神電気鉄道八十年史』、阪神電気鉄道、一九八五年）。西武池袋線の前身に当たる武蔵野鉄道が、一九二二（大正十一）年に池袋―所沢間を電化したのも、こうした趨勢と無縁ではなかった。

数あるインターアーバンのうち、「世界最大の電気鉄道」を自称したのが、ロサンゼルスとその郊外を結んでいたパシフィック電鉄である。

ロサンゼルスでは、電車の路線網の建設が一八九〇年代から始まり、一九一一年には大合併の結果、都市圏全域をカバーする電鉄会社として、パシフィック電鉄が誕生している。パシフィック電鉄の最盛期は一九二〇年代で、軌道延長は千七百キロ、路線延長は八百キロに達した。その中には、複々線の区間まであった。

しかしこのころから、アメリカではモータリゼーションが急速に進んでいった。

一九二〇年代からアメリカにおいて自動車が急激に普及していくと、もっとも打撃を受けたのは、通常の鉄道ではなく、このインターアーバンであった。手軽で身近な機動性を売り物にしていたところに、もっと手軽で身近な交通手段が出現してしまったからである。急速に普及した乗用車やバスが街中を走るため、街中に乗り入れていたインターアーバンは渋滞で定時運行ができなくなったばかりか、自動車の邪魔物扱いされだした。こうなると経営が立ちゆかなくなって、廃業に追い込まれるインターアーバンが続出し、その大半は一九三〇年に入る前に消滅してしまったのである。(前掲『鉄道という文化』)

パシフィック電鉄の場合、一九二〇年代になっても利用客は増え続け、郊外と都心を結ぶ特急や急行までできた。したがって、右の説明は必ずしも当てはまらない。しかしモータリゼーションの波はロサンゼルスでも例外ではなく、三〇年代末から路線の大規模な廃止が進んだ。一時は鉄道に代わってバス路線が整備されたこともあったが、それもマイカーの普及にとって代わられた。

結局、パシフィック電鉄の残存路線は、六一年に全廃された。米国西武百貨店ロサンゼルス店が開店する前年のことであった。ロサンゼルスで電車が地下鉄として復活したのは、九三年になってからである。

堤康次郎は、一九四〇年に菊屋デパートを買収して武蔵野デパートと改称させた。武蔵野という名称は、西武池袋線の前身である武蔵野鉄道にちなむもので、二九年に阪神急行電鉄(現・阪急電鉄)の梅田駅前に開店した阪急百貨店に端を発するターミナルデパートの系譜を受け継いでいた。四九年には、新生西武鉄道の発足に伴い、武蔵野デパートは西武百貨店と改称された。

西武百貨店は、ロサンゼルス店ができる六二年までに六期にわたる増築を重ね、さらに同年八月からは七期の増築工事にとりかかろうとしていた。それとともに売り上げも伸び、六一年には百貨店全体でも三位以内に入るようになった(前掲『セゾンの歴史』上巻)。

それはひとえに、西武百貨店が西武池袋線の池袋ターミナルに隣接しているという立地条件によるところが大きかった。前述のように、当時、西武の池袋駅は、新所沢、ひばりが丘など、沿線の大団地の建設により、乗降客数が飛躍的に増えていた。それに伴い、六三年十一月には、池袋―所沢間で私鉄初の十両運転も始まった。

西武百貨店と西武鉄道とは、まさに共存共栄の関係にあったのである。

こうした関係をロサンゼルスで築くことは、最初から不可能であった。ロサンゼルス店ができた前年にはパシフィック電鉄が全廃されていたように、アメリカでは電車の時代から自動車の時代へと完全に移行していたからである。

前述したデルアモ・ファッションセンターは、ロサンゼルス郊外のトーランスにあり、広さは約十万六千五百坪。六千八百二十七台の自動車を収容できる駐車場を兼ね備えていた（前掲『アメリカの百貨店』）。日本で初めてのショッピングモールは六九年十一月に開店した玉川髙島屋ショッピングセンターと言われるが、それすら東急田園都市線（現・大井町線および田園都市線）の二子《ふたこ》玉川園（現・二子玉川）駅前に立地していた。

日本に比べると、アメリカではるかにモータリゼーションが進んでいた。

堤康次郎が把握できていなかったのは、まさにこの点である。訪米したにもかかわらず、日本で生まれたターミナルデパートという形態はアメリカにはなく、その商法はアメリカでは通用しないということを、まるでわかっていなかったのだ。さらにいえば、西武鉄道会長を名乗っていることと自体が、矛盾以外の何物でもなかった。もしアメリカを理想とするなら、ロサンゼルスのように鉄道網を廃止して、代わりに片側三車線ないし四車線の道路網を整備しなければならなかったはずである。

しかし実際には、西武の鉄道網は微動だにせず、路線バスも池袋線や新宿線の駅どうしをつないだり、それらの駅と中央線や東武東上線などの駅や大団地をつないだりする補完的なものにとどまった(『地域とともに―西武バス株式会社60年のあゆみ』、西武バス、二〇〇七年)。

もちろん康次郎は、道路に関心がなかったわけではない。例えば箱根では、一九三二年に日本で初めての自動車専用道路(十国自動車専用道路)を開通させたのに続いて、その翌年には軽井沢にも自動車専用道路を開通させた(前掲『堤康次郎』)。箱根の自動車専用道路は西武系の駿豆《すんず》鉄道(現・伊豆箱根鉄道)が経営するところとなり、後に東急系で小田急電鉄傘下の箱根登山鉄道バスが乗り入れようとして十数年にわたる「箱根山戦争」が勃発するのは周知の通りである。けれども、康次郎が道路の建設に熱心だったのは、あくまで箱根や軽井沢のような自ら開発したリゾート地であり、首都圏ではなかった。

目を郊外に転じれば、ゆったりとした土地に一戸建ての家々が並ぶロサンゼルスに対して、東京では、いや西武沿線では、新所沢団地、ひばりが丘団地、東久留米団地といった大規模団地が次々にできていった。これらの団地が、アメリカよりはむしろ同時代のソ連から影響を受けていることは、前に触れた通りである。団地に住み、都心まで電車で通うという通勤スタイルは、ロサンゼルスよりはむしろモスクワやレニングラードの住民に酷似している。

ここに大いなる歴史的皮肉が生じる。親米反ソを信条としていたはずの堤康次郎は、結果としてアメリカではなく、ソ連とよく似た郊外を、あるいはライフスタイルをつくってしまったのだ。米国西武百貨店ロサンゼルス店の失敗は、その端的な証左というべきものである。

っていた。

この点では堤康次郎よりも、ライバルの五島慶太のほうが、よほどアメリカの現実をよくわかっていた。

五島は康次郎とは異なり、訪米したわけではなかったが、五二年と五三年に専務ほか数人の役員や社員をアメリカに派遣している。その結果、アメリカではすでに鉄道が衰退し、代わって高速道路網が縦横に張り巡らされていること、自家用車は三人に一台の割合で普及し、長距離バスも発達していることなどが明らかになった(『清和』一九五三年八月号)。五島は後に多摩田園都市と呼ばれる「城西南地区」の「開発趣意書」で、「二子玉川から荏田《えだ》、鶴間を経て座間、厚木にいたる鉄道または高速道路をつくる必要がある。しかし(中略)さしあたって高速道路をつくり、既存の道路とはすべて立体交差にすれば、輸送力は増強されるものと思う」と述べている(『事業をいかす人』、有紀書房、一九五八年)。

東急は五四年三月、渋谷と江ノ島を結ぶ有料自動車道路「東急ターンパイク」の建設を決め、申請書を運輸、建設大臣あてに提出した。日本道路公団が設立される二年前のことである。五島は、「これができ上れば、鉄道や電車に代わる交通機関として、大都市の人たちには大いに歓迎されるだろう」(同)と推測している。

実際には建設省が保留していたために免許がおりず、五九年に五島が死去したことで、東急ターンパイク構想は夢と消え、六六年に田園都市線の溝の口—長津田《ながつた》間が開通するわけだが、訪米したにもかかわらずアメリカの交通事情に何ら関心をもたなかった堤康次郎とは対照的であった。

第六章では、東急的郊外をロンドン的郊外、西武的郊外をモスクワ的郊外と形容したが、もし田園都市線の代わりに東急ターンパイクが開通していたら、東急的郊外はロサンゼルス的郊外になっていたかもしれない（第三京浜道路や東名高速道路が東急ターンパイクの肩代わりをしているという見方もできるけれども）。

五島以上にアメリカの現実をよく認識していたのが、辻井喬であった。かつて日本共産党に入党し、ソ連こそは地上の楽園と考えていた辻井は、ロサンゼルスで恐るべきモータリゼーションの現実を目のあたりにしたからである。そして鉄道事業に固執することの時代的限界を悟り、クルマ社会に基づく米国型ショッピングモールを射程に入れた、新しい事業展開を考えるようになる。

辻井は後年、「ロスアンゼルスに店を作ったのが六三年（正しくは六二年――引用者注）だったと思いますが、それで半年ぐらいロスアンゼルスにいたのかな。そのときに往き来したのが、経営的には非常に大きな影響をもった。それはずっとリタイアするまで影響を及ぼしましたね。だから、これがもう少し進んでいくと百貨店の時代は終わるぞ、量販店・スーパーの時代が来るな、というようなこととか、やはりクレジットカードの時代になるな、ということとか。そういう点では、半年間のロスアンゼルス滞在が決定的な影響を及ぼしていますね」と回想している（前掲『堤清二オーラルヒストリー』）。

米国西武百貨店ロサンゼルス店は、一九六四年三月、レストランを除いて営業を廃止した。堤康次郎が急死するわずか一カ月前のことである。残ったのは、百貨店だけで七百五十万ドルにおよぶ多額の負債であった。その前年の八月には、西武百貨店が火災に見舞われ、約二十億円の損害を出していた。辻井喬の言葉を借りれば、「弱り目に祟り目であった」（前掲『叙情と闘争』）。

辻井は、康次郎が急死しても、西武の中核をなす鉄道グループ、すなわち西武鉄道や国土計画の資産を受け継がなかった。喪主は辻井ではなく、異母弟の堤義明がつとめた。

これは一般には意外と受け取られた。ノンフィクション作家の立石泰則は、「世間の目から見れば、西武の二代目といえば、堤清二以外には見あたらなかった」(『淋しきカリスマ堤義明』、講談社、二〇〇五年)としている。元衆議院議長の清瀬一郎も、追悼文で「むすこの清二君がりっぱに成長し、事業面のよき後継者となっているのがせめてものことである」(『日本経済新聞』六四年四月二十六日夕刊)と述べていた。

葬儀が終わった日の午後、辻井は西武鉄道社長で康次郎の娘婿の小島正治郎、専務の宮内巌、康次郎夫人の操、そして義明が集まった幹部会の席上、家督を継ぐつもりがないことを表明している(前掲『叙情と闘争』)。西武グループ総帥の座は、二十九歳の義明に受け継がれたのだ。辻井が受け継いだのは西武百貨店を中心とする流通グループだけであり、流通グループだけで膨大な負債を背負わなければならなかった。

康次郎の遺骨は築地の西本願寺に安置されていたが、ちょうど一周忌にあたる六五年四月二十六日、鎌倉霊園で納骨式と一周忌法要が行われた。鎌倉霊園の用地は、五四年から六〇年にかけて、神奈川県から買収したようである。行政ウォッチャーの山本節子は、「この霊園工事は西武と神奈川県との協力関係を裏付け、以後の西武の県内の躍進のきっかけとなったことが、数々の資料との照合から浮かび上がってくる」(『西武王国　鎌倉』、三一書房、一九九七年)と述べている。

もっとも、これには異説もある。大西健夫「戦後事業の全国展開」(前掲『堤康次郎と西武グループの形成』所収）によれば、鎌倉霊園は五九年の康次郎の訪米が契機となって造られたものであり、ハワイの軍人墓地にならったものだという。

ただ、持病の前立腺肥大症を悪化させていた康次郎が死期を悟り、自らの墓を鎌倉に築くよう命じたかどうかまでは明らかでない。

康次郎の側近の中嶋忠三郎は、当初、鎌倉市長が墓地の建設に反対していたが、鎌倉と似通っている京都の墓地の実態と比較することで、市長から快諾を得たと回想している。

そのデータは、京都市内にどれだけの数の墓地があるか、また京都市内における墓地の占める割合はどれくらいか、というようなもので、私はそれを基礎にして町長〔市長〕に縷々説明したのである。墓地の面積は広いが、鎌倉市の全面積から見ればその占める割合は京都の場合より少ないこと、財政上では、造成すれば鎌倉に利をもたらすこと、西武と話し合って、固定資産税を取るようにすればいい、というようなことも説明した。（前掲『西武王国―その炎と影』）

この回想録を読む限り、康次郎は鎌倉に広大な霊園をつくることにこだわっていたように見える。それは、自らの墓を鎌倉に建てることに対するこだわりでもあったのではないか。

ちなみに、早稲田大学大学史資料センター所蔵の「堤康次郎関係文書」に収められた「鎌倉霊園実測図（土取図）」には、一九六一年三月二十二日の日付で、すでに「観音堂」が書き込まれている。観音堂は康次郎の死後、康次郎の墓所となるのである。

阪急宝塚線沿線の池田に住んだ阪急の創業者、小林一三の墓は、逸翁美術館となった自宅（現・小林一三記念館）にほど近い大広寺に建てられた。東急大井町線沿線の上野毛に住んだ東急の創業者、五島慶太の墓も、五島美術館となった自宅と同じ沿線の九品仏《くほんぶつ》浄真寺に建てられた。これに対して、堤康次郎の自宅は西武沿線にはなかった上、死後に自宅が美術館になることもなく、墓も西武沿線には建てられなかったことになる。

その代わり、七五年四月に狭山湖（現・西武球場前）駅近くのユネスコ村文化財地区に開山した天台宗別格本山「狭山山不動寺」（狭山不動尊）の境内には、芝増上寺の境内にあった御成門や勅額門などが移設されたほか、孔子廟が康次郎の霊廟とされ、戒名「清浄院釈康信」にちなむ「康信寺」と名付けられ、位牌が安置された（「狭山不動の開山準備すすむ」、『西武』一九七五年二月号所収）。

鎌倉霊園ホームページには、開園年月日が記されていない。電話で尋ねたところ、「六五年四月まではわかるが、四月何日かまではわからない」とのことであった。

しかし、一般の使用申し込み受付を始めたのは六五年五月十五日であるから（「緑豊かな25万坪の公園墓地」、『西武』六五年六月号所収）、六五年四月の時点では康次郎の墓しかなかったことになる。ということは、堤康次郎の墓が完成し、納骨式と一周忌法要が行われたまさにその日に、鎌倉霊園も開園したのではないか。

もしそうなら、鎌倉霊園とは端的にいえば、康次郎のための霊園だったといっても決して過言ではあるまい。なお興味深いことに、鎌倉霊園の管理・事業主体は、「財団法人康信会」となっている。

納骨式と一周忌法要の模様は、社内誌『西武バス』六五年六月号の「故堤会長の御霊《みたま》永《とこし》えに鎮まりたもう」と題する記事に詳しい。

逝かれてまる一ヵ年、築地の西本願寺に安置され、香煙の絶える日のなかった御遺骨は、午前十一時、故会長御生前の構想の下にいまや立派に完成をみた鎌倉霊園の堤家墓所に、御遺族の手で運ばれ、御遺族はじめ御親戚、西武企業団幹部、社員多数の見守る中で、静かに納骨されました。墓石には池田総理書で、単純明快に「堤康次郎之墓」と大きく刻まれ、墓前の両側には衆議院議長として名声をほしいままにされた故人にふさわしく、あまた申し入れのあった中から衆議院議長の供花一対だけが記名で飾られ、それに、日米親善に政治生命をかけた国士の霊に捧げるとして、在日米軍司令官からの花輪が黒く光を放つ墓石に安置されていたのが、ひときわ参列者の目をひいていました。

第五章で「西武天皇制」について触れたが、「天皇」の「崩御」後に、「天皇」だけを埋葬した巨大な「天皇陵」が造営されること自体、現実の天皇制とそっくりである。ただし違うのは、「日米親善に政治生命をかけた国士」とされ、在日米軍司令官の花輪が安置されたことだろう。

記事の左側には、「御遺骨を胸に抱く御遺族」とキャプションのついた写真が掲げられた。康次郎の遺骨を抱えた義明を先頭に、操、辻井が続いて歩く姿がとらえられている。一周忌法要では、西武グループの関係者「三千余名」(同)が長蛇の列をつくって焼香した。

これ以降、毎年四月二十六日の命日には追善法要が行われ、義明、辻井を筆頭に鉄道グループ

鎌倉霊園の奥にある堤康次郎の墓（撮影＝新潮社写真部）

と流通グループの幹部が出席した。康次郎の七回忌に当たる七〇年に、この両グループの「分割統治」が正式に決められている。

堤義明を中心とする鉄道グループでは、新入社員の教育期間中に必ず鎌倉霊園に参拝する習慣が確立された。毎年元旦の朝六時には墓前で「先代の遺訓を偲ぶ会」が開かれ、幹部二百人あまりが参拝した。また、毎晩社員二名が交替で墓守りとして泊まり込む習慣も、二〇〇四年まで続いた（前掲「戦後事業の全国展開」）。

私は、鎌倉霊園に一度だけ行ったことがある。横浜市金沢区と接する朝比奈峠の西側にあるこの霊園は丘陵地帯にあり、広さは五十五万平方メートル以上もある。康次郎の墓所が近づくにつれ標高はどんどん上がり、眼下には相模湾、そして遠く富士山や丹沢、箱根の山々も望まれた。

霊園のほぼ頂上にある「観音堂」、すなわち康次郎の墓所には立ち入ることができず、墓石も確認できなかったが、墓守りが泊まっていたと思われる瓦屋根の社務所のような建物はよく見えた。敷地はとにかく広く、これだけの大きさなら、堤義明が元旦にヘリコプターで降り立つこともできるわけだと妙に得心した。

前掲『西武バス』では、六四年八月刊の創刊号以来、康次郎の遺影とともに、康次郎が書いた『叱る』（有紀書房、一九六四年）や前掲『苦闘三十年』から引用された「故会長の訓」を必ず冒頭に掲載している。そこには、例えば次のような文句が見られる。

損得で叱るな!!　愛情で叱られているのだと思え（六四年八月号）
人生行路は波瀾多く　苦難もまた多い（六四年十二月号）
有名なる凡人となるなかれ　無名の偉人たれ（六五年一月号）
事業は、従業員の人格である（六五年四月号）
忍耐強く努力すれば　道は自ら開かれる（六五年六月号）
人生の要諦は　欲を捨てることである（六五年十月号）
親の慈愛は　絶対無限のもの（六六年二月号）

この中には、康次郎自身の人生に照らし合わせて首をかしげざるを得ない文句も含まれているが、それは別として、『西武バス』六七年十二月号に発表された「社内誌についてのアンケート集計結果」によれば、「故会長の訓」は社内誌全体で「社内ニュース」に次ぐ人気を集めている。「『故会長の訓』が二位にランクされたことは、特記すべき事項です。というのは、故会長の遺された言葉が今なお生きた人生訓として私たちにアッピールしているにほかならないからです」。

これもまた「西武天皇制」の特徴をよく示しており、明治天皇の名で発表された教育勅語（教育ニ関スル勅語）が、明治天皇が死去してからも、敗戦まで修身・道徳教育の根本規範ととらえられ、昭和初期には小学校で暗唱を強制されたことを想起させよう。その教育勅語こそ、堤康次郎が最も愛してやまなかったものだった。

六五年十一月十五日には、西武山口線の西武遊園地（現在の西武遊園地駅とは別）駅前広場に、康次郎の銅像が完成し、除幕式が行われた。彫刻家の柳原義達《よしたつ》が制作したこの銅像は、背丈二メートル八十センチ、台座の高さ三メートル三十センチもある立派なもので、「西武事業集団三万二千余の全社員が、厳父と仰ぎ慈父と慕う故堤康次郎会長の銅像を建てたいと、文字通り貧者の一燈と申すべき浄財を醵出して計画を実行にうつし」（『西武バス』六五年十二月号）たものだという。

除幕式には夫人の操、西武鉄道社長の小島正治郎のほか、国土計画社長の義明、西武百貨店店長の辻井らも参列した。

参列者が息をつめて見守る中を会長夫人が、銅像の後方の足場板から台座の中段に登り、両手で紅白の引き綱を握る。しわぶき一つ聞こえない静寂の中に会長夫人の両手がさっと引かれると、紅白の幕が落ちて、堤会長のお姿が澄み渡った青空にくっきりと浮かぶ。生前そのままの慈愛に満ちたまなざしはやや下向きに、ちょうど参列者の上に注いでいる。ひとときの間をおいて、参列者の間から一斉に拍手がわき起こり、感動の声がもれる。ありし日の堤会長をほうふつとさせるその姿にみな思わず襟を正し、親しみと敬愛の念をこめて、更めて深々と礼をする。

このあと、まず小島社長、堤社長、会長夫人、堤店長はじめご遺族方、つづいて各社の社員代表（社名のイロハ順）が祭壇に玉串を捧げる。鉄道では宮内専務と名古屋組合長、西武建設では加藤常務と所沢車両工場小島組合長が、それぞれ社員を代表して玉串を捧げた。（「西武園に堤会長の銅像建つ」、『西武』六五年十二月号所収）

死後に天皇の銅像が建てられた例は、明治天皇の場合いくつかある。しかし、この除幕式はさしずめ、神社の鎮座祭に相当しよう。康次郎自身は箱根神社の熱心な参詣者で、六四年には寄進によって駒ヶ岳山頂に箱根神社元宮を奥宮として再建したほどであったが、死後には自らが玉串を捧げられる対象になってしまったわけだ。

明治天皇に当てはめていえば、「西武天皇制」では天皇の葬儀が行われた青山練兵場（現・明治神宮外苑）に豊島園が、伏見桃山陵に鎌倉霊園が、宮中三殿の皇霊殿に康信寺が、そして明治神宮に西武園が比せられるわけである。

ディズニーランドを理想とし、親米反ソの拠点となるはずだった西武園は、堤康次郎の死去とともにその夢が断たれたばかりか、銅像が建立されたことで、ディズニーランドとは似ても似つかぬ「神社」へと変貌したのだ。そして康次郎の銅像が建つ山口線の西武遊園地駅前の目と鼻の先には、日本共産党が毎年アカハタ祭り（六六年から赤旗まつり）を開催した都立狭山公園が広がっていたのである。

西武百貨店の経営危機を救うべく、辻井が立てた戦略は大きく分けて二つあった。

その一つは、東急の牙城であった渋谷に百貨店をつくることであった。「箱根山戦争」が終わりかけていたときだっただけに、「せっかく東急西武の雪解けの条件を少しずつ積み上げてきたのに、その私が渋谷に支店を作るのでは、すべての話が逆戻りしてしまうのではないかという心配」(五島昇、堤清二「《往復書簡》対立を越えて」、『中央公論』六四年五月号所収)が辻井にはあった。だが実際には、五島慶太を継いだ社長の五島昇は、渋谷の発展のためにはむしろプラスになるとして理解を示した。辻井は、「あれが五島慶太だったら、何が何でも反対したでしょうね」と回想している(前掲『堤清二オーラルヒストリー』)。

もう一つは、百貨店に関係がありながら百貨店ではない、流通サービスに進出することであった。「この点についてはアメリカにいた頃の知識から、量販店とクレジットカードビジネスが考えられた」と辻井は回想している(前掲『叙情と闘争』)。

一見したところ、全く別々に見える二つの戦略は、西武鉄道のターミナルデパートとしての西武百貨店という呪縛、言い換えれば、堤康次郎という呪縛からいかにして脱却するかという問題意識に貫かれていた。米国西武百貨店ロサンゼルス店の失敗が、辻井に教訓を与えたのである。

このうち、本章との関係で重要なのは、後者の戦略の方である。

前述のように、辻井は西武沿線の団地に、ジョンソン基地PXのサービスを取り入れた西武ストアーを開店させた。だが、ロサンゼルスでの体験は、辻井をして、それが本場アメリカのスーパーに比べれば、いかに似ても似つかない中途半端なものであったかを痛感させたに違いない。

西武百貨店を小型化しただけの西武ストアーを、六三年四月により大衆的なスーパーのチェーン店を目指す西友ストアーに変えたのは、まさにこうした辻井自身の体験に根差していた。
しかし、自動車で大型駐車場のあるショッピングモールに乗り付け、一度に大量の品物を買う時代は、日本にはまだ到来していなかった。それどころか、むしろ逆であった。『週刊新潮』六二年一月二十九日号では、ひばりヶ丘団地自治会婦人部の石垣千代が、団地住民の「合理的な買い物」につき、こう述べている。

買い物なんかが細かいって、それは、今の若い人が、見えじゃなく地についた生活しているっていうことなんですね。キャベツ二枚、三枚って買い方は、どこからくるんだなんていわれるかも知れないけど、予算からいくとそうなっちゃうんですよ。予算ていうものを立てて計画的な食生活を考えて、一日一日家計簿見ながらやってってごらんなさいよ。たとえば食費として月二万円見ることができるとするでしょ。一日六百六十六円じゃない。それを破っちゃったら計画立てたことがなんにもならないのよ。だから必ず守ることにするでしょ。そうしたら、きょうはソーセージの分、二枚以上は出せないっていうことが起こるわけよ。

この記事の脇には、「貸店舗」の紙が張られ、「店じまいした食料品店」とキャプションのついた写真が掲載されていた。
写真を見て、「よし、ここだ!」と膝をたたいた人たちがいた。横川端《ただし》、茅野亮《たすく》、横川竟《きわむ》、横川紀夫の四人の兄弟である。彼らは六二年四月四日、乾物を扱う有限会社「ことぶき食品」を、団地北側商店会の一角に開店させる。ことぶき食品は、後にひばりが丘を創業の地と定め、ひばりの英語である「すかいらーく」に改称する。

ことぶき食品では、団地住民の消費性向に合わせて、パック商品を創案した。中でも力を入れたのが、乳幼児の離乳食用のしらす干しであった。塩分が少なく、築地市場でも最高級のものを他店と同じ値段とし、分量を乳幼児向けの一回分、他店の五分の一とした十円のパック商品を目玉にした。「いつも新鮮、いつも親切」をキャッチフレーズとし、乾物は毎日、すべて築地市場から仕入れるという徹底ぶりであった（『いらっしゃいませ　すかいらーく25年のあゆみ』、すかいらーく、一九七八年）。

宣伝効果もあり、開店当日はどっと客が詰め掛けた。売り上げは、初日だけで五十万円台に達した。ことぶき食品は、六三年には東伏見店、六四年には秋津店、六五年には清瀬店と、西武沿線にチェーン店を展開するとともに、食料品を総合的に扱うスーパーへと発展した。

しかし、西武沿線にチェーン店をつくっていったのは、初期の西友ストアーも同じであった。「第一次中期計画の終わる六七年二月末までには、池袋線のひばりヶ丘、新宿線の久米川まで一〇店舗が並ぶことになった」（前掲『セゾンの歴史』上巻）。具体的にいえば、東長崎店、保谷店、ひばりヶ丘団地店、東久留米店、高田馬場店、沼袋店、上石神井店、田無店、久米川店、新所沢店がこれに当たる。辻井は、米国とは異なり、日本では生鮮食料品を組み入れなければならないことを察知していた（前掲『叙情と闘争』）。

このほか、六五年二月には、ひばりヶ丘団地自治会の有志によって始まった牛乳の共同購入を機に、ひばりが丘生協が設立された。「団地商店街の洋服屋の二階に店をもってはじまった事業は、初年度から大幅な赤字を生み、翌年から牛乳を中心にして再建活動に入ったが、最初から苦難が続いた」(『東京の生協運動史』、東京都生活協同組合連合会、一九八三年)。その背景には、ことぶき食品と西友ストアーが、団地を舞台に激しい値下げ競争を繰り広げていたことがあったかもしれない。

ことぶき食品は、六七年に国分寺店を開店させたが、六八年に西友ストアーも国分寺店を開店させると、一日の売り上げが八十万円から三十万円台に激減した。ことぶき食品は、西友ストアーとの競争に敗れたのである。

これを機にことぶき食品は、食品スーパーに見切りをつけ、あるいは西武沿線でのチェーン店展開という戦略を捨て、アメリカでの調査を経て、ロードサイドの外食産業へと転換を図ってゆく。多摩地域では、六七年に中央自動車道や片側二車線の新青梅街道が部分開通し、六八年には自動車を巧みに使った「三億円事件」が発生するなど、モータリゼーションの波が徐々に及んでいた。甲州街道沿いにスカイラーク(当時はカタカナ表記)1号店(国立店)が開店したのは、七〇年七月七日であった。

クルマ社会の到来を予測していたのは、ロサンゼルスに滞在した辻井も同じであった。西武沿線にチェーン店を開店させるだけで満足していたわけでは決してない。だが、西武沿線に次いで進出した首都圏のチェーン店もまた、ほとんどが国鉄や私鉄の駅前に位置していた。

この点で辻井は、西武鉄道という呪縛からは脱することができても、鉄道という呪縛から脱することはなかなかできなかった。東京はロサンゼルスに近づきながら、決してロサンゼルスそのものにはなり得なかったのである。

第十三章　「ひばりが丘」から「滝山」へ 1

第一章で触れたように、西武池袋線のひばりヶ丘駅からは、「谷戸《やと》経由」「団地経由」「南沢五丁目経由」という三つの系統の武蔵境駅ゆき西武バスが出ている。このうち、南沢五丁目経由のバスは、「中原小前」の交差点を右折すると「ひばりが丘パークヒルズ」と名を改めた旧ひばりが丘団地の北側に沿って走り、「五小東」の信号を過ぎると「東京道《どう》」というバス停に着く。バス停の南側には、団地に代わって南沢日生住宅と呼ばれる一戸建の閑静な住宅地が広がっている。

その一角に、山本平の自宅がある。二階建の本屋のほか、建て増しをしたと思われる一階建の「集会部屋」が、本屋とつながっている。その集会部屋に寄り添うように、東久留米市が保存樹木に指定する見事なケヤキが、庭に立っている。門の横には、「文庫のお知らせ」と書かれた掲示板が、いまなおぶらさがっている。

一九二三（大正十二）年生まれの山本平は、六七年に南沢日生住宅ができると同時に、ひばりが丘団地から引っ越してきた。ひばりが丘団地に住んでいた当時は、妻の幸世（故人）とともに「ひばりヶ丘民主主義を守る会」に属した。前述のように、この会の中核には日本社会党や日本共産党の有力党員がいた。そのなかで、山本はどちらの党にも属さず、会の中核メンバーであり続けた。

二〇一〇年十月二十七日、私は山本の自宅を訪れ、改めてこの会について尋ねてみた。

――ひばりヶ丘民主主義を守る会には、どういうきっかけで入られたのですか。

山本　当時、私は世田谷区立玉川中学校の教師をしていました。金沢嘉市《かいち》が教頭で来たとき、彼に声をかけられて（岸信介内閣が実施した）教員の勤務成績の評定に反対する民主化闘争に加わった。一九五四年に中学校の教師になる前から、国立教育研究所（現・国立教育政策研究所）で民主化闘争をやっていましたからね。こうした長年にわたる闘争の経験があったので、民主主義を守る会にも結成当初から参加しました。

――六〇年安保闘争には加わりましたか。

山本　国会の周りをぐるぐる回ったり、人と手をつないで横一線になって歩く「フランスデモ」をやったりしました。あのころ私たちが騒いでいたのは、安保の本質がよくわからなかったからで、民主主義を守る会に入ったのも、活動しながら感触を得ようとしたからじゃないかな。

――奥様の幸世さんも一緒でしたか。

山本　女房のほうが動くのが早かった。だからといって、私が活動したのは強いられたわけではないけれどね。団地ができてすぐ、私たち二人は四階建のフラットタイプである69号棟の一階に入居しました。そこでさっそく女房が始めたのが、同じ号棟の人だけで集まって、毎月一回食事をつくる「最寄りの会」。そうやって少しずつつながっていった。

――民主主義を守る会の印象はどうでしたか。

山本　あの頃のことを思い出すのはもう大変だよ。当時はもっぱら夜行性で、団地には北集会所と南集会所があったけれど、よく北集会所に顔を出していました。あそこに集まっていたのは面白いヤツが多かったね。毎晩のように議論しました。浴室も集会所にあって、夜も遅くまで使えたしね。よく一緒だった学校の先生は、山村ふささん。愛車のスバル360に、毎晩のようにふささんを乗せて、月を愛《め》でていました。

――社会党系と共産党系の人たちが、会にはいたと思うのですが。

山本　そうです。肌合いが違いました。しかし部外者の私から見ると、対立していたわけではなく、生活は交錯していました。

――『守る会ニュース』1号（六一年七月二十九日発行）によると、山本さんは第三ブロックの運営委員と、雑誌『ひろば』の編集委員になっています。また『守る会ニュース』21号（六二年十二月一日発行）によると、六二年十一月の総会で「健康と生活部会」「地方自治体研究部会」「平和問題部会」「教育問題部会」の発足が決められ、山本平さんが「平和問題部会」と「教育問題部会」に、山本幸世さんが「地方自治体研究部会」に属しています。大変なご活躍ぶりがうかがえます。

山本　誰がそんなものに私の名前を書いたんだろうね。平和問題部会？　なんでそんなところに顔を出したのかね。

――幸世さんは、民主主義を守る会ばかりか、自治会の発足当初から役員となり、婦人対策部に所属していましたね。

山本　当時、女房は三井礼子さんらとともに『現代婦人運動史年表』をつくっていました（六三年に三一書房より刊行）。三井さんも女房も、女性史研究会のメンバーでした。

――『ひばり』（自治会会報誌）や『守る会ニュース』を見ると、民主主義を守る会では山本幸世さんや山村ふささんのほかにも、不破哲三さんの妻に当たる上田七加子さんなど、団地在住の女性が積極的に活動していたようですね。

山本　それはその通りですね。

山村ふさは一九一九年の生まれで、山本平よりも四歳年長であった。日教組本部書記次長であった五七年にポーランド、ソ連、中国を歴訪し、『ひばりヶ丘保育しんぶん』第一九号でワルシャワの保育所を視察したときの模様を書いていたことは、第八章で触れた。六〇年安保闘争では、山本平と同様、「一日も欠かさずデモに参加しデモ行進のほかに全国から集まった機動隊の精鋭と対峙してシュプレヒコールを叫ぶ先頭にいた」（山村ふさ、筒井忠勝『カサビアンカ物語　山村ふさ九十年の軌跡』、三重県退職女性教職員の会、二〇〇九年）。

山村は、一九六〇年にひばりヶ丘民主主義を守る会に加わったとき、日教組教育文化部長であった。「各教科全部に出席する部長のふさは、いつも十二時二十分の西武池袋発の西武電車でひばりヶ丘の住まいに夜中に帰宅する毎日だった」（同）。この記述は、山本平の回想とはくい違っているが、山村は六一年に教育文化部長から社会保障部長に転任となっているから、山本と山村が活動をともにしたのは、それ以降だったのかもしれない。

六二年に新日本婦人の会ができるに際して、山村は故郷の三重県に帰り、県内で会の結成を精力的に進めている。それは、山村が理想とする「婦人の新しい横断的大衆組織」（山村ふさ、田沼肇「婦人運動における労働婦人の役割」、『思想』六一年四月号所収）が実現するように見えたからであった。だが、六三年の総選挙で会が中央の決定に従い、共産党候補を推薦するに及んで、山村は強く反発した。「特定政党の支持団体にはならないというふさの主張は入れられず一歩、身を引いた。むしろ離脱の方が正し」かったという（前掲『カサビアンカ物語　山村ふさ九十年の軌跡』）。

山本平や山本幸世と山村ふさが親しかったのは、社会主義に対する共感をもちながら、特定の党派に偏らない姿勢を保ち続けた点で、共通するものがあったからではないか。

ひばりが丘団地がある保谷町、久留米町、田無町のうち、田無町では旧中島飛行機社宅の柳沢住宅につくられた自治会「睦会」や「柳沢婦人クラブ」を母体として、「自分たちで学び、少しでも社会の役にたつ活動をする真に自主的な婦人会をつくろう」と、五七年に「どんぐり会」が結成された（新井智一「東京都田無市・保谷市における女性によるローカルな自治の追求」、『埼玉大学紀要　教養学部』第四四巻第一号、二〇〇八年所収）。どんぐり会は原水禁運動や六〇年安保闘争に加わり、安保闘争を機に「政治の仕組、やり方をより民主々義的なものにかえていく」ことを決意し、六二年に機関紙『田無どんぐり』を発刊した（同）。

どんぐり会に属する女性たちもまた特定の党派に属していなかったように、彼女らの政治的立場はひばりヶ丘民主主義を守る会の山村ふさや山本幸世に近かったと思われる。山村は、「保谷、田無、久留米の町別の懇談や活動は国民年金問題の経験を生かし、町の政治を変えてゆくためにどしどし発展させていきたいものですが、とくにこれには団地族中心の殻をやぶって、ひろく夫々の町に多くの会員を得ることが大切ではないでしょうか」（『ひろば』第二号、六〇年十月二十日）と述べている。だが、どんぐり会の会員がひばりヶ丘民主主義を守る会の会員になったり、どんぐり会とひばりヶ丘民主主義を守る会の間に交流があったりしたことを確認できる史料は、管見の限り残っていない。

田無町では、どんぐり会のほかに、安保改定に反対する女性の居住地組織として、六〇年七月に「田無民主婦人会」が結成された。この会とひばりヶ丘民主主義を守る会の関係もわかっていない。六二年に新日本婦人の会ができると、田無民主婦人会にも「特定の政党の主張が生のまま持ちこまれ、そのため会の運営がマヒせざるを得ない状況に追いこまれ」、同年十一月に解散のやむなきに至っている（『田無市史』第二巻　近代・現代史料編、田無市、一九九二年）。

山本平と山村ふさの間に育まれた友情は、長くは続かなかった。前述のように六二年には、山村が三重県教組執行委員として、故郷の三重県伊勢市に帰ることになったからである。『守る会ニュース』16号（六二年七月二十三日発行）には、「山村さん送別の会の件」として、「8月4日(土)　北集会所　8時より　全員に呼びかけ、有志で行う　会費50円（記念品代を含む）」とある。こうした人物が欠けた上、新日本婦人の会が支部や班をつくり、団地に進出したことは、もともとあったひばりヶ丘民主主義を守る会の党派性、さらにいえば前に見たような日本共産党のイデオロギーを強める要因となった。

ひき続き、山本平に聞いてみた。

――『守る会ニュース』18号（六二年九月二十二日発行）には、「会員がある点からほとんどふえず、しかも会の出席者の顔ぶれがその一部にほとんど固定されてしまった」とありますが、森岡清美ほか「東京近郊団地家族の生活史と社会参加」（前掲『社会科学ジャーナル』第7号所収）によると、一九六五年八月の時点で、民主主義を守る会はまだ五十人を超える住民からなっています。民主主義を守る会というのは、いつまで続いたのでしょうか。

山本　はっきりとはわからないね。いつ終わったかは特定できないと思うよ。潮の引いてゆく時期を見極めるのは難しい。

――山本さんが団地に住んでおられた一九五九年から六七年までの八年間で、党派の力が強くなったとは言えませんか。

山本　いまから思えばそう言えるかもしれないね。六七年に引っ越したのは、団地が狭かったからだけれど、社会党や共産党に対する違和感もあったかもしれない。うちみたいに、団地から日生住宅に引っ越した人は、人形芝居など文化活動に力を入れている人が多くて、そこには党派的な人はあまりいませんでしたね。

北多摩郡久留米町の場合、ひばりが丘団地に続いて六二年に東久留米団地（二千二百八十戸、全戸賃貸。現・グリーンヒルズ東久留米）、六七年と六九年に久留米西団地（千九百四十二戸、全戸賃貸）、六八〜七〇年に滝山団地（三千百八十戸、うち分譲二千百二十戸、賃貸千六十戸）と、六〇年代に次々と大団地が建てられた。このうち、久留米西団地だけが東京都住宅供給公社によるもので、あとはみな日本住宅公団の団地であった。

それとともに、久留米町の人口も急増する。「毎年七%、約八千人の人口ラッシュである。そのほとんどが団地で代表される。公団東久留米団地、ひばりヶ丘団地、そして〔昭和〕四三年度に完工予定の前沢公団々地……。この時にはこの町の人口は八万人にふくれる」（『日本だんち新聞』六七年五月二十日)。「前沢公団々地」は滝山団地のことである。七〇年に久留米町の人口は約七万八千人となり、日本で最も人口の多い町となった。

ところが、転入した世帯の多くは、必ずしも久留米町に住みたくて転入してきたわけではなかった。町長の藤井顕孝《けんこう》は、こう述べている。


おかしな町でしてね。固定資産税を払っている古い町民はこの町の三分の一です。残りの三分の二は団地の町です。土着の人が少なくて、新しい町民ばかりの町になったのですから、何につけてもやりにくい。団地の人は、別に久留米町がいい。久留米町に住みたい。といって移住してきた方とは違うんですヨ。ただ申込んだ団地が抽選で当って、引っ越してきたというい わば根なし草とでもみられる町民です。(同)

一九六六年四月に東急田園都市線の溝の口―長津田間が開通し、本格的な開発が始まった多摩田園都市の一戸建に住む人々であれば、たとえ通勤や通学に不便であろうが、東急沿線の住宅地に住みたくて引っ越してきたに違いない。例えば、千住博、明、真理子きょうだいの母親である千住文子は、「[米国から]帰国後[一九六九年]、私たちは、今度は神奈川・横浜の郊外に小さないいいい家を建てた」(『千住家にストラディヴァリウスが来た日』、新潮社、二〇〇五年。傍点引用者)と述べている。「横浜の郊外」とは、東急が分譲した田園都市線青葉台駅近くの桜台住宅地のことである。

一方、久留米町の団地住民は、藤井も述べているように、西武沿線に魅力を感じていたわけではない。むしろ逆であったことは、前述した西武運賃値上げ反対運動を見ても明らかだろう。日本共産党系の団体、文化団体連絡会議の幹事であった滝いく子は、三十回目の応募にしてようやく当たった団地が西武沿線の小平団地で、人気の高い中央線沿線に近く、「捨てるには惜しい」から入居した（前掲『団地ママ奮戦記』）。

藤井顕孝は、保守系の町長であった。「何につけてもやりにくい」というのは、団地ができるとともに自民党が弱くなり、日本共産党が勢力を拡大していったからでもある。

六〇年代の久留米町では、衆議院議員総選挙のたびに、共産党の得票率が着実に上がっていった。すなわち、六〇年には六・八％だったのが、六三年に八・七％、六七年に一二・四％、そして六九年には二一・三％と、三倍以上に達し、共産党が自民党や社会党の得票率を上回り、第一党となった清瀬町の二七・〇％と肩を並べるまでになったのである（『衆議院議員選挙の記録昭和35年11月20日執行』、東京都選挙管理委員会、一九六一年、『衆議院議員選挙の記録昭和38年11月21日執行』、同、一九六四年、『衆議院議員選挙の記録昭和42年1月29日執行』、同、一九六七年、『衆議院議員選挙の記録昭和44年12月27日執行』、同、一九七〇年のデータによりそれぞれ算定）。

この時期の東京で、最も人気のあった共産党の政治家は、議長の野坂参三であった。一九五六年から七七年まで、東京地方区選出の参議院議員をつとめた野坂は、総選挙でも団地を回り、共産党候補者への支持を訴えた。例えば六七年の総選挙では、投票日の六日前に当たる一月二十三日にひばりが丘団地を訪れたが、「団地の主婦たちは、『ほかの候補がきても、団地では人がでてきて聞くなんてことはないのに、こんなに集まるなんて』と共産党への支持の高まりについて話していました」（『赤旗』六七年一月二十四日）という。

なお余談ながら、六二年に生まれ、ひばりが丘団地に六五年まで住んだ私が最初に覚えた人名は、母親によれば野坂参三だったという。野坂がトップ当選した六五年の参院選では、何度も団地に来たというから、このときに覚えたのかもしれない。

六〇年代に統一地方選挙の一環として行われた久留米町議選でも、総選挙と同様の傾向が見られた。

六三年にひばりが丘団地から出馬して当選したのは、初代の自治会長をつとめた長山猪重（3号棟）と、元主婦の会代表の成瀬瑛子（47号棟）で、どちらも無所属であった（『久留米広報』六三年五月一日）。このときの統一地方選挙で町村議会議員となった女性は、全議員のわずか〇・六％にすぎなかった（縫田曄子編『婦人参政資料集一九八七年版　全地方議会婦人議員の現状』、市川房枝記念会、一九八七年）。小学校建設を唱える母親たちの支持により当選した長山は、六四年に久留米町立第五小学校（現・東久留米市立第五小学校）を開校させている（『ひばりヶ丘団地自治会40周年』、ひばりヶ丘団地自治会、二〇〇一年）。

ところが六七年の町議選になると、ひばりが丘団地から出馬した候補者のうち、最も多くの票を集めたのは日本共産党の高橋守一（2号棟）で、日本社会党の大原歌子（11号棟）がこれに次ぎ、無所属の長山猪重は最下位で辛うじて当選、同じく無所属の成瀬瑛子は落選という結果になった（『久留米町議会だより』六七年五月三十日、『選挙の記録』東久留米市選挙管理委員会、一九六八年）。

このとき、共産党の選挙活動の責任者となったのは、上田七加子であった（前掲『道ひとすじ』）。新日本婦人の会の組織票は大きかったに違いない。町村議選全体を見ても、「自民一二八減、社会二、民社三、と僅かの増を見る中で、共産党は実に六一の増を示し」たという（高田なほ子「今日の婦人議員像―その役割」、『月刊社会党』一二六号、一九六七年所収）。

久留米町議選を含む統一地方選挙が行われた六七年四月、「日本共産党の団地政策」（『前衛』一九七二年九月臨時増刊号所収）が発表された。「団地居住者がさまざまな問題にぶつかるのは、もとをただせば、自民党政府がこれまで一貫してとりつづけてきた反人民的な住宅政策にありま す」として、具体的対策としては、当面公営住宅を主とする安い家賃の住宅を年百万戸以上建設すること、団地には私鉄バスではなく、公営バスを走らせること、自治会により集会所を民主的に運営すること、公営、公団住宅の家賃値上げに反対することなどを提案している。「公団住宅建設には、しばしばひともうけをたくらむ私鉄大会社などが背後にあり、また土地買収をめぐり汚職・腐敗をひきおこしている」という一文は、西武に対して向けられたものだろうか。

そもそも、中間層の持ち家取得を推進する自民党に対抗して公営住宅の大量建設の必要を主張したのは、日本社会党であった（前掲『住宅政策のどこが問題か』）。首都圏や大阪圏などに大団地が次々に建設されていた六三年には、自民党全国組織委員会が「最近の選挙結果から集計すると、〔昭和〕四十三年には得票率は自民党が四六・六%、社会党は四七%となり、自民党は第一党の座を譲らなければならない」（『読売新聞』六三年十一月三日）と予測している。

もちろん、この予測は外れた。しかし六〇年代後半になると、社会党に代わって共産党が団地に進出し、団地政策まで発表するようになるのである。団地が増えることで革新勢力が伸びるという点では変わらなかったわけだ。自民党副幹事長の瀬戸山三男は、「賃貸団地は革新票の巣。

あんなものをふやす必要はない」「賃貸の団地づくりは革新票を育てるようなもの。保守的な人間をつくるには持ち家政策を推進する以外にはない」というのが持論であった（『毎日新聞』六七年二月二十四日）。

ちなみに、後に団地で共産党と激しく票を争うことになる公明党の支持母体、創価学会が団地部を結成したのは七三年六月であり、団地部の第一回大会を開いたのはさらにその五年後に当たる七八年六月であった（『聖教新聞』七八年六月二十六日）。不破哲三は、「僕が団地にいたときはね、公明党、創価学会というのは、ほとんど問題にならなかったし、日常ぶつかることもなかったですね」（二〇〇八年六月二十七日インタビュー）と回想している。

前掲「日本共産党の団地政策」で共産党がとりわけ重視したのは、「団地管理の民主化」をはかるべく、団地の自治会に党の勢力を拡大させることであった。

公団当局は「管理」に名を借りて、集会の許可制、掲示ポスターの検印制などで、自治会活動、民主的なサークル、民主団体や政党の活動を制限し、妨害しています。とくにほとんどの団地では、政党の集会所使用を禁止し、政党活動の自由に不当な圧迫をくわえています。また共益費の運営について住民を参加させないなど官僚的、高圧的態度をとっています。（中略）

こうして団地自治会を、当局の御用団体、ないしは自民党の支配する反動的な自治体の下請け町会のようなものにかえようとする策動があらわれています。このような団地生活にたいする官僚的な管理、自治会の自主的・民主的発展にたいする妨害に反対し、団地における住民の民主的権利をまもらなければなりません。自治会の活動、民主的サークル、団体、政党の活動の自由がまもられなければなりません。

これ以降、ひばりが丘団地では、民主主義を守る会ばかりか、自治会でも共産党が本格的に進出してゆくことになる。

六八年度のひばりヶ丘団地自治会では、「活動の主体を婦人におくという方針」のもと、役員二十人のうち女性が十二人を占めたほか、初めて女性の事務局長が誕生した。通勤に時間をとられる男性と比べて、専業主婦は家電製品の普及に伴い、家事の時間が大幅に短縮され、ひばりが丘団地では「平均して3時間54分も余暇時間をもっている」（前掲「東京近郊団地家族の生活史と社会参加」）とされたことが要因としてあげられよう。

しかし他の団地と比較すると、自治会役員への女性進出はむしろ遅いくらいであった。

例えば大阪府枚方市の香里団地では、早くも六一年に「自治会役員の重要ポストにできるだけ婦人をあてて、婦人を主体としたものに体質改善する」（『香里団地自治会新聞』六一年十二月十三日）という改善案が出され、六二年三月の役員選挙では、全役員の九割を女性が占めるに至った。また、千葉県船橋市の高根台団地（現・アートヒル高根台）では、六三年七月に新日本婦人の会高根台班に属する光成秀子が自治会会長となっている（『たかね』六三年八月二十六日）。東京都日野市の多摩平団地（現・多摩平の森）でも、六六年度には自治会役員二十三人のうち十一人が女性となり、「役員のうち半数を婦人が占めていることは、団地の自治会活動がなんといっても昼間家庭にいる主婦が主体になることが長年の懸案であっただけに、これからの活動が期待されます」（『多摩平自治会ニュース』六六年五月三日）とされた。

ひばりヶ丘団地自治会で事務局長となった生田功子は、新日本婦人の会田無支部に属しており、共産党系であった。ほかにも、副会長の高橋守一は前述のように共産党員で久留米町議であった。一方、常任委員の大原歌子は社会党員で久留米町議、同じく常任委員の田中浜一は社会党員で保谷市議であった（『ひばり』六八年四月二十七日、『市議会報保谷』六七年五月二十五日）。社会党が常任委員にとどまったのに対して、共産党は副会長と事務局長という重要ポストを占めたわけである。

なお、自治会の発足当初、広報部兼自治会協議会常任委員だった不破哲三は、民主主義を守る会でもベルリンの壁が建設された「ドイツ問題」について報告したり、防衛庁が伊豆七島の新島に設置を計画したミサイル試射場に反対する「新島基地反対闘争」に取り組んだりした。山本平は、「記憶では、私の留守中に不破君なんかが集まって『新島基地反対』の資料を作っていたよ。うちにそれが積み重なっていたから」と回想する。

しかし、前掲『不破哲三　時代の証言』で、「〔ひばりが丘団地に住んでいた〕大部分の時期は、団地内外の活動は妻が主役、私の方は団地の多くの男性組とともに応援団役に徹することになりましたが」と述べているように、不破はしだいに民主主義を守る会や自治会から手を引くようになる。

不破哲三は六三年、常盤平団地に住んでいた上田耕一郎とともに、「現代トロツキズム」や構造改革派、あるいは鶴見俊輔ら『思想の科学』グループに対する批判を『マルクス主義と現代イデオロギー』上下（大月書店）にまとめて出版し、六四年からは上田とともに党専従となり、代々木の党本部に通うなど、共産党の理論的主柱として活動するようになる。つまり、忙しくなって団地の活動どころではなくなったのだ。

不破は六六年二月から四月にかけて、共産党代表団の一員として、北ベトナム、中国、北朝鮮を初めて歴訪している。団長は書記長の宮本顕治で、上田耕一郎も同行した。当時、上田はすでに常盤平団地から国立市に移っていたが、団地とのつながりを保っており、帰国後は上田が属していた「常盤平市民の会」に呼ばれ、団地で講演している（『ときわだいら』六六年六月二十五日）。一方、不破が民主主義を守る会でそうした講演をしたという記録は残っていない。

六九年三月、不破は衆議院議員総選挙で東京六区から立候補するのに伴い、墨田区の押上《おしあげ》に引っ越した。「団地の人たちからは『選挙に出るので引っ越しをする』と言ったら、候補者になるのはうちの妻〔上田七加子〕だと思っていました。妻は団地の自治会やPTA、女性運動などの活動をずっとやっていたからです」（前掲『不破哲三　時代の証言』）という不破の回想

ひばりが丘団地にある、自治会の集会所（撮影＝新潮社写真部）

は興味深い。

自治会が共産党主導になるにつれ、住民からは自治会に対するさまざまな不満の声が寄せられるようになった。こうした声にこたえるべく、「発行部数三千部」(『週刊言論』六六年十月二十六日)の『ひばり』六八年四月二十七日には、「自治会はみんなのもの　特定政党とは無関係」と題する問答集が掲載されている。


〈問〉自治会役員で特定の政治活動をしている人が多いんじゃないですか。

〈答〉多いか少ないかの判断は別として、自治会役員といえども国民の基本的権利として政治活動する自由はもっていますから、どんどんやってかまわないのではないですか。問題は自己の政治活動のために自治会を利用することがあってはならないということです。

〈問〉しかし実際には利用している人がいるのではないですか。

〈答〉利用しようと思っている人がいるかどうかはしりませんが、ここの自治会はそれを許さない伝統があります。たとえば会の規約にはありませんが、選挙に立候補しようとする人は事前に役職を止《や》めてもらうという習慣さえあります。また会として特定候補者を応援したことは一度もありません。

〈問〉ある党に属する議員が自治会の役員になることは問題ではないですか。

〈答〉自治会役員は居住者なら誰でもなる資格があります。議員でも〇〇党員でも××党員でも、また〇〇党を支持する人もしない人も、それは各個人の自由であって、自治会そのものとは関係はありませんし、自治会役員の権利と義務はすべて平等です。

〈問〉現実にはいまの自治会がある政党に利用されていると思っている人がいますが。

〈答〉それは多分、役員の中に○○党が多いとか××党がいないとかの判断からそう思うのでしょうが、結論的にいうとそういう考え方の方が偏見といえます。毎年自治会総会では役員のなり手がいなくて困っているのです。立候補者なんかほとんどいません。ですから、みんなが会の活動に参加し、各個人の政治的立場ではなく、全居住者の立場で民主的に運営しようと呼びかけているのです。

〈問〉そうすると、ある政党が自治会をのっとろうとして役員をその人たちで占めてしまうという危険がありますね。

〈答〉そういうことをする政党はないと思いますが、やろうと思えばできるような自治会にまずしてはならないと思います。


たとえ市議選や町議選に立候補する前に役員を辞めても、当選して役員に復帰することはできたわけである。自治会の役員に共産党や社会党の市議や町議が含まれていること自体は問題でなく、役員が「特定の政治活動」を行うのは、政治活動のために自治会を利用することがない限り、「どんどんやってかまわない」という。結局、〈問〉の疑念を払拭しているように見えながら、その疑念を追認するような〈答〉になっている。

ちなみに、香里団地では、六三年の市議選に無所属で立候補した自治会会長の武知正男が、「枚方市はじまって以来という二千四十二票の大量得票で、初の団地市議に当選した」(『香里団地新聞』六八年十一月一日）のに伴い、「市議になって会長をつづけることは、好むと好まざるとにかかわらず、自治会が武知ワンマンパーティを強める結果となる」（同）として、会長を辞職している。一方、常盤平団地や多摩平団地では、ひばりが丘団地と同様、日本社会党や日本共産党から市議選に立候補して当選した峪《さこ》二葉や北村文芳が、そのまま自治会の役員になっている（『ときわだいら』一九六二年十二月二十日、『たまだいら　多摩平自治会20年史』、多摩平自治会役員会、一九八〇年）。ここには、同じ公団住宅でも、関西と関東の政治意識の違いが反映されているのかもしれない。

自治会に共産党が本格的に進出すると、首都圏の団地では「アカ攻撃」が活発になった。例えば、光成秀子が自治会会長となった高根台団地では、この人事を「自治会の左翼支配」と見る役員がいたほか、自治会が水道料など公共料金の値上げ反対に立ち上がるたびに中傷や妨害があった（杣《そま》正夫「団地社会の政治態度」、『都市問題研究』第16巻第5号、一九六四年所収、城侑《すすむ》「手をとりあう婦人たち―暮らしのなかで」、『月刊学習』152号、一九七三年所収）。滝いく子が自治会会長となった小平団地でも、「団地は狙われている」というビラが全戸に配布されたが、そこには「新日本婦人の会と称するもののように文化運動の仮面をかぶった党外組織の党グループによって、現に発足して七カ月の当団地自治会幹事会は代表者を含む約半数の幹事（役員）が赤化されています」（前掲『団地ママ奮戦記』）と書かれていた。

ひばりが丘団地では、自治会に対する不満はあっても、ここまでの「アカ攻撃」は見られなかった。だが、自治会で活躍しながら、共産党の勢力が強くなるとともに団地を離れた女性もいた。自治会の婦人対策部、文教部、広報部を歴任した山本幸世はその一人であった。

山本幸世が山本平とともにひばりが丘団地で力を入れて取り組んだのは、子供のための文庫を開設することであった。山本幸世は、「自治会文教部を背景に、二人とも自治会文庫を大人とこどものために生み出す作業に参加していた」（山本幸世編『けやきこども文庫の記録と回想―二十三年六ケ月』、私家版、一九九三年）と述べている。

そのモデルとなったのは、練馬区立北町小学校教諭で、団地の104号棟に住んでいた斎藤尚吾が始めた「たんぽゝ文庫」であった。北町小学校で全校読書運動に取り組んでいた斎藤は、はじめは自宅で、次に集会所で親が子に本を読み聞かせる文庫をつくった。そして六七年に退職するや、日本親子読書センターを設立した（斎藤尚吾『點燈集《てんとうしゅう》―読書運動の旅』、書肆にしかわ、一九八八年）。

山本平と山本幸世は、六七年に南沢の日生住宅に引っ越し、「二坪弱の建ましをしてL字型の一三畳ほどの部屋」をつくり、七〇年六月に「けやきこども文庫」を開設した（前掲『けやきこども文庫の記録と回想―二十三年六ケ月』）。

本章の冒頭で見た集会部屋は、けやきこども文庫として増築されたものであり、門の横にあった「文庫のお知らせ」は、けやきこども文庫を利用する子供たちのために掲げられたものであった。山本平は、「うちの女房がやっていたけやき文庫のような文化活動に結集した、割に若いお母さんたちは党派的な運動とは違った。うちに来る人たちは、あまり党員はいなくて、一種のニュートラル・ゾーンだったかもしれない」と回想している。

六七年四月に団地政策を発表した日本共産党は、参院選の迫る六八年四月、『赤旗』紙上で党幹部と千里ニュータウン、高根台団地、埼玉県草加市の草加松原団地などの代表を集めて、「住みよい団地をつくるために」と題する座談会を開催した。そのなかで、日本共産党中央委員会幹部委員で、東京地方区から立候補することになる米原昶《いたる》は、次のように述べている。

　重大なことは、いままでの日本は家屋に個別的に住んでいたでしょう。これを基礎にして一種の封建的な風習がぬけなかったのです。そして町には町内会があり、自治会ではなく自民党の拠点になっていました。

　ところが、団地は新しいスタイルで、一つの建物のなかに何人も住むという形になり、大体が勤労者です。だから、とくに封建的な風習を破っていく条件があります。勤労者を居住地で組織していくのに、こんないい条件はありません。意識的にとりくめば非常に大きな力に、なっていくのではないかと思います。

　日本の住宅習慣そのものが長い封建的な家父長制の風習を残し、反動勢力が地域に根をはり、居住のなかまで支配していたのが、団地から破られていくのではないでしょうか。これら団地の経験はいままでの居住地にも持ちこまれてきています。そういう意味でこんどの共産党がのびていくためにも団地は非常に重要なところではないかと思います。(『赤旗』六八年四月九日)

米原がこう述べる背景には、当時のチェコスロバキアや東ドイツなどの社会主義国に建設されたニュータウンを「まったくみごとで理想的な都市」(同)だと見なす考え方があった。その確信は、米原自身が五九年から六四年にかけて、プラハのアパートに住んでいたことに由来していた。なお、プラハでの生活の一端は、娘の米原万里が著した『嘘つきアーニャの真っ赤な真実』（角川書店、二〇〇一年）に描かれている。

参院選で米原を支持する岩崎博は、「米原必勝のためには、いうまでもなく労働者階級の多数の支持をえなければなりません」と述べている（「米原・小笠原必勝へ　東京・三多摩の活動」、『前衛』六八年五月臨時増刊号所収）。だが、日本共産党が労働者階級のための政党たらんとするなら、公団の団地よりも、都内に激増しつつあった木造賃貸アパートにこそ注目しなければならなかったはずである。なぜなら、社会学者の橋本健二が指摘するように、団地に住んでいたのは労働者階級ではなく新中間階級であり（『「格差」の戦後史―階級社会　日本の履歴書』、河出ブックス、二〇〇九年）、「低所得層は家賃の安い公営住宅に競争率が高くてなかなかはいれず、公団住宅には収入不足で入居資格がなく、割高の家賃を払いながら、狭くて質の劣る木賃アパート暮しを余儀なくされている」（『朝日新聞』六八年七月十一日）現状があったからだ。そのせいか米原も、労働者ではなく、日本住宅公団法の第一条に出てくる「勤労者」という言葉を使っている。

団地も木賃アパートも、「一つの建物のなかに何人も住むという形」自体は変わらない。しかし米原に言わせれば、「封建的な風習を破っていく条件」は公団の大団地にこそあるのであって、木賃アパートにはない。ここには、米原が絶賛する社会主義国の集合住宅と団地の類似性が、図らずも見てとれる。その意味で当時の共産党は、古典的なマルクス主義よりはむしろ、同時代の社会主義国の住宅から影響を受けているといえる。

六九年の都議選を前に、共産党都委員会委員長の紺野与次郎は、「私たちは基地をなくすというのが大多数の都民の声と思っているわけですが、現在不足している百万戸以上の住宅を建てるにしても、基地をなくせばそのうちの四十万戸は、広場や学校や文化施設を備えた総合的な団地としてすぐ建設できるんです。ところがいま都民は江東の過密地帯や、中央線、山手線沿線の木賃アパート群に、地震災害の危険にさらされて住んでいる」と述べた(『読売新聞』六九年六月二十六日)。木賃アパートでなく団地という発想は、米原と共通する。

豊島区、中野区、新宿区など、「中央線、山手線沿線の木賃アパート群」に多く住んでいたのは、共産党の家族よりはむしろ、地方から上京してきた青壮年労働者や、同じく進学率の上昇に伴い上京してきた大学生であり、その中には民青の勢力が強い学生自治会に加わる者がいる一方、新左翼や全共闘に加わる者も出てきた(「金の卵」と呼ばれた若年労働者は、木賃アパートにすら住めず、親方の自宅に住み込む率が高かった)。

前掲『1968』上下は、新左翼や全共闘に焦点を当てた大作である。しかし、小熊英二によるこの著作は「1968」=「政治の季節」を新左翼や全共闘に代表させることで、政治勢力としてははるかに大きい既成左翼の動向をほとんど無視するか、せいぜい新左翼や全共闘の対抗勢力としか見なさない結果を招いてしまっている。

その背景にあるのは、団地に代表される核家族向けの住宅を「私生活主義」の拠点と見なす考え方ではなかったろうか。小熊は前掲『〈民主〉と〈愛国〉』で、「〔七二年の〕連合赤軍事件を契機として、『政治の季節』は終わり、高度経済成長のなかで広まっていた生活保守の流れが最終的な定着をみはじめていた。こうして、『私』の優先という新たな『戦後思想』は、『戦後』の終わりとともに出現したのである」と述べている。

確かに、六八年から六九年にかけての学園闘争は、団地に何の影響ももたらさなかった。ひばりヶ丘民主主義を守る会ばかりか、香里ヶ丘文化会議、多摩平声なき声の会、常盤平市民の会など、あちこちの団地で市民団体が生まれた六〇年安保闘争とは、この点で対照的であった。だが、「政治の季節」の裏側で、団地を舞台に進行しつつあったもう一つの「政治」に注目しなければ、この時代の東京をとらえたことにはならないだろう。

もっとも、新左翼や全共闘に人気のあった羽仁五郎に言わせれば、共産党のように、団地の自治会に着目するだけではまだ足らない。羽仁は「新しい団地に発展しつつある自治会組織、それは保育所、幼稚園の設置、し尿、ゴミの処理などの特定の目的の実現のために結成されるものが多いが、こうした機能団体こそ、活用の如何では、自治強化の近道ではなかろうか」という吉富重夫（大阪市立大教授）の文章を引き合いに出しながら、こう注文をつけるのだ。「団地の民主化は、公団を廃止し、団地を公団の手から都市自治体の手にとりもどさなければならない」（『都市の論理』、勁草書房、一九六八年）。マルクス主義歴史学者で、久留米町南沢学園町六二七に住んでいた羽仁五郎が理想とした都市自治体は、「人民の直接的民主主義」を原則とする「パリ・コンミュン」であった。

「団地族」（『週刊朝日』五八年七月二十日号）という言葉に象徴されるような団地に対する羨望は、それから十年もたつと薄れつつあった。とりわけ、一九六六年の住宅建設計画法の制定に伴い、戸数と持ち家に傾斜した政府の住宅政策に対応して、公団が建設戸数を増やした分譲住宅は、都心から離れた郊外ほど人気が低く、中にはこんな団地まで出てきた。

３ＤＫ五百十戸に、申込みは二百三十六人――日本住宅公団が六月末に募集した千葉市花見川の普通分譲住宅の希望者は、募集戸数の半分にも満たなかった。分譲住宅の人気は三、四年前の十倍、二十倍を頂点に下がりだし、最近は一・七倍にまで落ちてはいたが、募集戸数に満たなかったのは初めてだ。分譲住宅の不人気は、都心部からの距離、間取りの狭さにほぼ比例している。遠ければ広いものを、狭ければ近いものが望まれる。それが、ついに花見川で、入居者ががまんできる限界を越えたともいえる。しかも、これはやがて全国的な傾向になりそうだ。分譲住宅はもはや〝建てさえすれば〟の時代ではない。公団の戸数消化主義が、反省を求められる時代がやって来たのだ。（『朝日新聞』六八年七月六日）

この記事が掲載されたころ、西武沿線で最大規模となる分譲主体の団地が、公団によって久留米町に建設されようとしていた。

その団地は、結果としてこの記事の予測を見事に裏切り、久留米町でいえば、六七年に人口がピークに達して以来、衰退に向かうひばりが丘団地の、思想的後継者となってゆくのである。もうおわかりだろう――その団地こそ、滝山団地にほかならない。

第十四章　「ひばりが丘」から「滝山」へ2

東京都北多摩郡久留米町（現・東久留米市）の南西部に当たる大字《おおあざ》前沢、下里《しもさと》、田無、柳窪新田地区の多くは、もともと武蔵野の雑木林が広がる無居住地帯であった。

日本住宅公団は、一九六〇（昭和三十五）年からこの地帯の用地買収に着手し、六六年には土地区画整理事業の一環として、大規模団地を建設する認可を得た。土地区画整理事業というのは、公団所有の土地を隣接する土地の地主と共同で宅地用に開発する方式を意味する。

町長の藤井顕孝はこう話している。

　こんど、この町に八千世帯の前沢団地ができます。もちろん公団々地です。私はこんどの場合はいろいろ条件をつけました。団地の人が隣同志《ママ》つき合い、自然に親しまれるようにする。団地直属の農園をつくる。親せきや友人がきた場合に、すぐベット《ママ》が借《ママ》せるような空部屋もつくっておく。運動場や憩いの場所もただ芝生できれいにするだけでなく、大人も子供も、みんなが、とんだり、はねたり、寝ころんだり、気楽にできる場所もつくる。前沢団地の場合はある程度こんな条件も加味されたので、〔東〕久留米団地とは趣きのちがった、多少は住みよい団地ができると確信している。（『日本だんち新聞』六七年五月二十日）

この当時、滝山団地という名称はまだ決まっておらず、大字名の一つをとって前沢団地という仮称がつけられていた。東久留米団地とは、六二年十二月に入居が始まった全戸賃貸の総戸数二千二百八十戸の団地で、久留米町ではひばりが丘団地に次ぐ公団住宅のことだ。

藤井は、「ひばりヶ丘を例にみても、住民の五割以上、千五百世帯ぐらいの人は、最初に住んだ人とは違うんです。移動もかなりはげしい」（同）と言う。しかし第八章で触れたように、六五年の時点ではまだ八割あまりが入居後五年以上たっても転出していなかった。六五年十二月から六七年十二月までの入退居状況を見ても、団地内移動は九十一世帯、退居数は三百八十一世帯、合わせて四百七十二世帯であったのを踏まえれば、藤井の発言には明らかに誇張がある（『ひばり』六八年二月四日）。客観的なデータよりも、「希望してきた町ではない。これでどうして町を愛し、町の発展を真剣に考える方が多勢でてくるでしょうか」「公団も都も、家を建てるばかりでなく、永久に住みついてもらうような考え方になってもらいたい」（『日本だんち新聞』六七年五月二十日）という主観的な思いが、ひばりが丘団地や東久留米団地とは違った団地の建設を求める右の発言につながっているのだ。

もし八千世帯の団地ができれば、当時の日本では最大の団地になったはずである。しかし実際には、計画戸数は六千五百戸に減った上、一戸建の宅地分譲を増やしたため、団地に相当するのは「三千六百九十戸」（同）にとどまった。最終的にはさらに減り、団地の総戸数は三千百八十戸となる。それでも、ひばりが丘団地を四百戸あまり上回り、西武沿線の公団住宅としては最大規模となった。

なお、都営まで含めれば、六六年四月に入居が始まった北多摩郡村山町（現・武蔵村山市）の村山団地（現・都営村山アパート）の総戸数が五千二百三十戸で、西武沿線では文字どおり最大となる。

確かに、久留米町に「永久に住みついてもらう」ためには、団地よりも一戸建を増やした方が理にかなっている。しかし、ひばりが丘団地や東久留米団地で住民の移動が多いと見られたのは、全戸賃貸だからであった。定住型の団地をつくるには、なるべく広い分譲タイプを増やせばよかった。住宅建設計画法の制定に伴い、公団が六〇年代後半から分譲の戸数を増やしていったことは前章で触れたが、それは大都市圏の爆発的な人口増加が災いして住宅事情がなかなか改善されず、団地の人気が落ちないことに自信を得たからでもあった。

藤井は保守系の町長であった。ひばりが丘団地のように、全戸賃貸の大団地では住民の移動が激しく、共産党の地盤になってしまう。ところが、同じ団地でも「永久に住みついてもらう」分譲主体の団地ができれば、共産党の地盤にはならないという思いがあったのではないか。

藤井の思いが通じたのか、公団は六七年度の事業計画として、久留米町に普通分譲を七百戸、特別分譲を六百戸、合わせて千三百戸着工すると発表した（『日本だんち新聞』六七年六月十七日）。この戸数は、後に普通分譲六百四十戸、特別分譲七百六十戸に修正され、分譲の総戸数としては百戸増えて千四百戸となった。普通分譲は3DKと3LDK、特別分譲は3DKで、従来の2DK主体の団地よりは広くなっている。つまり、子供二人の四人家族を想定しているわけだ。

はじめに住宅の土地代を基準にした額（通常五十〜百万円）を一時金として支払う普通分譲で

は、一時金を準備するのが大変であった。このため特別分譲では、一時金の額を一律三十万円とし、最初の五年間のローン返済額も同じ型の賃貸の家賃なみに設定して購入しやすくした。特別分譲は、六七年にまず首都圏の七つの団地で建設された（『ニッポンダンチ』六七年一月一日）。『公団の住宅』六八年五月号では、普通分譲、特別分譲につき、それぞれこう説明する。

住宅の型式はいままで数多く建設されてきた分譲住宅タイプですが、内部の設備や仕上げに一層の改良がなされており、持家としてふさわしいものになっています。（普通分譲）

住宅の規模は、普通分譲住宅の3DKより多少小さくなっていますが、賃貸住宅で使用されている3DKをもとに分譲住宅用として新しく設計された型で、持家としてふさわしい内容をもった住宅といえましょう。（特別分譲）

どちらも、「持家としてふさわしい」とされているわけだ。一方、賃貸も2DKと3Kが半数ずつ建設されたが、その戸数は分譲よりも少なく、千六十戸にとどまった。最終的には分譲の総戸数が二千百二十戸にまで増えるから、分譲と賃貸の割合はちょうど二対一となった。

六八年度になると、団地の名称が滝山団地に決定した（『広報くるめ』六八年七月一日）。滝山とは、八王子市にあった小田原北条氏の城、滝山城に通じる道を意味する「滝山道」という地名に由来するとされている。滝山団地は、公団の三千戸以上の団地としては初めて、ローンによる分割払いを前提とする分譲主体の団地となるのである。

滝山団地の建設に際して藤井町長が付けた条件は、斬新なアイデアとなって現れた。滝山六丁目に相当する賃貸地区（1街区）、普通分譲地区（2街区）、特別分譲地区（3街区）のそれぞれを南北に貫く遊歩道を設け、徹底した人車分離を図ったのだ。「勿論一般の団地でも、配置設計上歩行者の安全は、主要なポイントとなっており、遊歩道が設けられていますが、ここでは、とくにそれがつよく考慮され普通の場合よりも広い歩道として計画されています。歩行者専用路は、勿論車の横断は出来ないようになっておりますので、歩行者は全然左右に気をつかうことなく、のびのびとここを歩けることになります。設計上もこの趣旨を生かして、なるべく楽しい歩道になるよう配慮されています」（『公団の住宅』六八年六月号）。

それとともに、「道の片すみにベンチを置き、植木を多く配置して、居住者により多くの憩いを与え、従来、いわれていた〝単なる寝る場所〟から〝楽しく生活する場所〟を作ろう」（『日本だんち新聞』六七年五月二十日）とした。遊歩道を団地内だけでなく、滝山地区全体に配置した「久留米住宅団地の計画」は、日本都市計画学会でも高く評価され、石川奨励賞を受賞している。

もともと中島航空金属田無製造所の跡地を利用していたため、敷地全体がいびつな形をしていたひばりが丘団地とは異なり、土地区画整理事業によって造成された滝山団地は、敷地が直線の道路で囲まれ、長方形に近かった。ひばりが丘団地のように、駅から出たバスが、行き違いすらままならない狭い路地に入ったり、くねくねと曲がった道路を走ったりすることもなかった。

こうした特徴が評価されたのか、滝山団地は「西武新宿線花小金井駅からバス8分または西武池袋線東久留米駅からバス12分」（同）という不便な場所にあったにもかかわらず、西武沿線住民の注目の的になった。六八年七月に行われた賃貸の抽選は平均二十三・九倍、九月に行われた特別分譲の抽選は平均九・三倍、十月に行われた普通分譲の抽選は平均五・三倍に達した（『毎

日新聞』六八年七月二十七日、九月十三日、十月五日)。

さらに、七〇年九月と十二月に行われた「第二団地」と呼ばれる滝山二、三丁目の普通分譲の抽選は、それぞれ平均六十七・五倍と七十八・二倍にまで跳ね上がっている(『赤旗』七〇年九月二十三日および『朝日新聞』七〇年十二月十五日)。

新所沢団地のように具体的な統計資料がないので確たることは言えないが、抽選で当たった人たちの中には、中野区や豊島区など、同じ西武沿線の木造賃貸アパートに住んでいた世帯が、とりわけ賃貸では多く含まれていたと思われる。しかしそれ以上に目立つのは、他の賃貸の団地からの転入組である。中でもひばりが丘団地では、「ことしは久留米の滝山団地へはなんと百三十名の方々が転出された」(『ひばり』六九年二月九日)という。その中に、小学校で私の同級生となる子供を抱えた家が少なからず含まれていたのは、第九章で触れた通りである。ひばりが丘団地と滝山団地は、入居している世帯から見てもつながっていたのだ。

かく言うわが家も、ひばりが丘団地、久米川団地と、西武沿線の賃貸団地を経て、六九年一月に滝山団地の普通分譲2街区(6-2-10)に入居した。友達や知り合いになった家の多くは、この両団地のほか、東久留米団地、草加松原団地、常盤平団地など、首都圏の全戸賃貸の大団地から転居してきた。

滝山団地に引っ越したとき、私はまだ六歳だったが、六十五平方メートルは広く感じた。久米川団地では和式だった水洗便所が洋式になり、浴槽は木製からホーローに変わった。玄関に続く廊下とダイニングキッチンを分けるガラス戸には、しゃれた曲線のデザインが施されていた。

団地内の公園も、ブランコやすべり台のようなお決まりのものだけでなく、巨大な船をかたど

現在の滝山団地。普通分譲2街区（撮影＝新潮社写真部）

ったコンクリートのオブジェや、長さも色もまちまちな鉄の棒など、それまでの団地にはない遊具にあふれていて、子供が考えて遊べるような工夫が凝らされていた。タイルが敷き詰められた各街区の遊歩道では、タイルの枠を利用してメンコが行われたり、タイルの滑らかな路面が好まれてローラースケートが行われたりした。自動車が入ってこない遊歩道は、公園とともに、子供たちの楽園であった。遊歩道も公園も常に歓声が響いていた。

しかし、子供の眼には、滝山六丁目の1街区、2街区、3街区も、あるいは滝山二丁目と三丁目の第二団地も、同じような外観に映った。賃貸と分譲、2DKと3K、3DK、3LDKの区別はあるものの、すべての棟が同じ五階建の階段室型で、ひばりが丘団地や久米川団地にはあったスターハウスやテラスハウスといった「例外」がなかったからである。作家の松田解《とき》子《こ》は、初めて滝山団地のバス停に降りたときのことをこう述べる。

バスを降りるとすぐ目の前から奥へと、まるで石の城といった感じの硬い線をそそりたてた鉄筋コンクリートの五階建が、むらがり建っているのを目にいれたとき、さてこのなかのどの号棟が目ざすMさんのお宅なのかと少し不安であった。(以下略。「こんなちっちゃな子を連れて……」、『月刊学習』一九七四年十二月号所収)

滝山団地内には、この滝山団地バス停のほか、西武バスが滝山三丁目、団地センター、滝山五丁目という三つのバス停を設けたが、どのバス停を降りても、遊歩道を中央に、各棟が左右対称に並ぶ風景が目に飛び込んできた。とりわけ普通分譲の2街区と特別分譲の3街区は、公園や管理事務所、集会所の位置までほぼ同じであった。

このころになると、西武沿線を含む東京西北部の武蔵野台地ばかりか、東京西南部の丘陵地帯にも公団の大団地が次々に建てられる。六七年十二月入居開始の鶴川団地(町田市)、六八年六月入居開始の左近山団地(横浜市旭区)、同年八月入居開始の町田山崎団地(町田市)などである。その延長線上に、七〇年代になって大々的に開発される多摩ニュータウン(多摩市など)がある。

これらの団地は、いずれも賃貸のほかに普通分譲ないし特別分譲の棟が建てられたが、滝山団地同様、少なくとも外見的には区別がつきにくかった。それでも丘陵地帯のためアップダウンがあって、たとえ五階建のフラットタイプを多く建設しても、地形的に同質的な風景は生まれにくかった。

滝山団地は、ほかの西武沿線の団地同様、平坦な台地の上に建てられた。その結果、団地住民ですら2街区と3街区を間違えてしまうほどそっくりな風景が現れたのである。この風景が、モスクワやワルシャワの郊外に通じることは第七章で触れた。

しかも滝山団地は、武蔵小金井駅、花小金井駅、東久留米駅から出る西武バスの終点に位置していた。そのため駅前の団地のように、団地住民以外の人々が流入することはなかった。

団地センターバス停の南側に当たる滝山四丁目では、公団から土地を購入した商店主が、団地への入居が始まった六八年からポツポツと店を開き始め、七〇年には「滝山中央名店会」を発足させた。それらの店は、生活に最低限必要な食料品店や電器店、理容室、食堂、クリーニング店、日用雑貨店、玩具店などばかりで、中央線沿線にあったような映画館、劇場、パチンコ店、古本屋などはもちろん、書店すらも当初はなかった。

ひばりが丘団地とは異なり、滝山団地には西友ストアーが進出してこなかった。その代わりに、スーパーヤマザキと二幸という二つのスーパーが、滝山四丁目に店舗を開設した。

六七年十二月に鶴川団地に1号店を開店させたスーパーヤマザキは2号店、六七年十二月に習志野台団地に1号店、六八年九月に花見川団地に2号店を開店させた二幸は3号店に当たっていた（『ひとつぶの麦から―山崎製パン株式会社創業三十五周年記念誌』、山崎製パン、一九八四年および『食品の二幸五十年の歩み―国際食品開発株式会社創立五十周年記念』、国際食品開発、一九七七年）。どちらも、東京郊外の大団地に照準を合わせたスーパーであった。

スーパーヤマザキは山崎製パンの子会社で、同社の武蔵野工場が久留米町内にあったことから、パンをはじめとする食料品類が充実していた。一方、二幸は新宿にあった食品デパートの分店で、ヤマザキよりも高級感があった。

しかしどちらも、団地住民のためのスーパーだったため、駐車場はなかった。メディア史学者の長谷川一は、自家用車を使う割合の高かった名古屋では、すでに七〇年代には自動車に乗り、スーパーに行く生活様式が定着していたのに対して、東京では鉄道に依存する割合が高く、名古屋のような生活様式が現れるのは七一年から入居が始まる多摩ニュータウンなどの計画都市に限られるとしている(『アトラクションの日常―踊る機械と身体』、河出書房新社、二〇〇九年)。滝山団地は多摩ニュータウンとは異なり、団地内に駐車場はあっても狭く、住民は自動車が増えることに対して警戒的であった。一九八〇年に滝山四丁目に開店したイトーヨーカドーも、当初は駐車場がなかった(『滝山団地便覧』、滝山団地自治会、二〇〇四年)。

滝山団地への入居が始まる六八年という年は、西武百貨店の渋谷店が開店する年でもあった。辻井喬は、堤康次郎や堤義明の息のかかった池袋や西武沿線に見切りをつけ、後背地に高所得層の多い渋谷に進出する一方、西武沿線には西武百貨店の小型版であった西武ストアーに代わり、より大衆的な西友ストアーを次々と開店させた。

それらはすべて、駅前に立地していた。沿線の顔であった大団地の中に支店を置く西武ストアーの戦略を、西友ストアーは受け継がなかった。

ここで一つ余談を語ろう。

なぜ、西武百貨店は新宿に出店しなかったのか。辻井喬自身はこの点について、「新宿に出店するということですか。いや、問題になっていましたけれども、チャンスがなかったというだけのことなんですね」と話している（前掲『堤清二オーラルヒストリー』）。

実は西武新宿線も、西武新宿が終点ではなく、新宿駅東口に「新宿ステーションビル」が完成するのに合わせて、駅ビルに乗り入れるはずであった。「新宿線の国鉄新宿駅乗入れについてはかねてから計画中であったが今度東口に建設される新宿ステーションビル二階に乗入れることに決定し、本年八月着工し、〔昭和〕三十八年秋ごろまでに実現することになった」（『西武』六一年三月十五日）。つまり、西武は六一年八月に延伸工事を開始し、六三年には乗り入れるとしていたのである。しかし結果として、その決定は破棄された。

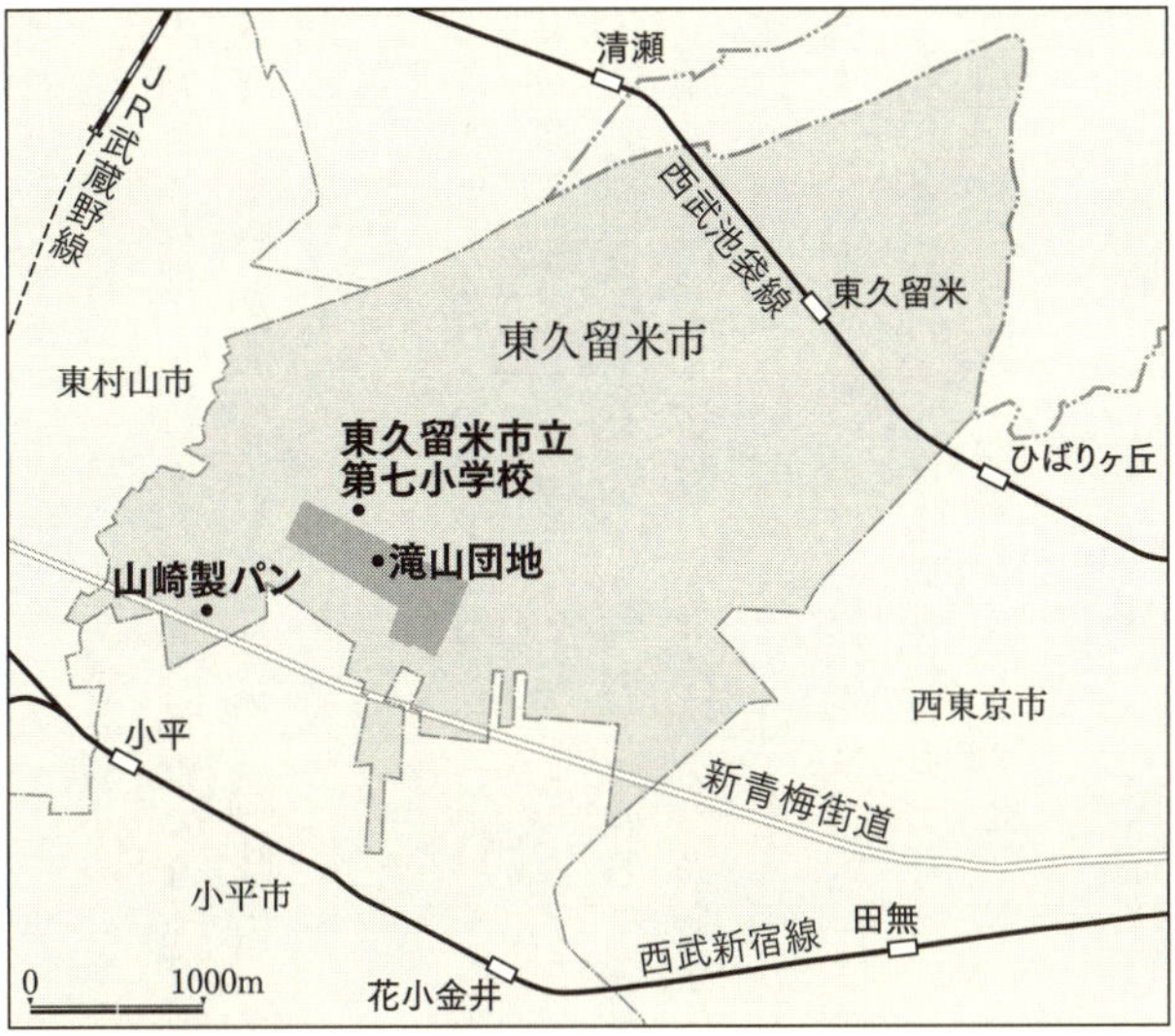

滝山団地周辺地図

理由は、『西武』にも触れられていない。

堤義明は、西武鉄道社長だった一九八五年に刊行された『新宿駅100年のあゆみ』（日本国有鉄道新宿駅）に「わが社と新宿駅」というエッセイを寄稿しているが、「当社といたしましても、鉄道の使命を充分自覚し、新宿繁栄のためあい携えて努力を続ける所存でございます」と述べるにとどまり、乗り入れ計画については一言も触れていない。

六八年十月二十一日の新宿騒乱事件のように、国鉄の新宿駅が新左翼の拠点となってゆく歴史を踏まえれば、沿線に共産党の地盤となる団地が多く、多摩湖線の終点で「アカハタ祭り」(「赤旗まつり」)が開かれるのに伴い、臨時電車を増発した西武が、国鉄の新宿駅に進出できなかったのは歴史の皮肉というべきだろう。


六九年になると、滝山団地では一足早く入居した1街区、つまり賃貸地区の住民が自治会設立に向けて動き出し、6-1-21に住んでいた工藤芳郎を責任者として、準備会が結成された(『滝山団地自治会準備会ニュース』六九年四月十七日)。

団地に隣接する新設の小学校、久留米町立久留米第七小学校(現・東久留米市立第七小学校)で自治会結成総会が開かれたのは、六九年五月十一日のことであった(『滝山団地自治会準備会ニュース』六九年五月一日)。自治会は、「滝山団地自治会」と名付けられた。

初代会長には、工藤芳郎が選ばれている。

自治会が共産党主導でつくられたことにつき、松田解子は次のように証言する。


この団地の党員の大部分は、入居前は二十三区内の手ぜまいアパートに住んでいた職場の活動家で、したがって党籍も大部分職場にあり、わずかな数の主婦党員と特殊な仕事をもつ男子の党員が転籍した。

いっぽう地区では、団地入居がはじまると同時に、いっせいに「赤旗」宣伝紙をいれ、入居党員をたずねて連絡をとり、入居党員はまたいち早く、地区の協力をもとめて団地自治会の結成にとりかかった。（前掲「こんなちっちゃな子を連れて……」）

第三十二回衆議院議員総選挙公示の五日前に当たる六九年十二月二日には、自治会に続いて、共産党の滝山団地居住支部が結成された（同）。これは明らかに総選挙に迫られて結成されたものので、翌日にはさっそく、久留米町の属する東京七区で共産党から立候補する土橋一吉の後援会を発足させている。

滝山団地支部の支部長となったのは、1街区ではなく3街区（6-3-13）、つまり特別分譲に住む河村早智子であった。ちょうどこのころ、共産党は旧来の「細胞」という名称に代えて、「支部」を新たな基礎組織の名称にしている。多くの団地の居住支部は九割近くを女性が占めるが、滝山団地支部も八八％が女性となった（同）。

3街区に住む松田靖子によれば、自治会の設立に際して、共産党が1街区だけでなく、2・3街区との連合体にするよう、圧力をかけてきたという。松田をはじめとする2・3街区の一部住民は、この圧力をはねつけ、別個に「分譲住宅自治会」を結成した。

しかし、3街区の住民を支部長として共産党滝山団地支部が結成されたように、2・3街区に住んでいながら、1街区が設立した自治会に入る住民もかなりいた。『たきやま』七〇年一月一日には、いけ花サークル、ボウリング愛好会、美容体操サークル、コーラス部など、2・3街区の住民が世話人となっているサークルが紹介されている。こうした非政治的なサークルを通して、滝山団地自治会は勢力を伸ばしていった。

七〇年五月三十一日に開かれた第二回定期総会では、工藤芳郎を会長に再任するとともに、副会長として2街区（6-2-16）に住んでいた関吉見と3街区（6-3-7）に住んでいた高原弘吉を、事務局長として2街区（6-2-11）に住んでいた森川玉江をそれぞれ選ぶなど、2・3街区の住民を六人も役員に選出した。この結果、滝山団地自治会の役員に占める賃貸地区と分譲地区の住民の割合は、一対二となった。

それでも、分譲住宅自治会はなくならなかった。

九四一世帯で出発した自治会が一年たった今、一七〇〇世帯にまで発展できたのも不十分ではあっても自治会が共通の利益にもとずく《ママ》行動の一致を大切にしてきたからではないでしょうか。

二四五〇世帯の中の僅か七、八世帯の人が分譲住宅自治会なるものをつくって分裂をもてあそんでいることについても、住民の団結をさまたげるものとしてきびしく批判されました。それにしてもまだ七〇〇世帯が自治会に入っておられません。

今後運動を大きく発展させるためには、これらの方たちにぜひとも力を発揮して貰わなければなりません。（『たきやま』七〇年六月十一日）

このときはまだ、第二団地ができていなかったため、総戸数が二千四百五十戸と、七百戸あまり少なくなっている。

後に全国公団住宅自治会協議会（全国公団自治協）事務局長から、「分譲と賃貸が一つの組織をつくり、成果を上げているのは全国でもここだけです」(『たきやま』七一年六月二十三日)と絶賛される滝山団地自治会にとって、分譲住宅自治会はまさに「獅子身中の虫」であった。

分譲住宅自治会の資料が残っていないので、本当に「僅か七、八世帯」だったかどうかははっきりしない。しかし、『たきやま』七〇年六月十一日に「全体としては大体現在の自治会を肯定しながらも、同じ団地の中でのいざこざにまきこまれたくないという気持が特に二、三街区には強いようです」とあるように、滝山団地自治会に入っていなかった七百世帯の多くは、2・3街区の住民であった。2・3街区と同じ分譲住宅である第二団地への入居が始まると、滝山団地自治会に入らない住民の割合は、ますます増えた。

久留米町は、七〇年十月に市制を施行し、東久留米市となった。七一年四月の東久留米市長選では、工藤芳郎が自治会長を辞任した上で革新系無所属として立候補し、共産党の支援を受けた。ほかに立候補したのは、現職の保守系無所属、藤井顕孝と、日本社会党の久野慎一郎であった。自治会は、「特定の政治活動をとらないという組織原則を固く守ります」(『たきやま速報』七一年三月二十九日)としながらも、「〔工藤さんが〕市長として今後いっしょに、住民本位の、住民参加の行政をやってもらうとすれば、決して私たちにとってもマイナスにならないでしょう」(同)として、暗に支援する姿勢を見せた。

結果は、藤井が一万六千六百三十四票を獲得し、市長に再選された。一方、工藤は七千六百六十六票しか獲得できず、最下位に終わった(『選挙の記録　東久留米市長選挙東京都知事選挙東久留米市』、東久留米市選挙管理委員会、一九七五年)。その意味では、たとえ滝山団地自治会が共産党系になったとしても、藤井のもくろみ通りになったわけである。『赤旗』は、「保守系現市長の藤井顕孝氏が再選されるにいたったのは、東久留米市で共産党、社会党をふくんだ広範な民主勢力の統一が実現できなかったことによるものです」とした上で、敗因を「社会党東久留米市支部のセクト的態度」に帰している（七一年四月二十二日）。

市長選の結果から、滝山団地自治会は東久留米市民全体の意向を反映していないことが明らかになった。にもかかわらず、工藤芳郎は「貴台がおられぬと会運営に支障をきたす」と言われ、七一年六月には早くも副会長として自治会に復帰している（『たきやま』七一年六月二十三日）。

このころの東久留米市を、童話の舞台としてしばしば描いていた児童文学作家がいた。六五年八月から久留米町に住み、六八年十二月から七一年八月まで滝山団地の1街区（6-1-23）に住んでいた古田足日《たるひ》である。前述のように、足日の兄の古田東朔は、ひばりが丘団地に住んでいた。古田足日の童話には、滝山団地が「サクラ団地」として出てくることが多い。そのひとつである「サクラ団地の夏まつり」（『暮しの設計』七三年七月号所収）には、小学五年生のむすぶとおかあさんのこんなやりとりがある。

「盆おどりがだめになりそうなんだって。ちょっと行ってくるわ」

「どうしてだめになりそうなの？」

と、むすぶがききました。

「そらね、去年までは盆おどりのやぐらや、かざりつけにいるお金を商店街が寄附してくれてたでしょう。ところが、ことしは商店街は歌手など呼んできて自治会とは別に、商店街宣伝の盆おどりをやるから寄附しないといってるんだって。でも、宣伝の盆おどりなんてたのしくないでしょう。自治会の盆おどりは団地の夏まつりで、たいこをたたいたり、おみこしを作ったり、かついだりするのをたのしみにしている子が、いっぱいいるでしょう。だけど、商店街じゃそんなことやってくれないし、自治会にはお金がないからたいへんなんだ」

一九九三年になって、古田足日はこの童話が、「当時の滝山団地の夏祭りの歴史」を踏まえたものであったとして、こう述べている。

ある年団地の自治会が二つになったため、商店街はそれまでとはちがって自治会の夏祭りに金を出さなかった。そこで、前からあった自治会は単独主催で夏祭りをやる。そのとき、別の町で七夕かざりをすてるときいて、そっちの祭りがおわった夜、自治会役員はそのかざりをもらいにいき、徹夜してバス通りにそのかざりを取りつけていった。これを、あわて者のぼくは盆踊りのやぐらを借りてきたと錯覚して、この作となった。(『全集　古田足日子どもの本』第3巻、童心社、一九九三年)

文中の「団地の自治会が二つになった」というのが、滝山団地自治会と分譲住宅自治会を指していることは言うまでもない。また「商店街」は、滝山中央名店会を指している。

滝山中央名店会は、はじめから自治会に協力しなかったわけではない。七〇年八月と七一年八月に開かれた「滝山納涼盆踊り大会」は、滝山団地自治会と滝山中央名店会が共催していた。

ところが七二年八月には、滝山中央名店会と滝山団地自治会が、それぞれ別個に盆踊りと夏祭りを開催することになる。滝山団地自治会広報部が発行する『たきやま速報』七二年七月二十四日には、次のような記事がある。

> 今年も六月四日総会で盆踊りをしようときめました。ところが七月になってから中央名店会が商店の立場で独自の盆踊り大会を企画していることがわかりました。そこで、わたしたちは、今まで通り住民を中心にした地域ぐるみの盆踊り大会を企画している、二つの盆踊りはいらないのではないか、と中央商店会《ママ》に申入れました。
> しかし、話し合いを重ねた結果、中央名店会は、商店の立場で広く、野火止、前沢、小平、清瀬などのお客さんへのサービスとしてぜひとも、中央名店会主催の盆踊り大会をひらきたいという意見でした。

ここには、古田足日が回想するような自治会の分裂については触れられていない。しかし、共産党に席巻される滝山団地自治会とは異なる「商店の立場」を、七二年に至って鮮明にしようとしたことは容易に想像できる。

古田の「サクラ団地の夏まつり」は、滝山団地で実際に起こった出来事を、「活動する母親にある理解も示しながらも、また兄や友だちに支えられながらも、割り切れない子どもの内面」（前掲『全集　古田足日子どもの本』第3巻）から忠実に描いている。

分譲住宅自治会は、規模こそ滝山団地自治会とは比べるべくもなかったとしても、滝山中央名店会をして滝山団地自治会の政治色を改めて認識させ、夏祭りの共催を拒絶させるほどの影響力はもっていたことになる。

しかしこれ以降、『たきやま』紙上をしばしばにぎわせた「二つの自治会」問題は、少なくとも紙面からは消えてゆく。七四年八月には、滝山中央名店会と滝山団地自治会の共催による夏祭りが再び実現する（前掲『滝山団地便覧』）。松田靖子は、「しばらくして、もう自治会の時代じゃないというのが実感だった。私たちは、運動家でもなく、政党人でもなく、活動の訓練を受けたこともなく、次第に疲れて分譲住宅自治会の活動も下火になった」と二〇〇七年九月に私あての手紙で回想している。

だからといって、滝山団地自治会の勢力が、団地全体に浸透したわけではなかった。全国公団住宅自治会協議会が全国にある百七十八カ所の団地を対象に行った調査によれば、一九七四年度の滝山団地自治会への加入率は半分強に当たる五五％しかなく、名古屋市の高辻団地（総戸数二百戸）を除くすべての公団住宅のなかで最低であったからである（『団地生活白書』、全国公団住宅自治会協議会、一九七五年）。

七四年に滝山団地を訪れた松田解子は、「団地住民としてのさしせまった要求行動を起こしながら、この〔滝山団地居住〕支部は、結成の当初から、一貫して党勢拡大をはかった」「この『孤島』と周辺一千世帯をふくむ地域を、ほんとうに住みよい町にする責任は、結成五年のげんざい数倍にこぎつけたこの団地の共産党支部の肩にかかっている」などと述べた（前掲「こんなちっちゃな子を連れて……」）。けれどもこうした数字を見る限り、自治会を通して滝山団地全体に勢力を拡張しようとする共産党の戦略は、必ずしも成功していない。

だからこそ滝山では、自治会よりはむしろ、賃貸、分譲を問わず、すべての街区の児童が例外なく通っていた小学校が、政治的に大きな役割を果たすことになる。

滝山団地で共産党が勢力を思うように拡張できなかったもう一つの理由は、創価学会が団地に進出してきたことがあげられよう。

六八年四月に創価中学校と創価高校が、久留米町に隣接する小平市の鷹の台駅（西武国分寺線）の近くに開校したため、子供の通学に便利な滝山団地に移り住む信者が増えたのではないか。実際に私が七五年に卒業した東久留米市立第七小学校でも、創価中学校に進学した同級生が、同じクラスだけで二人いた。

創価学会三代会長の池田大作は、なぜ鷹の台に中学校と高校を創設したかについて、自伝小説の『新・人間革命』第12巻（聖教ワイド文庫、二〇〇六年）のなかで述べている。なおこの自伝では、池田は山本伸一として登場する。

彼〔山本伸一〕が用地を選ぶにあたっては、四つの条件があった。
一、武蔵野の大地にある。
一、富士が見える。
一、近くに清らかな水の流れがある。
一、都心から車で、一時間ほどの距離である。
この条件に合った場所として、小平市の西武国分寺線の鷹の台駅に近い土地を紹介された。

玉川上水が流れる閑静なところで、広さは一万坪（三万三千平方メートル）ほどあるという。

池田がこの土地の買収を決意したのは、一九六〇年四月五日であったことが、当日の日記からうかがえる（『若き日の日記』4、聖教ワイド文庫、二〇〇六年所収）。


午後より、小平方面に土地買収の下検分に行く。

土の香、くぬぎ林、菜の花、木蓮、泰山木、桃、杏、水仙、柳、楠、鮮やかな大自然の動き尽きぬ大絵図―心の洗われる田園と、平和な風景―。武蔵野は憧れの地だ。

約一万坪余、購入を決意。将来、創価大学か、創価高校、中学校の用地のためにと。


つまり、創価中学校と創価高校は、池田が土地を買収して八年目にしてようやく開校したわけである。入学式が行われた六八年四月八日、池田は同校を訪れ、「山は王者、川は純粋な精神、武蔵野の平野は、諸君の限りない希望であり、緑は、うるおいのある人生をあらわすのである」と述べた（『聖教新聞』六八年四月九日）。

しかし、池田が絶賛する武蔵野の豊かな自然は、このころ急速に破壊されつつあった。言うまでもなく、団地に象徴される住宅開発の波が押し寄せてきたからである。滝山団地のほかにも、六五年には小平団地（全戸賃貸。総戸数千七百二十六戸）が、六六年には前述した都営村山団地が、六七年には清瀬旭が丘団地（賃貸千八百二十戸、分譲二百五十戸、総戸数二千七十戸）や公社久留米西団地（全戸賃貸。総戸数千九百四十二戸）が、西武沿線に次々と建設されていった。

団地に創価学会の信者が移り住むようになったのは、滝山団地だけではなかった。いや、正確にいえば、公団よりも家賃の安い都営の団地のほうに、その傾向が顕著に見られた。前述のように、社会党や共産党は、公営住宅の建設推進を政策に掲げたにもかかわらず、実際には公団住宅で支持者を増やしていったのに対して、公明党の支持母体である創価学会の信者がより多く住んでいたのは、公営住宅であった。

都営村山団地が建設された武蔵村山市では、一九七六年の衆議院議員総選挙で公明党の得票率が二六・九%と、自民党の二七・九%に迫り、東京都内で最高を記録した（『衆議院議員選挙の記録昭和51年12月5日執行』、東京都選挙管理委員会、一九七七年）。二〇〇四年一月に創価学会武蔵村山文化会館を視察した池田大作は、「わが村山総区（東久留米、清瀬、東村山、東大和、武蔵村山各市を指す——引用者注）は、地域内に都営村山団地をはじめ、多くの団地を擁し、全国の模範となって、近隣の友好を聡明に、粘り強く繰り広げ、大発展を遂げてきた偉大なる天地だ」と述べている（『聖教新聞』二〇〇四年一月二十九日）。

団地住民の信者が増えたことを背景として、創価学会に団地部が結成されたのは、七三年十月二十四日の本部幹部会においてであった。池田は、『聖教新聞』に連載中の自伝小説「新・人間革命」で、こう述べている。

団地部のメンバーは、一九七三年（昭和四十八年）十月の結成以来、わが団地を〝人間共和の都〟にと、懸命に活動に励んできた。方面や県、区で勤行会や協議会も活発に開催され、地域に信頼を広げていくことを確認し合った。

そして、団地に住む人びとと交流を深め、さまざまな悩みを抱えた友人を励ましながら、連帯の輪を広げてきたのである。

日蓮大聖人は、「法華経を持ち奉る処を当詣《とうけい》道場と云うなり此を去って彼に行くには非ざるなり」(御書七八一ページ)と仰せである。

信心に励む自分がいるところが、成仏《じょうぶつ》得道の場となるのである。したがって、彼方に理想を求めるのではなく、わが居住の地を最高の仏道修行の地と定め、そこに寂光土を築いていくことこそが、われら仏法者の戦いなのである。(『聖教新聞』二〇一一年五月三十日)

こうした教義とは別に、池田大作自身の体験も団地部の結成にかかわっている。池田が住んでいたのは大田区大森や山王のアパートで、団地ではなかったが、アパートに住んだことで集合住宅に住む人たちの心がよくわかったという(同、六月七日)。七七年二月に開かれた第一回「農村・団地部勤行集会」で、池田は「私も、妻も、団地がいいと思っていましたが、子どもが三人でき、また、会長にもなり、結局、団地で暮らす夢は、あきらめざるを得ませんでした」と話した(同、六月二十日)。

団地を「人間共和の都」にするため、自治会の役員を進んで引き受ける信者もいた。例えば、大阪府堺市の泉北ニュータウンでは、信者の女性が自治会長となり、団地内に駐車場を完成させた(同、六月二日)。また埼玉県北葛飾郡吉川町(現・吉川市)の吉川団地では、やはり信者が自治会に入り、団地のバス停近くに信号機を設置させたりしたという(同、六月四日)。

団地部メンバーの貢献は、いずこの地にあっても、目を見張るものがあった。

〝まず、自分がよき住民となり、皆が誇りに思える団地をつくろう〟と、地域建設の推進力となり、住民の心と心を結んでいった。

メンバーは、団地のすべての人に、元気いっぱい、あいさつをするように心がけた。盆踊り大会、餅つき大会などの催しには、率先して協力した。(同、六月六日)

すでに明らかなように、団地における創価学会のこうした取り組みは、日本共産党の完全な後追いであった。

一九六四年に創価学会を支持母体とする公明党が結成されると、もともと共産党が強かった中小零細企業の労働者の間に創価学会が信者を増やしていたこともあり、共産党と公明党は選挙のたびに激しいビラ合戦を繰り広げた。六九年の東京都議選では、共産党を支持する中野区白鷺の壺井繁治の家に、七月十日、「公明党のデマビラが配達」された(「日記一九三九〜一九七五年」、『壺井繁治全集』第5巻、青磁社、一九八九年所収)。

団地の自治会を六〇年代に掌握していった共産党にとって、創価学会の団地進出は中小零細企業で起こったことの二の舞いになりかねなかった。六九年に起こった言論出版妨害事件は、共産党の勢力を回復させる絶好の機会となった。社会的批判にさらされた創価学会は、池田が公式に謝罪するものの、七二年十二月の総選挙で公明党は議席を四十七から二十九に減らし、代わって共産党が三十八議席を獲得して社会党に次ぐ野党第二党になった。公明党はいったん革新勢力の一翼を担うかのような態度を見せるが、七三年九月からは自民党と歩調をあわせて共産党を「暴力と独裁」の党として攻撃し始めるなど、両者の対立が終息する気配はなかった（前掲『日本共産党史を語る』下）。

一九七四年には松本清張を仲介人として、宮本顕治と池田大作の間にトップ会談が開かれた。その結果、いわゆる創共協定が成立し、七五年に公表された。しかし、この協定は公明党の頭越しに結ばれたため、公明党が反発し、創価学会も態度を改めたことで有名無実化していった。

七八年六月二十五日、創価学会団地部の結成五周年を記念して、第一回全国団地部大会が東京と大阪で開催された。この大会に合わせて「団地の歌」が作曲され、東京では「この日の喜びと誓いをさわやかな歌声に託した」（『聖教新聞』七八年六月二十七日）。合唱を重視する活動もまた、共産党の「うたごえ運動」に似ていた。

しかし滝山団地の場合は、団地住民のなかに創価学会の信者が増えることはあっても、自治会そのものに創価学会が影響を与えるまでにはならなかった。七一年度に滝山団地自治会副会長をつとめた工藤芳郎は、七三年に自治会長に復帰し、八八年まで実に十五年にわたって会長の座にあった。

工藤を継いで会長となったのは、工藤会長の時代に事務局長をつとめていた井口信治であった。井口もまた、二〇〇二年の東久留米市長選に日本共産党、新社会党の推薦を受けた革新系無所属として立候補するが、落選している。

共産党によって事実上つくられた滝山団地自治会は、六九年五月の結成以来、その政治的性格をずっと維持してゆく。それはまた、ひばりヶ丘団地自治会によって提起された問題を、継承してゆくということでもあった。

その最大のものは、西武鉄道や西武バスに対する運動であった。たとえ西友ストアーが団地内になくても、西武に反対する運動の基本的性格は変わらなかった。だが、滝山団地自治会結成の五カ月後に当たる六九年十月には、秩父線の開通に伴い、西武のイメージを大きく変える座席指定の特急が、池袋と西武秩父の間に走り始めた。

レッドアローである。

第十五章　西武秩父線の開通とレッドアロー

辻井喬は、前掲『叙情と闘争』のなかで、ソ連時代にモスクワからレニングラードまで夜行列車に乗ったときのことを、こう記している。

その晩僕は、文化省の案内役のピョートル・イリイチと通訳のベリヤエフ、松前重義対外文化協会会長の有力ブレーンの杉森康二の四人で、レニングラードに向かった。列車がモスクワを離れ、コンパートメントに僕ら四人だけになり、少し飲んでから寝ようということになった。(以下略)

具体的な期日ははっきりしないが、大平正芳が幹事長だったというから、一九七六年から七八年までの間ということになる。しかし、辻井が乗った夜行列車の名称ははっきりしている。クラースナヤ・ストレラー。日本語に訳すと「赤い矢」、英語に訳すと「レッドアロー」である。ちなみに、モスクワの「赤の広場」はクラースナヤ・プローシシャチとなる。

クラースナヤ・ストレラーは、スターリン時代に当たる一九三一年六月十日から定期列車として運行が開始され、阪急の会長だった小林一三も三五年十一月、この列車に乗ってモスクワ―レニングラード間を往復した（『小林一三日記』第一巻、阪急電鉄、一九九一年）。現在もなお同じ区間で運転されている。

辻井が初めてソ連を訪れたのは、一九六七年四月のことであった。「僕の胸の中なる理想郷に大きな疑問が湧いてきたのが、第一回のソビエト旅行であった」（前掲『叙情と闘争』）と辻井は述べている。ソ連は辻井にとって、あくまでも社会主義の理想が実現された国家でなければならなかった。

その二年半後、日本でも「レッドアロー」が走り始める。一九六九年十月、西武秩父線の吾野―西武秩父間の開業に伴い、池袋―西武秩父間に運転が開始された特急がそれである。開通式が行われた十月十三日、西武百貨店社長の辻井は西武鉄道社長の小島正治郎や副社長の堤義明とともに、池袋発西武秩父ゆきのレッドアロー号に試乗している（「秩父への新動脈誕生」、『西武』六九年十月号所収）。

このことがずっと気になっていて、辻井と次のようなやりとりをしたことがある。

原　ところで、『叙情と闘争』の中に、モスクワ―レニングラード（現サンクトペテルブルク）間の夜行列車に乗られる場面がありますね。あの特急列車の名前は「赤い矢」です。そして、西武線には特急「レッドアロー号」が走っている。（笑）

辻井　ああ、そうか。でも「レッドアロー」は僕が付けた名前じゃありませんよ。（笑）（「社会主義を捨てなかった文人経営者の軌跡」、『中央公論』二〇〇九年九月号所収）

ソ連を理想郷と考えていた辻井がレッドアローの命名者ではなかったかという私の思い込みは、こうしてあっさりと否定された。それなら、一体誰が命名したのだろうか。

レッドアローの愛称が初めて公式に発表されるのは、『西武』六九年八月号であった。

秩父線を走るロマンスカーの車両の愛称が、〝レッド・アロー〟と決まった。ロマンスカーの車体の色はアイボリーホワイトで、両樋《りょうひ》と前照灯のラインに赤い帯が入るが、この外観にふさわしく矢のように走るスピード感あふれたムードを出そうと、この愛称をつけたもの。

この記事によると、レッドアローのレッドに思想的意味はなく、単なる「赤い帯」というだけのことであり、アローも「矢のように走る」という意味しかないことになる。

果たして、本当にそうなのか。当時の事情に詳しい西武トラベルの西尾恵介に聞いてみたところ、意外な答えが返ってきた。

西武秩父線は山岳路線ということで、山岳鉄道といえばスイスというイメージからヨーロッパタイプの車体デザインで、レッドアロー用に製造された5000系も側窓を大きくして車窓を満喫するものとしたほか、塗装も明るい斬新なものとなりました。レッドアローはスイスの観光電車「赤い矢」号からとったものです。

「赤い矢」号は、ソ連ばかりかスイスにもあったというのだ。正確に言えば、スイス連邦鉄道の本線系統で使われていた軽量高速電車のことであり、赤色の車体から通称「ロータートー・プファイル」と呼ばれていた。これはドイツ語で、和訳するとやはり「赤い矢」となる。

異論もある。西武鉄道社友会の田中秀夫は、二〇一三年三月十日付の私信で「『レッドアロー』と名付けたのは、私です」とした上で、この愛称名は阿川弘之の少年向け読物『なかよし特急』（中央公論社、一九五九年）に出てくる「ゴールデンアロー」をもじったものだと回想している。

けれども西尾恵介の回想は、秩父線に開業した新駅からも裏付けられる。正丸の駅舎は「スイス風の三角形」、終点の西武秩父の駅舎も「正丸と同じく木造丸太造りのスイス風」とされているからだ（吉村忠晃「秩父第3ルート完成」、『鉄道ファン』六九年十二月号所収）。

秩父とスイスで連想されるのは、宮号を秩父嶺《ちちぶれい》からとった昭和天皇の一歳違いの弟、秩父宮（雍仁《やすひと》親王）である。

スポーツの宮様と呼ばれ、登山やスキーを愛した秩父宮は、一九二六（大正十五）年に三度、三七（昭和十二）年に二度の計五度にわたりスイスを訪れ、マッターホルン、ヴェッターホルン、ユングフラウヨッホ、チュッゲン山など、スイスアルプスの山々を踏破している（『雍仁親王実紀』、吉川弘文館、一九七二年）。秩父宮は晩年に当たる四九年、「二十余年の過去において、日本の山ばかりでなく、スイスの山々、とくに憧れのマッターホーンの山頂にまで立つことのできたことを回顧すると、つくづく幸福だったと感ずるのである」と述べている（「対山漫語」、『皇族に生まれて―秩父宮随筆集』、渡辺出版、二〇〇五年所収）。

秩父宮は、宮号にちなむ秩父にも三度訪れ、三峰山にも二度登っている。三三年八月に訪れたときには、池袋から東武東上線で寄居まで行き、寄居で秩父鉄道に乗り換えて秩父に入った（「秩父三峯に登りて」、『奥秩父』第一輯《しゅう》、一九四八年所収）。しかし、秩父宮が秩父を訪れたのは、これが最後であった。四〇年から結核を患い、五三年一月に死去したからである。

同年十二月には、秩父神社に秩父宮が合祀された。八九年一月に死去した昭和天皇を祭神とする神社が建てられなかったのに対して、秩父宮は明治神宮の祭神となった明治天皇と同様、死後に「神」となったわけだ。

西武秩父線が開通してから、秩父宮に代わってレッドアローに乗ったのは、未亡人となった秩父宮妃（勢津子）であった。

六九年十一月七日、秩父市制二十周年記念式典に出席するため、秩父宮妃は初めて池袋からレッドアロー（ちちぶ3号）に乗り、西武秩父へと向かった（『西武』六九年十二月号）。式典の席上、秩父宮妃は、「西武鉄道新設の開通によりいろいろの面で発展を続けることと喜んでおりますが、どうか美しい秩父の自然をそこのうことなく、この保存に心を配っていただきたいと存じます」と述べた（『秩父市誌』続編2、埼玉県秩父市、一九七四年）。

秩父宮妃の言葉は、秩父宮の遺志を汲んでいたように思われる。なぜなら秩父宮は、「僕は交通の便は開けて一人でも多くの人があの天然の美に接することを願う《ママ》と共に奥秩父が何時までも今のよ《ママ》うな清浄な地域で真に自然を愛して来る人々に心からの床しさを与へることを祈つてやまない」と述べていたからである（前掲「秩父三峯に登りて」）。

こう述べたとき、秩父宮が念頭に置いていたのは、やはりスイスであった。

> 此の点について僕はいつもスイスが羨しく思ひ起される。世界各国から集る観光客の為に交通施設やホテルの設備等至れり尽せりであり毎年何万という《ママ》旅行者を迎へながら何処にも日本的俗悪化は見出されないのである。（同）

しかし秩父宮は、長瀞《ながとろ》を例に挙げ、「景色其のものは決して悪くはない。否面白いとさへ思う《ママ》が其の周囲に加へられた人工的雰囲気がすべてをぶちこわし《ママ》ている《ママ》」（同）と酷評しているのを見ると、秩父がスイスになり得ないことを、三三年の時点でもう悟っていたようだ。

昭和天皇は香淳《こうじゅん》皇后とともに、年に一度は必ず大正天皇や貞明皇后の墓に当たる多摩御陵（多摩陵および多摩東陵）に参拝するため、戦後も原宿宮廷駅からお召列車に乗り、中央線の東浅川（仮停車場。六〇年まで）ないし高尾（六一年以降）まで行った。一方、秩父宮妃は六九年以降、七二年、七三年、七六年、八四年と池袋からレッドアローに乗り、夫が「神」として祭られた秩父に行くようになる（前掲『秩父市誌』続編2および同続編3、埼玉県秩父市、一九七四年、二〇〇〇年）。

三峯神社宮司の宮沢岩雄は、「秩父にとってこれ〔西武秩父線開業〕は一つの維新ですね。明治維新は黒い船で始まったわけですが、秩父は西武の赤い矢で維新が始まったことになりますな」と述べた（「秩父の朝あけに語る」、『西武』一九七〇年一月号所収）。だが、「赤い矢」に乗って秩父にやって来たのは、明治維新によってかつぎ出された天皇の二代後に当たる昭和天皇ではなく、その弟の妻であった。

もっとも、維新を昭和維新と解釈すれば、二・二六事件を起こした一部の青年将校に信奉されていた秩父宮と符合しなくもない。事件の翌日に弘前から上京した秩父宮は、昭和天皇に代わり、皇位に就くという風説が広まっていたからだ。


開通式の翌日、十月十四日に西武秩父線は正式に開通した。一八七二（明治五）年、新橋―横浜間に鉄道が開通した日を太陽暦に直した日がまさに十月十四日で、鉄道記念日（現・鉄道の日）と同じ日の開業であった。

前掲『堤康次郎』によれば、堤康次郎は敗戦直後から秩父への路線延長を計画し、一九四八年には、武甲山《ぶこうざん》に石灰石の鉱区を所有していた地元の森林組合が鉱区の一部を西武鉄道に譲り渡す代わりに、西武鉄道は鉄道を建設して石灰石を採掘し、セメント工場を誘致する約束が取り交わされた。

しかし、秩父線の建設が正式に決定されたのは、それから十三年が経った六一年二月十八日であった。『西武』六一年三月十五日は、「延長計画に相ついで朗報」という見出しを掲げ、この決定を新宿線の新宿駅乗り入れ決定と同じ紙面で報じている。だが前述のように、新宿線の乗り入れは実現せず、秩父線の建設が始まったのも六七年七月になってからであった。竣工したのは六九年九月だったから、わずか二年二カ月で総延長十九キロ、当時私鉄最長だった正丸トンネル（四千八百十一メートル）を含むトンネル十六カ所、橋梁三十五カ所に及ぶ山岳路線を完成させたことになる。

秩父線の開通当初、レッドアローは四両編成で平日に午前、午後の各一往復しかなく、休前日は下り四本、上り三本、休日でも四往復しかなかった。停車駅は、平日が所沢と飯能、休日が飯能だけで、多くの西武沿線住民にとっては利用したくてもできない乗り物であった。

特急と急行以下では、車両も所要時間も天と地ほどの違いがあった。そもそも、停車駅の少ない急行（ハイキング急行）が運転されるのは休日だけで、平日は走っていなかった。それ以外の優等列車は、石神井公園、ひばりヶ丘、所沢と停まり、所沢以遠は各駅停車になる急行と、池袋の次の停車駅が石神井公園で、石神井公園以遠は各駅に停まる準急しかなく、本数的には後者の方が多かった。池袋―西武秩父間の所要時間は、特急が八十三〜八十五分なのに対して、準急は百十分もかかった。西武鉄道は、秩父線の開業に合わせてレッドアロー用の5000系のほか、101系と呼ばれる急行、準急、普通用の高性能電車を投入したが、5000系とは異なり冷房設備もなかった。

ひばりヶ丘団地自治会の反応は冷ややかであった。「西武は秩父線の開設に莫大な資金をつぎこみましたが、これは池袋線、新宿線の通勤ラッシュからうまれる莫大な利益をつぎこんだものであり、運賃値上げが輸送力増強、ラッシュ緩和のためでなく、新線開発および、それによる広大な西武の不動産、観光施設の利益のためであったことを、私たちは知っています」（『ひばり』七二年十月二十日）。

けれども、西武秩父線の開業が秩父の歴史を大きく変えたことは間違いない。それまでは、東京から秩父に行くには上野から高崎線に乗り、熊谷で秩父鉄道に乗り換えるか、池袋から東武東上線に乗り、寄居で秩父鉄道に乗り換えるかしかなかった。どちらのルートをとっても、二時間

1969年10月13日、西武秩父線の開通式。運転士に花束を贈る酒井和歌子（提供＝読売新聞社）

以上を要したのを踏まえれば、準急ですら時間短縮になった上、運賃も大幅に安くなった。

当時、大泉学園に住んでいた東大社会科学研究所助教授の和田春樹は、「大泉市民の集い」をつくり、ベトナム戦争に反対するとともに、米軍朝霞基地の撤去を求める運動を続けていた。「平和のために手をつなぐ秩父市民の集い」をつくった大越賢一は、「大泉市民の集い」とも連絡をとっていたが、秩父線の開業はその関係をますます緊密にした。十月十四日に書かれた「秩父からの手紙」のなかで、大越は和田にあてて「十四日から西武が開通しました。約一時間半で行けると思います」と書いている（『大泉市民の集いニュース』第22号、六九年十一月五日）。確かに準急に乗れば、西武秩父から大泉学園まで、「約一時間半」で行けるようになった。

私自身が開通直後の日曜日に、家族とともに秩父線に乗りに行ったことは、第一章で少し触れた。東久留米から乗ったため、レッドアローに乗れるはずもなく、飯能で西武秩父ゆきの普通電車に乗り換えたら、この電車がラッシュアワー並みの混雑ぶりであった。

どうやら、乗客はみな同じことを考えていたらしい。終点の西武秩父で降りると、歩いてすぐの御花畑《おはなばたけ》という駅から秩父鉄道に乗り、終点の三峰口に向かった。この電車も満員で、三峰口では三峰山頂ゆきのロープウェー（二〇〇七年に廃止）が出る大輪《おおわ》まで行くバス乗り場に行列ができていた。短気な父親は歩いて行こうと言い出し、約六キロ歩いてようやく大輪にたどり着いたら、ロープウェー乗り場にも長蛇の列ができていた。結局あきらめ、また元の道を歩いて三峰口に戻ったときには、小学一年生だった私もくたくたになっていた。

西武鉄道社長の小島正治郎は、「開通して二度目の日曜日には三峰山にずいぶん行ったんですね。道路はいっぱいになる。ロープウェイは二時間半も待たなければ乗れないということは、恐らくいままでになかったことでしょう」と誇らしげに述べた（前掲「秩父の朝あけに語る」）。だがそれは、秩父が箱根と比べて温泉も宿泊場所も少なく、見るべき観光地も限られているため、一カ所に行楽客が集中してしまった結果でもあった。秩父宮妃が命名した「秩父湖」、すなわち六一年に二瀬《ふたせ》ダムの完成に伴い形成されたダム湖も、箱根の芦ノ湖に匹敵する観光地には到底なり得なかった。

しかも、箱根登山鉄道に小田急小田原線が乗り入れ、新宿から箱根湯本まで直通のロマンスカーが走っていたのとは異なり、西武鉄道と秩父鉄道の関係は悪く、池袋から三峰口や長瀞まで直通のレッドアローを走らせることはできなかった。

秩父鉄道は、西武の秩父乗り入れを、「中央の巨大資本の地方進出が、地方の中小企業に与える影響を如実に示すもの」(『秩父新聞』六九年八月二十五日)として警戒し、レッドアローに対抗して、三峰口―熊谷間に急行「秩父路」号の運転を始めた。また秩父のデパートやスーパーも、西友ストアーがいずれ進出してくると見て脅威を感じていた(同、六九年九月五日)。西武のおかげで都心から近くなったにもかかわらず、秩父でも西武のイメージはよいとはいえなかった。

八九年からは西武鉄道と秩父鉄道の直通運転が始まったが、その本数は平日、休日ともに二往復に限られ、レッドアローが秩父鉄道に乗り入れることはいまもない。

秩父線が開業した六九年という年は、一般には東大の安田講堂が「陥落」した年として知られていよう。開業日の十月十四日から一週間後、国際反戦デーに当たる十月二十一日、三島由紀夫は新宿駅を訪れ、新左翼と機動隊の衝突を眺めていた。

すでに国電が不通の夜の線路の上は荒涼としていた。雨もよいの風の中であちらに一団、こちらに一団と、機動隊が青黒いヘルメットと戦闘服を闇の中にぼんやり浮き出させていた。その無言の影絵の一団一団のほかには、灰色に光る線路がむなしく続いているだけであった。

汽車の通らない線路上を歩くことは子供らしい喜びである。私は西口の鉄橋の上のふだん線路工夫しか渡ることのない桟橋に、やっとよい見物席を見つけた。ちょうどそのころ機動隊は東口方面へ上がっていく迂回した広い坂の途中に頑張っていた。そこには一台の放水車と二、三台の装甲車じみた車があって、むしろ隊列を敷いている機動隊の数は少なかった。私はガードの下をくぐってくるほぼ三十人乃至五十人の散発的なゲリラ部隊を鉄橋の上から見た。彼らは石を投げてはまた退き、近所の建築工事場のブリキの板をはがしてはそれを運び、あたかも働きアリのようにせせこましく活動していた。(『行動学入門』、文春文庫、一九七四年)

国鉄新宿駅は、六七年八月に米軍立川基地に輸送する燃料を搭載した貨物列車が構内で衝突炎上事故を起こしたのを機に、「米タン(米軍燃料輸送タンク車)阻止」を叫ぶ新左翼の運動の拠点となっていた。三島が新宿駅を訪れたちょうど一年前の六八年十月二十一日には、いわゆる新宿騒乱事件が起こり、七百三十四人が逮捕されている(原武史『「鉄学」概論』、新潮文庫、二〇一一年)。

一方、国鉄新宿駅に隣接した西武新宿駅は、平穏無事の状態が続いていた。社長の小島正治郎は、こう述べている。

いまは若い人が現在の社会組織に反抗するような気分がみなぎってきていますが、こういう時にこそ動機は観光の面からでもいいから神社仏閣にお参りしてもらいたい。(中略)これからの本当の意味の日本人をつくりあげるのには、少しむちゃをやるくらいの人には観光の面からでも入っていくのが一番スムーズだと思います。(前掲「秩父の朝あけに語る」)

学生に対して、西武に乗って秩父に行き、秩父神社、三峯神社、宝登山《ほどさん》神社に参拝したり、秩父札所めぐりをしたりすることを勧めているわけだ。「本当の意味の日本人をつくりあげる」というのは、堤康次郎の思想とも通底する。

実際に秩父線の開業により、秩父を訪れる若年層は確実に増えた。「三峰山の神域は若い男女の〝愛のささやき〟の場に変っている」(『秩父新聞』六九年十一月十四日)という報道まであったほどである。

もっとも、このときはまさか、七一年に秩父から近い山梨県北都留《つる》郡丹波山村に革命左派が「小袖《こそで》ベース」を築くのに続いて、榛名山や妙義山など秩父に隣接する群馬県の山々が連合赤軍の活動拠点となり、七二年二月には「レイクニュータウン」と呼ばれる軽井沢の別荘地を舞台に連合赤軍あさま山荘事件が起ころうとは、小島も予想できるはずはなかった(なお秩父線は、軽井沢まで延伸の計画があったとされるが、史料的には確認できない。町内の私有地の約三分の一が西武グループの所有地とされる軽井沢でレイクニュータウンを開発したのは国土開発であり、西武鉄道系列の国土計画とは何の関係もない)。

戦後史の転換点を一九七〇年に見いだそうとする学者は少なくない。

例えば、社会学者の大澤真幸は、前掲『不可能性の時代』のなかで、七〇年を境に「理想の時代」から「虚構の時代」への転換が生じたとする。歴史社会学者の小熊英二もまた、前掲『１９６８』下のなかで、「七〇年七月以降、パラダイムの転換が発生した。『戦後民主主義』や『近代』への批判はそれ以前から広まりはじめていたが、安保の自動延長後、マイノリティ差別や戦争責任問題の台頭のなかで、『戦後民主主義』『近代』批判が強化された。そして『安保』にかわって、マイノリティ差別、戦争責任問題、天皇制、リブ、障害者問題、環境問題など、それまで注目されていなかったテーマが急浮上することになった」と述べている。

しかし前述のように、「政治の季節」と呼ばれる六八年から七二年にかけての大学闘争や新左翼による数々の事件は、西武沿線の団地住民に何ら影響を与えていない。大学生がほとんど住んでいない団地に新左翼や全共闘の学生の姿はなく、新宿騒乱事件も東大安田講堂の「落城」も内ゲバも、まるで遠くの世界の出来事のようにしか見えなかったのではないか。詩人の宗左近によれば、ある編集者は「うちのカーチャンを始めとする団地カーチャン族は、ほとんどがゲバルト方式をとる三派全学連のファンだな」と言ったが、それは「三派ってのは、いいじゃないの。青年らしくて、イカスわね」という言葉に象徴されるように、新左翼の運動を対岸の火事としてしか見ていなかったからではないか（『週刊読書人』一九六八年七月八日）。

もちろん、西武池袋線や新宿線の沿線にも、江古田の日大芸術学部のように、六八年に日大全共闘芸術学部闘争委員会が結成されるなど、全共闘運動が盛んになる大学学部はあった。しかし、それはあくまでも都心に近い区部に限られていた上、鉄道とは直接の関係がなかった。一方、同じ日大でも、下高井戸に文理学部がある京王線沿線では、封鎖された校舎に代わり、府中市の武蔵野台駅の近くにバラックの仮校舎が建てられて同学部の授業が再開されたが、七〇年二月にはこの駅でビラを配っていた日大全共闘の学生が体育会系学生に襲撃され、京王線の上り特急電車に接触したのがもとで死亡する事件が起こっている。

前述の「大泉市民の集い」は、この時期の西武沿線の市民運動として注目に値する。しかし、ベトナム戦争の最中、傷ついた米国人兵士が横田基地を経由して米軍の朝霞野戦病院に運ばれることに対して、米軍朝霞基地に隣接する大泉学園町の住民が反対の声をあげたことに端を発し、大泉学園駅前で署名やビラ配りも行われたこの運動は、共産党が指導したものでもなければ、新左翼や全共闘が関与したものでもなかった。その点ではむしろ、六〇年安保闘争に際して結成された、むさしの線市民の会に近かった。

むさしの線市民の会にひばりが丘団地の住民が加わらなかったように、「大泉市民の集い」も西武沿線の団地とは連動していなかった。ひばりが丘団地や滝山団地で最も活発だったのは、西武鉄道の運賃値上げに反対したり、西武バスの増発を求めたりする運動であった。その意味では、前述した六一年の西武運賃値上げ反対運動を引き継いでいたのであり、七〇年の前と後には強い連続性があった。

以下、その具体的な様相を眺めてみよう。

西武鉄道を含む大手私鉄十四社は、六八年十二月に翌年四月をメドとする運賃値上げを申請した。しかし、国鉄の値上げが六九年五月に実施される一方で私鉄の値上げはなかなか認められず、運輸大臣が運賃値上げを運輸審議会に諮問したのは、申請から一年以上がたった七〇年一月であった。首相の佐藤栄作は、二月の会見で値上げを認める方向を示唆し、運輸大臣の橋本登美三郎も、「二五%を下回らない範囲」での運賃改定をすべきだと語った。これに呼応して、西武など私鉄六社は初乗り運賃を二十円から三十円に引き上げることを追加申請した（森谷英樹『私鉄運賃の研究』、日本経済評論社、一九九六年）。

こうした動きが発覚するや、真っ先に反対の叫び声をあげたのは、工藤芳郎を会長とする滝山団地自治会であった。それに呼応して、西武沿線では各団地の自治会が中心となり、大々的な値上げ反対運動が沸き上がった。七〇年六月十一日には、『たきやま』に次のような記事が出ている。

西武鉄道は住宅を分譲して大もうけし、その住民をバス・鉄道で運びまた大もうけし、沿線の西友ストアー、デパート、遊園地に運んでまた大もうけというように、まったくぬけめのない荒かせぎをしているのです。

バス部門だけをとりあげて「赤字」だとか、鉄道部門だけをとりあげて「赤字」だなどというのは、まさに値上げを正当化するためのものと言っても言い過ぎではありません。

この批判は必ずしも正確ではない。なぜなら西武沿線では、西武が分譲した住宅地よりも、公団や都営、公社の団地のほうがはるかに多かったからである。むしろこの批判は、田園調布や多摩田園都市を開発した東急のほうに当てはまるだろう。その証拠に、よく似た記事が『赤旗』にある。

東急は、沿線にデパートを経営、スーパーを進出させ、東急建設、不動産による土地買い占め・投機、再開発と、利潤を追求。このため、買いもの、レジャー、住宅など、住民は、生活のすみずみまで東急の〝支配〟をうけ、東急とはなにかにつけて利害が相対立しています。

（『赤旗』七二年十二月九日）

しかし、多摩田園都市の地元紙『みどり新聞』を見る限り、東急の運賃値上げに反対する動きを伝える記事はいっさいない。田園都市線のたまプラーザ駅付近に建設されたたまプラーザ団地は、総戸数千二百五十四戸で全戸分譲、間取りは六十〜八十平方メートル台の3DK、3LDKのみという画期的な団地であったが、この団地で七〇年七月に実施されたアンケートによれば、大部分の人々が移ってきてよかったと答えており、期待はずれだったと答えているのは六・八％に過ぎなかった（『みどり新聞』七一年七月五日）。

そもそも東急沿線には、ひばりが丘団地や滝山団地クラスの大団地がなく、団地自体も少なかった。東急沿線で値上げ反対運動が起こったのは、総戸数六百六十七戸の日吉団地（現・サンヴァリエ日吉）自治会や東京都立大学（現・首都大学東京）生協などごく一部にとどまった（『たきやま』七〇年九月十五日、『ひばり』七〇年九月二十日）。

東急沿線に住んでいるのは、分譲住宅地にせよ団地にせよ、はじめから東急沿線に住みたかった人々が多く、東急と住民の間に親和性があるのに対して、西武沿線の団地に住んでいるのは、西武沿線に住みたかった人々では必ずしもなかったから、対立関係が生まれやすかった。

しかもその批判の仕方は、堤康次郎亡きあと、堤義明を中心とする「鉄道グループ」と辻井喬を中心とする「流通グループ」に分かれたにもかかわらず、六一年の値上げ反対のときと同様、巨大資本に住民が搾取されているという窮乏化理論に依拠していた。東急沿線では通用しなかった社会主義のイデオロギーが、西武沿線では堂々と通用したのだ。

七〇年六月十四日、後に「滝山コミューン」の舞台となる久留米町立久留米第七小学校（現・東久留米市立第七小学校）に東京都知事の美濃部亮吉を迎え、いずれも西武沿線に位置する滝山、ひばりが丘、東久留米、東伏見、石神井、小平、久米川、清瀬旭が丘の八団地の主催で、「団地問題を考える会」が開かれた。この会の席上、ひばりヶ丘団地自治会の佐藤安政会長は、「三多摩の交通は民間企業が独占していて不便だ、都営バスや都営地下鉄を通す考えはないか」と質問している（『たきやま速報』七〇年六月二十五日）。この発想は、革新自治体であった東京都に対する信頼に基づくものであり、「団地を公団の手から都市自治体の手にとりもどさなければならない」（前掲『都市の論理』）と述べた羽仁五郎と共通する。

七月になると、西武沿線の団地自治会など十七団体が「西武鉄道運賃値上げ反対実行委員会」を結成し、池袋、高田馬場、田無、ひばりヶ丘、花小金井など、西武池袋線や新宿線の各駅で値上げに反対する署名活動を繰り広げた。その模様は、『赤旗』が最も詳しく報道した。

二十五日午後、西武新宿線高田馬場駅や西武新宿線花小金井駅など西武新宿、池袋両線の主要駅前で、同実行委員会の人たちが署名を訴えました。

高田馬場駅前には、滝山団地自治会の工藤芳郎会長など十二人が「私鉄運賃値上げ反対」のタスキをかけて署名を訴えました。〝西武鉄道の運賃値上げ反対〟と書いた立看板が、土曜日で帰る人たちの目につき、多くの人が署名に応じていました。（『赤旗』七〇年七月二十六日）

さらに七月二十八日には、滝山団地自治会の会員が運輸省を訪れ、運輸大臣に反対署名二万五百六十九人分を添えて、陳情書を提出した。駅頭の署名活動も、運輸省への陳情も、主力は女性であった。『たきやま』七〇年九月十五日には、運輸省を訪れた女性会員によるこんな会話が出ている。

佐久間　とどめをさす意味でもう一回政府にいく必要ありますね。
梅原　何回も何回も波状攻撃すべきですね。
　私の場合は方々へいきたいのは山々だけど子供が一才半ではムリなので、他の方の子供さんを預って心おきなく行って貰うようにしました。
市村　そういう人もいなければね。
佐久間　私は子供づれで国会へも政府へも行きました。みんなも子供をつれてどんどんでかけたらどうかしら。

七〇年代に入り、ひばりが丘団地の人口が減少して衰退局面に入っても、六〇年代の運動を滝山団地が継承していた。沿線最大の公団住宅であった滝山団地は、西武運賃値上げ反対運動を主導する団地になっていたのがわかる。
　こうした動きに押されてか、佐藤栄作首相は八月七日、私鉄運賃値上げを批判する発言をした。勢いづいた西武鉄道運賃値上げ反対実行委員会は、西武鉄道の株を一株買って株主総会に出席し、値上げ反対を訴える「一株運動」を検討し始めた（『朝日新聞』七〇年九月二日）。これは水俣病患者団体が有機水銀汚染源の会社、チッソに対して始めたもので、小田実《まこと》を中心とするべ平連

（ベトナムに平和を！　市民連合）もちょうど同じころ、軍需企業の筆頭であった三菱重工に対する一株運動を検討していた（前掲『１９６８』下）。

だが、八月七日の佐藤の日記には、「運輸大臣や経企庁長官と私鉄運賃問題を協議。問題が問題だけに大いに疑問のゼスチャー」とあるように、私鉄運賃値上げを批判する発言は「ゼスチャー」にすぎなかった（『佐藤榮作日記』第四巻、朝日新聞社、一九九七年）。結局、九月二十五日に値上げが認可されたが、前日には公団住宅自治会協議会（関東自治協）を代表し、工藤芳郎が運輸省に対して、「値上げのたびに私鉄側は輸送力増強を約束しているが、われわれの通勤事情は、少しも楽になっていない。実質を伴わない値上げは反対だ」との抗議文を提出したことが大きく報じられた（『朝日新聞』七〇年九月二十五日）。

滝山団地自治会は、西武沿線の団地の自治会ばかりか、関東自治協に加盟する六十一団地の自治会をも代表していたのである。

なお七〇年七月には、関東自治協のほかに、愛知、関西、福岡の各自治協を合わせた公団住宅家賃値上げ反対全国自治協連絡会が結成された。日本共産党が背後から結成を指導したと言われており、結成大会には西武新宿線の上井草に住んでいた共産党代議士の松本善明が来賓として出席した。この全国自治協連絡会は、七四年七月に全国公団住宅自治会協議会（全国公団自治協）となるが、工藤芳郎は全国公団自治協でも代表幹事の一人となる（思想運動研究所編『日本共産党系団体要覧　１９８１年版』、全貌社、一九八一年）。

滝山団地自治会は、七〇年の西武運賃値上げ反対運動を次のように総括している。

私たちは、私鉄運賃を値上げするといったとき、滝山団地自治会から起った反対の火の手が、広く全国にもえひろがり、力を合わせた強い住民運動で三ケ月近く値上げをおさえ、九月二十九日（十月五日の誤り――引用者注）まで実施をのばさせ、値上げ巾も当初の平均三十二％を二十三％とおさえた経験をもっています。（『たきやま速報』七一年一月二十七日）

たとえ値上げを阻止できなかったとしても、滝山団地自治会は全国に先駆けて反対運動に立ち上がり、実施を延期させ、値上げ幅をおさえたことを自画自賛したのだ。

西武鉄道の運賃が改定されると、滝山団地自治会は一転して西武バスに対して、武蔵小金井、花小金井、東久留米各駅と団地を結ぶバスの増発や終バスの延長などを求める要望書を提出した。

それ以降の経過については、『赤旗』東京版の見出しを通して概観するにとどめたい。

とんでもない新ダイヤ　西武バス　東久留米市滝山団地　通勤ラッシュに拍車　〟話が違うぞ〟住民カンカン（『赤旗』七〇年十二月二十七日）

満員通過　すしづめ　積み残し　がまんならぬ私バス　〟通勤ラッシュなくせ〟　東久留米市住民が陸運局と交渉（同、七一年二月二十日）

通勤バス、ラッシュぶりを土橋〔一吉・日本共産党〕代議士が視察　東久留米市滝山団地（同、七一年三月三日）

終バス延長させる　東久留米滝山団地（同、七一年八月三日）

終バス時刻延長さす　滝山団地自治会など　一年余の運動みのる（同、七一年九月十五日）

滝山団地自治会は、西武鉄道の運賃値上げを阻止できなかったのとは対照的に、西武バスに対しては終バスの延長を認めさせたのである。自治会はこれを、住民運動の勝利と位置付けた。

だが、七二年になると、西武鉄道は他の大手私鉄とともに、再び運賃値上げを申請した。西武沿線では、他の私鉄沿線に先駆けて、西武鉄道運賃値上げ反対実行委員会が結成された。二年前と同じ歴史が繰り返されることになるわけだ。

このように、六〇年代から七〇年代にかけて、西武沿線の団地では一貫して、西武という巨大資本に対抗し、運賃値上げに反対したり、バスの増便を求めたりする運動が続けられていた。さらには、公団の家賃値上げに反対する運動も続けられていた。それらの運動を指導していたのは、日本共産党がヘゲモニーを握る団地自治会や関東自治協、全国公団自治協であった。

立花隆『日本共産党の研究』(二)(講談社文庫、一九八三年)が明らかにしているように、七〇年の第十一回党大会で、日本共産党は党規約の改正を行い、暴力革命不可避論やプロレタリア独裁論を事実上放棄した。これは五五年の六全協以降、共産党が進めてきたソフト化路線の帰結でもあった。さらに七三年十月には、『赤旗』に民主連合政府綱領を発表し、各党の理念の違いは留保しつつ、日米軍事同盟の解消と平和・中立化、大資本から国民本位への経済政策の転換、軍国主義の復活阻止と民主主義の確立を目標とする野党による連立政権を目指すとした。この綱領を提案したのは、かつて「幅広主義」を唱えた上田耕一郎であった。

七〇年代に入ってからのこうした方向転換は、共産党の勢力を拡大させ、いわゆる保革伯仲の状況をもたらした。日本共産党は、七二年の衆議院議員総選挙で三十八議席、七四年の参議院議員選挙で十三議席を獲得し、参議院での議席数は、非改選と合わせて二十となった。衆参両院ともに、結党以来最高を記録したのである。

西武沿線の滝山団地やひばりが丘団地で、共産党に指導された自治会の女性たちが西武運賃値上げや家賃の値上げに反対する活動を繰り広げていたころ、堤康次郎が計画した学園都市である国鉄中央線沿線の国立では、それとは全く異なる女性たちの活動が続けられていた。

国立では、朝鮮戦争の影響で、隣の立川同様、米国人兵士の慰安所と化した町を浄化しようと、文教地区指定を求めた母親たちが「くにたち婦人の会」を結成して以来、女性や青年を主体とする住民運動が盛んであった。住民がつくった団体も多く、六七年当時、市内には「百を下らない団体が活動を展開している」とされた(『くにたち公民館だより』六七年三月一日)。

こうした活動の拠点となったのは、一九五五年に設立された国立町(六七年より国立市)公民館であった。ここでは六四年から「くにたち婦人教室」が開かれるようになる。

くにたち婦人教室は、六五年に「若いミセスの教室」「はたらく婦人教室」「南部婦人教室」に分かれ、六六年には「はたらく婦人教室」が「富士見台婦人教室」と「北部婦人教室」に分かれ、六七年には「富士見台婦人教室」と「北部婦人教室」が再び統合されて「公民館婦人教室」となったが、いずれも国立在住の女性のための学習教室であった(『国立市史』別巻、国立市、一九九二年、『くにたち公民館だより』六六年五月一日)。六六年からは、公民館で市民大学セミナーも始まっている。

公民館を拠点とする活動で思い出されるのは、五三年に荻窪駅の近くに開館した杉並区公民館である。館長の安井郁が中心となり、五三年から「杉の子会」と呼ばれる主婦たちの読書会が、また五四年から原水禁署名運動が始まる一方、公民館主催の公民教養講座も始まった。運動の主力となったのは杉並婦人団体協議会であり、公民教養講座に参加したのも女性が多かった（丸浜江里子『原水禁署名運動の誕生』、凱風社、二〇一一年）。国立は、同じ中央線沿線の荻窪に通じていたのである。

講師として呼ばれたのは、大学教授など専門研究者であった。西武沿線の団地とは異なり、一橋大学を市内に有する国立では、大学闘争に対する市民の関心が高く、六九年二月には公民館ホールで、「母親のための教育問題講座」が開かれた。

いま東大をはじめ全国で大学のありかたをめぐって、さまざまな動きを見せていますが、これは学生や教授だけの問題ではなく、広く学問や思想そして教育全体の問題であり、国民のひとりひとりがそれぞれの立場で考え、発信しなければならない問題でありましょう。
そこで公民館では、おもにいま小中高などに通う子どもを持って、この教育の問題について深い関心をよせているおかあさんがたのために、連続七回の教育問題講座を計画しました。
（『くにたち公民館だより』六九年一月五日）

この講座に続いて、六九年五月十七日には「大学問題を考える主婦の会」が、一橋大学兼松講堂で羽仁五郎を招き、約千三百人の市民や学生が参加する講演会を開催した（前掲『国立市史』別巻）。同じ日、一橋大学本館は反共産党系の全学闘争委員会の学生によって封鎖され、「一橋の紛争が重大な局面をむかえた」（海老坂武『かくも激しき希望の歳月　１９６６〜１９７２』、岩波書店、二〇〇四年）。

もともと西武沿線に住んでいながら、新左翼や全共闘の活動を支持していた羽仁五郎は、いまや西武沿線よりはむしろ中央線沿線に思想的共鳴盤を見いだしていた。

羽仁五郎だけではなかった。西武沿線の団地が運賃値上げ反対運動に明け暮れた七〇年には、国立市公民館で開かれた若いミセスの教室に、かつてひばりが丘団地文化祭に呼ばれていた妻の羽仁説子も、講師の一人として呼ばれていた（『くにたち公民館だより』七一年三月五日）。

一方には、西武沿線の駅頭でタスキをかけ、署名を集め、運輸省まで値上げ反対の陳情に押しかける主婦がいた。他方には、公民館や大学の講堂に大学教授やオピニオンリーダーを呼び、彼らの一言一句を聞き漏らすまいとペンを走らせる主婦がいた。全く対照的な光景が、並行する鉄道の沿線で同時に存在していたのである。

公民館には保育室が完備されていたので、子供のいる母親でも学習に集中することができた。注目すべきは、団地住民が多く参加していたことである。七〇年の若いミセスの教室では、二十人のうち、公団の団地在住の主婦が十人を占めた（伊藤雅子『子どもからの自立』、未来社、一九七五年）。この団地は、六五年から入居が始まった国立富士見台団地（総戸数二千二百五十七戸。賃貸千九百五十九戸、分譲二百九十八戸）を指している。ただし最寄り駅は中央線の国立ではなく、南武線の谷保か矢川であり、公民館へはバスで通ったと思われる。

公民館や一橋大学からも近い国立駅前には、邪宗門、ロージナ茶房、喫茶プリンスなどの喫茶店が集まっていた。喫茶店や古本屋や映画館が駅前にあるのは、中央線沿線に共通していた。喫茶店には、左翼用語を駆使して話す大学生たちに交じって、公民館での学習を終えた団地の主婦たちもいたに違いない。それは、ひばりが丘団地や滝山団地では決して見られない光景であった。

第十六章　そして「滝山コミューン」へ

一九七一（昭和四十六）年という年は、日活ロマンポルノ「団地妻　昼下がりの情事」が封切られた年に当たる。新中間階級のシンボルとしての「団地族」に代わり、夫のいない間に密室で情欲を持て余した妻が不倫に走る「団地妻」が、これ以降、団地を表象する記号となる。「団地族」という言葉が初めて『週刊朝日』に登場したのは、五八年であった。この間、わずか十三年しかたっていない。

その余波は、滝山団地にも波及してくる。東京12チャンネル（現・テレビ東京）で放映されていたお色気女性アクションドラマ「プレイガール」のロケが滝山団地で行われていたことが判明したのだ。

「健全な団地婦人の風俗を、著しく傷つけるテレビ映画を団地内でロケし、放映するのは許せない。放映を中止しなければ今後、団地を使ってのロケはいっさい許さない」と、怒った東京・東久留米市の公団滝山団地代表が二十日制作者の東映と12チャンネルに抗議する。

東映は十八日朝十時から同夜十時まで12チャンネル用の連続テレビ映画「プレイガール」のロケを滝山団地で行なったが「団地婦人の乱れた私生活をどぎついタッチでとった。健全な団地の生活が傷つけられるおそれがある。ロケを中止させて――」といった声が、団地自治会に殺到した。(『朝日新聞』七一年二月二十日夕刊)

滝山団地自治会は、「プレイガール」のロケに滝山団地が使われることで、単に「健全な団地婦人の風俗」が傷つけられるのを恐れただけではない。性とはすぐれて私的なものであるから、性的な語りが蔓延することで、団地というコミュニティそのものが破壊されることを何よりも恐れたのだ。

実際に、七二年一月から入居が始まった高島平団地(東京都板橋区)の総戸数は一万百七十戸(賃貸八千二百八十七戸、分譲千八百八十三戸)と、それまでの公団住宅の最高に達した。もはや、特定の政党によって指導された単一の自治会を結成することなど、不可能であった。

団地は高層化し、コンクリートの壁はますます高くなり、住民の関心は「公」よりも「私」に向かう。同年五月に発刊された団地住民向けのタウン紙『団地新聞高島平』(現・『高島平新聞』)で、女性の乳房、目、眉、唇、アゴ、ホホ、耳の形や大きさなどからセックスや性感を占う「プレイロッド」が連載されたのも、こうした傾向と無縁ではあるまい。

もっとも、滝山団地自治会の関係者によると、実は滝山団地でも、商店街の一角に主婦の売春を斡旋する店があり、団地妻が相手から金を受け取って車で新青梅街道沿いのモーテルに行き、売春をしていたことがあったという。だがもちろん、そうした事実を史料から確かめることはできない。共産党的な「正しさ」を追求する自治会にとって、それはあってはならないことだったからだ。

日活ロマンポルノの封切りとともに、一九七一年には団地の歴史を大きく変えるもう一つの出来事があった。すでに大阪には千里ニュータウンができていたが、七一年三月、南多摩郡多摩町(同年十一月より多摩市)に建設された多摩ニュータウン諏訪・永山団地の入居開始をきっかけに、首都圏でも本格的なニュータウンの時代が到来したのだ。

では、団地とニュータウンの違いはどこにあるのか。まず、規模が違う。多摩ニュータウンの人口は約四十一万人、総戸数は約十一万戸が想定されていた。区域は多摩市、稲城《いなぎ》市、八王子市、町田市の四市にまたがり、開発主体も日本住宅公団だけでなく、東京都、東京都住宅供給公社の三者が共同で行った。すべてのニュータウンが完成するまでには、二十年以上におよぶ年月がかかった。その間に従来の中層フラットタイプのほか、エレベーター付きの高層ポイント棟や、専用庭を持つ戸建てを連続させた長屋型の低層住宅「タウンハウス」など、さまざまなタイプの棟が建てられた。交通機関も、既存の鉄道ではなく、ニュータウンのための新線(京王相模原線、小田急多摩線)が建設された。

高島平団地の規模をはるかに凌駕した多摩ニュータウンに、滝山団地に匹敵するコミュニティを求めるのは到底不可能であった。社会学者の内田隆三は、こう指摘している。

多摩ニュータウンにおける問題は、そこに出現している「不連続性」がもっと深い地層に及んでいることとから生じている。そこでは異質なものたちが文脈を欠いたまま出会うべきテーブル、つまり「共通の場」の存在そのものが十分に信じられていないからである。たしかに多摩ニュータウンという同一性はあるが、そこにはさまざまな断層線や切断線が走っている。しかも、それは開発の時期々々による変遷がつくりだしたものだけではない。むしろ一九九〇年前後に、バブルと消費社会の表現としてニュータウンがそれ自身の都市化を果たしていく過程で、土地を基盤とする「共通の場」が見えない深淵に沈んでいったのである。(前掲『国土論』)

多摩ニュータウンに「共通の場」がないという内田の指摘は、ニュータウンにおける自家用車の普及という別の面からも確認できる。

確かに長谷川一が前掲『アトラクションの日常』で指摘したように、多摩ニュータウンは自家用車の普及を前提とした計画都市であった。しかしニュータウンの完成と同時に開通するはずだった京王相模原線や小田急多摩線の開業が七四年にずれこんだこともあり、ニュータウンでは公団の予想以上に自家用車が普及した。「陸の孤島とさえ表現されている現在のニュータウン住民にとって、自動車はいってみれば〝下駄替り〟的性格を持っている。/すでにニュータウン居住者の約三分の一は自動車を保有しており、約三分の一は将来保有を希望している」(『多摩ニュータウンタイムズ』七二年九月一日)。ところが駐車場が足りず、七三年になっても、全体の八四%が路上駐車していたという(同、七三年六月一日)。

言うまでもなく、自家用車は個人が所有する乗り物であり、鉄道やバスの路線に規定されることはない。運賃値上げやストライキの影響を受けることもない。それは個人主義を助長するという点で、コミュニティと対立する。

クルマ社会がいち早く訪れたアメリカでは、評論家のルイス・マンフォードが一九六一年にこう指摘していた。

現在の郊外体制のもとでは、あらゆる都市機能が自動車道路の例にしたがう。それはますます摩擦と欲求不満を募らさせながら、空間を食い荒し時間をつぶす。一方、自動車道路は、速度と伝達の範囲を増大するというもっともらしい口実のもとに実際はそれを妨害し、都市の断片を地域圏全体にでたらめにばらまくことによって、たやすく人々が集まったり出会ったりする可能性を失わせているのである。(『歴史の都市　明日の都市』、生田勉訳、新潮社、一九六九年)

同様の問題を、多摩ニュータウンの住民もまた感じとっていた。諏訪二丁目団地に住んでいた浅井民雄は、自家用車の普及により、「いろいろな地域住民の生活の問題の解決を、個人の力の範囲内だけにとじこめてしまうような心が生れてくること」を危惧し、「車を媒介として地域社会の対話がなくなり、人間的な信頼感がなくなっていくなら、この便利なもの——自動車は廃棄されなければならないものではないかと考えます」とまで述べた(「〝車を捨てよう〟—多摩ニュータウンに住むY君への手紙」、『丘』第三号、一九七三年所収)。

多摩ニュータウンと同様、多摩丘陵に東急が開発した多摩田園都市では、六六年に溝の口—長津田間に田園都市線を開業させながら、国鉄に接続する長津田駅付近の一カ所を除いて線路と道路をすべて立体交差にするなど、自家用車の所有を想定した一戸建主体の街づくりが進められていた。青葉台駅に近いみたけ台に住んでいた批評家の東浩紀は、「僕の自宅前の道路でさえ、両側にダブルで路上駐車があっても車が十分に通れるような広さでした」と回想している（東浩紀、北田暁大『東京から考える』、NHKブックス、二〇〇七年）。

ここには、堤康次郎とは対照的に、鉄道が衰退して自家用車が普及するアメリカから影響を受け、鉄道でなく、高速道路を多摩田園都市に建設しようとした五島慶太の思想が生かされているのかもしれない。

ライターの速水健朗《はやみずけんろう》が指摘しているように、「マイカー元年」といわれる六六年にカローラやサニーなど低価格のファミリーカーが登場して以来、自家用車の大衆化が進み、六〇年代のスカイラインのCMには団地が登場していた（大山顕ほか『団地団』、キネマ旬報社、二〇一二年）。しかし滝山団地では、多摩ニュータウンほど自家用車の保有率は高くなかった。団地内のスーパーに駐車場がなかったことは、前述の通りである。自治会準備会が六九年四月に行ったアンケートによれば、主に利用する交通機関はバスが百四十七に対して、自家用車は十九にすぎなかった（『滝山団地自治会準備会ニュース』六九年五月一日）。

滝山団地自治会の会報『たきやま』では、自家用車に対する反発がしばしば語られている。

都市計画の道路がしだいに完成していき、それにともなって、自動車の通行量が多くなるにつれて、交通事故は団地の父母の心配のたねになっています。（『たきやま』六九年八月三日）

アンケートの内容についてみると、実際に交通事故を目撃したり、あぶない目にあったという人が予想外に多く、学童の横断を心配する声も多くの方からよせられています。また排気ガスによる空気の汚れや騒音も日ごとにひどくなっており、洗たく物が汚れるとか、道路側の部屋はうるさくてつかえない、せっかくの休日もわが家でくつろぐことができない、窓もあけられないなどの声があります。（同、七一年十一月二十五日）
最近になって、団地の居住者の車に、団地内の子どもがひかれるという事故があいついでいます。（同、七三年五月二十日）

自家用車は交通事故を誘発し、団地の環境を悪化させるというのだ。

こうした反発は、七六年にイトーヨーカドーが都道二一三号（後の都道二四八号、新小金井街道）沿いに当たる滝山四丁目に、百五十台分の駐車場を備えたショッピングセンターを開設しようとしていることが明らかになるに及んで、さらに大きくなった。同年十二月には、滝山団地自治会から提出された「滝山地域における大型ストアの進出に反対する請願書」が東久留米市議会で採択された（同、七七年一月十日）。

前述のように、自家用車に乗り、大型駐車場付きのショッピングセンターで買い物をするライフスタイルは、六〇年代のアメリカで確立された。イトーヨーカドーの滝山進出は、西友の強かった西武沿線でも、ついにアメリカ式のライフスタイルが本格的に根付くことを意味するはずであった。

滝山団地自治会は、滝山を「緑と太陽に恵まれた住宅都市」「文教地区」と見なし、イトーヨーカドーの進出は滝山を「にぎやかな繁華街」に変貌させ、自動車公害をもたらすものとして反対した（同）。しかし、自治会の主張は結果的に公共交通を尊重することになり、その尊重はあれほど運賃値上げに反対し、終バスの延長を求めてきた西武鉄道や西武バスへの依存を強めることにつながる。さらにはアメリカ的な、あるいは資本主義的な郊外ではなく、ソ連的な、あるいは社会主義的な郊外を、住民自身が選択することにもなる。

そもそも、自治会の言う「文教地区」とは何だろうか。一橋大学のある国立とは異なり、滝山には大学はもちろん、高校もなかった。あったのは、市立の西中学校と第七小学校、第九小学校、滝山小学校だけである。

このうち、最も規模が大きかったのは、六丁目の1〜3街区のすべての児童が通う第七小学校であった。七四年には、その児童数は千五百二十四人、学級数は三十八クラスとなり、東久留米の小学校で最大規模、東京都全体の小学校でも有数のマンモス校となった。七五年に滝山小学校が開校したのは、大きくなりすぎた第七小学校の児童数を分散させるためであった。

七七年には開店するはずだったイトーヨーカドー滝山店は、自治会の反対により計画が大幅に遅れ、八〇年になってようやく開店したものの、駐車場は許されなかった。

反対運動とともに問題化してきたのは、東久留米市が東京都のなかでも、公民館をはじめとする公共施設が際立って貧弱であるという事実であった。前述のように、中央線沿線の杉並区や国立町（六七年より国立市）では、公民館がコミュニティの核としての役割を果たしていた。七〇年代になると、稲城市、多摩市、東大和市で公民館が建設されたほか、町田市、昭島市、福生市、田無市、狛江《こまえ》市、武蔵野市などでも公民館設置を求める運動が起こった（横山宏、小林文人編著『公民館史資料集成』、エイデル研究所、一九八六年）。そして七七年になると、教育学者の小林文人をして「東京中で、公民館またはそれに類する施設がないのは東久留米だけになりましたね」と言わしめるような状況に立ち至ったのである（『たきやま』七七年十一月三十日）。

これではいけないと、市民の有志により「社会教育施設をつくる会」が発足したのは、同年四月のことであった（中村祥子「規約も会費もない施設づくり運動」、『住民と自治』一九八三年七月号所収）。この会の活動のなかで「公民館まだか」というフォークソングまで生まれたが、東久留米市立中央公民館（現・生涯学習センター）が建てられたのは一九八五年七月で、杉並区や国立市より三十年ないしそれ以上も遅かった。

滝山団地の場合、公民館に代わる役割を果たしていたのは、小学校であった。前述のように、共産党に指導された自治会への加入率は、必ずしも高くなかった。四人家族で子供が地元の小学校に通う世帯を標準世帯とする滝山団地では、小学校こそがほぼすべての世帯にかかわっていた。都知事の美濃部亮吉を第七小学校に迎えて「団地問題を考える会」が開かれたのは、滝山で最も多くの住民を集められるのが第七小学校であったからである。大袈裟にいえば、団地住民は子供たちを人質として小学校にとられていたわけだ。

七〇年十月に久留米町が東久留米市になってからも、東久留米市の人口は一年間に一万人近く増え続けた。第七小学校は児童数の急増に対応できず、校庭にはプレハブ校舎が次々と建てられた。この問題こそが、住民が小学校に関心をもち、勉強会を始めるきっかけとなったことは、拙著『滝山コミューン一九七四』（講談社文庫、二〇一〇年）で触れた。「子どものしあわせのために」（『たきやま』七一年六月二十三日）プレハブ校舎の全面解消を市に要求する運動は、やがて団地ができる前の地元の有力者で固められていたＰＴＡの民主化と、彼らに支えられ、文部省の指導に忠実であった校長の交代を実現させることになる。

運動の主体となったのは、団地の専業主婦たちであった。主婦を中心とする勉強会が開かれたという点で、滝山は同時代の公民館を拠点として学習教室が開かれた国立と共通する。

しかし、国立ではすでに確立された学園都市の枠組みのなかで、「主婦として、母親として、さらには社会に生きる一人としていかに充実した人生を生きるか」を、あるいは女性の歴史を、羽仁説子や山崎朋子、丸岡秀子、もろさわようこといった著名な文化人を講師として呼んで学ぶのに対して、滝山では小学校を改革するための道具として、憲法や教育基本法について住民どうしが自主的に学習したり、『子どものしあわせ』『ひと』などの月刊教育雑誌を読み合ったりする点が違っていた。講師を小学校に呼ぶ場合でも、そこにはよりよい初等教育の実現という目標が明確に伴っていた。

第七小学校に呼ばれた一人に、当時、水道方式という学習法を提唱して文部省に指導された小学校の算数教育を痛烈に批判し、『ひと』を創刊した遠山啓がいた。七二年九月六日の遠山の日記には、「1時10分より久留米第7小学校で講演。質問をうけて、4時40分に出る。400人参加」(『遠山啓著作集』別巻1、太郎次郎社、一九八三年)とある。

滝山団地自治会副会長、次いで第七小学校PTA実行委員長となる2街区在住の林道子は、こう述べている。

高校義務制への要望が、次第に世論となりつゝあるにもかゝわらず、相変わらず激しい高校入試競争の下で、中学のみならず、小学校或いはそれ以下の子どもたちにさえ、知育偏重の教

育が巾をきかしている現状は、ほんとうに何とかしなければならない所まできています。（中略）
　子どもたちの健やかな成長は、親のみでも学校のみでも達成することは困難で、広い意味でのよい環境づくり、学校づくりが、地域の人々の手によってすゝめられるよう期待したいと思います。（「東久留米一のマンモス校」、『たきやま』七四年三月一日所収）

林の言う「知育偏重の教育」に対する批判、「地域の人々」との連携や「学校づくり」の重要性の強調などは、遠山啓の『ひと』ばかりか、もう一つの民間教育研究団体を連想させる。全国生活指導研究協議会、略して全生研である。

　実際にこの時期の第七小学校では、全生研の影響を受けた一人の若手教員を中心に、代表児童委員会を拠点とする「学級集団づくり」が、ＰＴＡからの支持を得ながら進められていた。その詳細は前掲『滝山コミューン一九七四』に記した通りだが、ここでは全生研がモデルとしたソ連の教育学者、Ａ・Ｓ・マカレンコ（一八八八〜一九三九）にまでさかのぼって考えてみたい。

　全生研とマカレンコの教育論との関係については、後に全生研の幹部となる大西忠治が、「日本の現在の集団主義教育をマカレンコのやきなおし、その直輸入と見ることには反対です」（傍点原文）としながらも、「マカレンコに『教育』というものを教えられ、理論づけの出発をそこに学んだことは事実です」と述べていることが参考になる（『班のある学級』、明治図書出版、一九六四年）。

全生研で初等教育の眼目として掲げられていたのは、「大衆社会状況の中で子どもたちの中に生まれてきている個人主義、自由主義意識を集団主義的なものへ変革する」とする集団主義教育であった（全生研常任委員会編『全生研大会基調提案集成』、明治図書出版、一九七四年）。その集団主義は、マカレンコと全く同じではないにせよ、スターリン時代のソ連で生まれた教育論から影響を受けたこと自体は否定しないとしているわけだ。

マカレンコには多くの著作があるが、大半は教育小説のかたちをとっているため、理論的なものは少ない。そのなかで、一九三五年から三六年にかけて書かれた「訓育過程の組織方法論」と、三八年一月にロシア社会主義共和国教育人民委員部の労働者向けに行った講演「ソビエト学校教育の諸問題」には、マカレンコが理想とする集団主義教育が解説されている（いずれも『マカレンコ全集』第六巻、明治図書出版、一九六五年に所収）。

まず、「訓育過程の組織方法論」から見てみよう。これを見ると、全生研の影響を受けた第七小学校で、いかにマカレンコの指導したソ連・ハリキウ市近郊のジェルジンスキー・コムーナとよく似た教育が行われていたかがわかる。なおコムーナとは、コミューンのことである。

具体的にいえば、マカレンコの言う「隊」「隊長」「隊長会議」「学級隊長」「集団会議」が、それぞれ第七小学校の「班」「班長」「班長会」「学級委員」「代表児童委員会」に相当する。また、マカレンコの言う「総会」は、第七小学校ではふだんは開かれなかったが、七四年七月の林間学校直前には、その名も同じ「総会」が六年生全員を集めて体育館で開かれた。

マカレンコは、「隊」という言葉が軍隊に由来することを、「ソビエト学校教育の諸問題」で認めていた。軍隊という伝統は、集団を美しく見せる上では有効とされたのだ。一方、全生研が集団の基礎として考えた「班」もまた、戦前には内務班という言葉に象徴されるように、軍隊で多く使われていた。マカレンコが明白に軍隊と教育の関係を意識していたのに対して、全生研が戦前の軍隊との関係をどれだけ意識していたかはわからない。

「ソビエト学校教育の諸問題」によれば、集団の利益は個人の利益よりも「最後まで」優先される。「わたしたちが主張するのは、個人と集団とが衝突するばあい、集団の利益が個人の利益のうえにおかれる、ということです」。集団の目的を最もよく達成する形式は規律であり、「規律は自由である」。こうした主張は、ルソー『社会契約論』（桑原武夫、前川貞次郎訳、岩波文庫、一九五四年）の有名な次の一節を想起させよう。

　実際、各個人は、人間としては、一つの特殊意志をもち、それは彼が市民としてもっている一般意志に反する、あるいは、それと異なるものである。（中略）

従って、社会契約を空虚な法規としないために、この契約は、何びとにせよ一般意志への服従を拒むものは、団体全体によってそれに服従するように強制されるという約束を、暗黙のうちに含んでいる。そして、この約束だけが他の約束に効力を与えうるのである。このことは、〔市民は〕自由であるように強制される、ということ以外のいかなることをも意味していない。

つまり、マカレンコの言う「集団」「集団の利益」「個人の利益」は、それぞれルソーの言う「団体」「一般意志」「特殊意志」に相当するのだ。

だが他方でマカレンコは、集団と対立する個人をいかに傷つけずに規律に属させるかについて、腐心している。集団が個人と対立している場合、その個人を正面からたたけば、「だめになってしまうかもしれない」からだ。

その結果として考え出されたのが、「迂回作戦」であった。例えば、盗みの疑いをかけられた女子児童が隊長会議にかけられた場合、たとえその児童が本当に盗んだとしても、マカレンコは「集団の怒り」を回避するため、あえて「だめです。彼女が盗んだということをみなさんは立証しませんでした。わたしは追放を許すことができません」と話すのである。「こういう迂回作戦はきわめてむずかしい、複雑なものです。そして、それによって解決できるのは、まれな場合にかぎられています」という留保がついているにせよ、マカレンコが時に集団から個人を保護する必要を感じていたことは、銘記しておかねばなるまい。

なぜなら、全生研では集団の絶対性がより強調され、集団の爆発的怒りは個人の自己批判、自己変革を要求して激しく迫る「追求」にまで高まらなければならないとされるからである（全生研常任委員会編『学級集団づくり入門』第二版、明治図書出版、一九七一年）。実際に第七小学校では、その個人（すなわち私）が特定され、代表児童委員会によって「追求」されるという事件が起こっている（前掲『滝山コミューン一九七四』）。

ジェルジンスキー・コムーナで実践された次のような具体的事例も興味深い。

台所のせいか、当直のせいか、寝過ごした児童のせいかは不明だが、誰かのせいで朝食の合図を知らせるベルが十分遅れて鳴ったとする。その場合、児童たちは十分遅れて食堂にやって来る。児童たちが朝食を食べ始めてまもなく、マカレンコは食堂に行き、「朝食、終わり」と言う。「それが身体的にもよくない、等々であることを、わたしはよく知っています」。けれども、たとえ朝食を食べられなくても、不満を言う生徒はいない。「規律の美」こそが、何よりも優先されるからだ。このような行動をとることで、児童はマカレンコが集団を信頼していることを理解するのだという。

これが第七小学校だったらどうだろうか。全生研の「学級集団づくり」にならった七四年の林間学校のように、朝食の開始が遅れた上、遅れて食堂にやって来た班が特定され、その班は「ボロ班」の烙印を押されたのではなかろうか。一方、マカレンコは朝食のベルを十分遅く鳴らしたのは誰かを特定することはしない。「集団の利益が個人の利益に先行するのではあるが、個人が、苦しい破局的な状態におちいらないようにしなくてはならない」ため、特定の個人を「追求」しなくても、その個人が反省して集団の規律を重んじるようになるよう、工夫が凝らされているのだ。

こうして見ると、「日本の現在の集団主義教育をマカレンコのやきなおし、その直輸入と見ることには反対です」(傍点原文)という大西忠治の言葉が、改めてよみがえってくる。確かに全生研の唱える教育論は、マカレンコのやきなおしではなかった。その教育論はスターリンの粛清が猛威をふるった時期のソ連と比べても一層全体主義的であり、個人を圧殺するものであった。

コミューン(コンミュン)という言葉は、羽仁五郎が前掲『都市の論理』で都市自治体の理想として用いたほか、六五年に発生した慶應義塾大学の学費値上げ反対闘争や、六六年に発生した横浜国立大学の自主管理闘争、六五年から六六年にかけて発生した中央大学の学館闘争で、実際に使われていた(前掲『1968』上)。いずれも、バリケードで封鎖したキャンパスで、学生が完全自治と直接民主主義を求めたことを意味するが、「滝山コミューン」もまた児童自身による直接民主主義を究極の理想とした点で、これらの大学闘争と共通する面があった。

ではなぜ、滝山という場所で七四年に「コミューン」が成立したのか――。

まず、大きな時代的背景としては、「一億総中流」と呼ばれる平等意識があった。前年の七三年には、総理府広報室編『国民生活に関する世論調査』第16回（内閣総理大臣官房広報室）において、「生活程度」を「中」とする回答が初めて九割を超えた。また、小学校に限っても、この時期はまだイジメなどの問題が表面化していなかった。文部省大臣官房統計課が毎年発表していた『学校基本調査報告書』によれば、登校拒否児童数が最も少なかったのは、七四年であった。「教育とは人類の自己形成の営みであり、学校はこれを共同的に具現する場所なのだという美しい物語」（古茂田宏「文化と文化の衝突」、『講座学校　第3巻　変容する社会と学校』、柏書房、一九九六年所収）が、一定のリアリティをもって維持されていた時代に当たっていたのである。

だが、これだけではまだ答えになっていない。

社会学者の橋本健二が指摘するように、もともと団地族と呼ばれる人々は労働者階級とは区別された新中間階級に属しており、団地は新中間階級を可視化する装置であった（前掲『「格差」の戦後史』）。ひばりが丘団地に住んでいた秋山駿が、どの世帯もよく似た家族構成であるばかりか、生活パターンまで全く同じであることを発見していたのは、先に見た通りである。

とりわけ滝山団地は、賃貸、分譲を問わず、すべての棟が中層フラットタイプ五階建という、公団が建てた団地のなかで最も同質的な大団地であった。「民主主義の本質をなすものは、第一に、同質性ということであり、第二に――必要な場合には――異質的なものの排除ないし絶滅ということである」(『現代議会主義の精神史的地位』第二版へのまえがき、稲葉素之訳、みすず書房、二〇〇〇年)というカール・シュミットの言葉が、これほど可視化された空間もほかにあるまい。しかも分譲主体のため、全戸賃貸の団地よりも転出入が少なく、第七小学校に六年間通い続ける児童の割合はきわめて高かった。

さらに重要な要因がある。第七小学校の「学級集団づくり」を支えることになるPTA役員の多くは、林道子のように滝山団地自治会の会員であった。団地では必ずしも成功しなかった共産党の戦略が、いわばその代償として、政治的に無色な児童が通う小学校を舞台とするコミューンの建設を促したのである。

歴史的に見れば、西武沿線に根付いた革新的な政治風土が、大人ばかりか子供たちにも受け継がれてきた系譜がある。大学闘争や「滝山コミューン」に先立つ六〇年代前半、久留米町に隣接する保谷町のひばりが丘中学校や保谷中学校では、いわゆる学テ反対闘争が繰り広げられた。とりわけ、ひばりが丘中学校はひばりが丘団地に住む生徒が多く通っていた点で、第七小学校と共通する。

六二年から六三年にかけて、保谷町では文部省が全国の中学校や小学校に導入した学力テストに反対する闘争が繰り広げられ、六三年五月には「保谷町学力テスト反対協議会」が発足した。社会党や共産党はもとより、前述した「ひばりヶ丘民主主義を守る会」や新日本婦人の会も、この協議会に参加している(『保谷市史』通史編3近現代、保谷市史編さん委員会、一九八九年)。

一九六二年には、保谷町は全国の自治体で唯一、学力テストを実施しなかった。六三年はぎりぎりになって実施を決めたが、前日になってテスト実施を知らされたひばりが丘中学校では、生徒たちが校長室を埋めつくして校長を詰問し、臨時中央委員会を成立させた。翌日、生徒たちは校庭で非公式な「生徒集会」を開き、「秩序整然と『学テ賛成』『学テ反対』の考えをのべ合った」(同)。「君たち、何とかして生徒を教室に入れてくれ」と頼む校長に対して、教師たちは「それは職務命令ではありませんね」と答えた。テストが始まってからも、教室の外では「教室へ行くのと集会に参加するのとどちらが正しいのか」を話し合う生徒の輪がいくつもできた。教室に入った生徒も、多くは白紙で出した。これはもちろん、全生研とは何の関係もなかったが、文部省の指導に対抗して学校の民主化を求める運動が、現場の教員ばかりか生徒にまで浸透したという点では、相通じるものがあった。

さらに歴史をさかのぼれば、やはり久留米村に隣接する清瀬村の医療地区で一九四六年に成立し、清瀬村に共産党が勢力を浸透させてゆく基盤となった「清瀬コミューン」(第三章「清瀬と『赤い病院』」を参照)を見逃すわけにはゆくまい。患者自治会に指導された患者と、共産党系の従業員組合が起ち上がり、病院の「民主化」を目標に掲げて経営管理を行った事件である。

もちろん、結核患者を主体とする「清瀬コミューン」の根底にある「死」の問題が、「滝山コミューン」にはなかったという重大な相違はある。しかしどちらも、西武池袋線と西武新宿線の線路にはさまれた武蔵野の雑木林を切り開き、敷地内にその一部を残しつつ、周囲から隔絶された人工的な「町」をつくったという点では同じであった。

清瀬村の国立東京療養所に入所した作家の福永武彦は、自らの体験をもとにした小説「草の花」で、療養所の風景を次のように描いている。

病院の構内を一周して散歩道がある。この季節には、生い茂っていた夏草も枯れ、散歩道を縁取った楢や栗や櫟の木々も落葉する。そうすると散歩道からは病棟の部屋部屋が見え、病棟で寝たきりの患者の眼にも、枯れ落ちた雑木林の向うに、外気小舎のトントン葺の屋根が幾つも点在するのが眺められた。(『福永武彦全集』第二巻、新潮社、一九八七年)

滝山団地にも、各街区に遊歩道があった。遊歩道からは、各棟のベランダや(窓を通しての)部屋を眺めることができた。反対に部屋からは、南北に隣接する隣の棟がよく見えた。しかし療養所の外を一歩出れば、次のような武蔵野の原風景が広がっていた。

よく晴れた日に、私は外気舎の建ち並んだ間を通り抜けて、サナトリウムの裏手の小道を歩いた。麦は青々と延び、土は黒く、雑木林の中に新芽が芽ぶいていた。道を真直に行くと、それはやがて野火止《のびどめ》用水と交叉した。徳川末期につくられた灌漑のための掘割で、一間ほどの幅を保ったまま、武蔵野の面影を残した野原の間をのどやかに流れていた。(中略)掘割にかかった危なっかしい石橋を渡って、もう少し先の方まで行くこともあった。草の褥《しとね》に腰を下すと、ゆるやかな降りになった勾配の向うに、防風林に囲まれた百姓家や小川や、それに小さなお寺などが、降り注ぐ日射を受けてまどろんでいた。それらの風景は新鮮で、心に沁み入るほど平和だった。(同)

敗戦直後、昭和二十年代の西武沿線には、空襲の傷痕も少なく、戦前と同様の「心に沁み入るほど平和」な風景がどこまでも続いていたのである。その一角に療養所ができ、やがて団地もできた。

福永武彦が描いたような風景は、私が第七小学校に通っていた当時もなお、滝山団地の周辺に残っていた。福永が眺めた野火止用水を、小学六年生の私もまた目にしたことは、前掲『滝山コミューン一九七四』で触れた。

たとえ人工的な「町」がつくられても、丘陵地を崩し、地形を根こそぎ変え、「〜台」「〜が丘」「〜野」といった新しい地名をつけ、街路樹を新たに配置し、景観を一変させてしまうほどの大規模な宅地開発は、西武沿線にはなかった。東急がいまなお開発を続けている多摩田園都市とは、この点が決定的に異なる。「清瀬コミューン」も「滝山コミューン」も、その思想が確立した地域はごく狭い範囲にとどまった上、時期も長続きはしなかった。福永武彦は「清瀬コミューン」を体験していないし、七一年に第七小学校を卒業したノンフィクション作家の黒岩比佐子も、「滝山コミューン」を体験していない。けれども、ここまで徹底したコミューンが西武沿線以外には生まれなかったこともまた確かであった。

社会学者の上野千鶴子は、一九六八年から七六年までを西武百貨店の黄金時代としている。この時期は、辻井喬とパルコ専務の増田通二《つうじ》のもと、西武百貨店とパルコが渋谷に進出し、CI戦略で「イメージ・キャンペーン」を打つ時期と重なっている。辻井は、「その背後には、西武はイメージがよくないという自覚がありましたから」とはっきり言っている（辻井喬、上野千鶴子『ポスト消費社会のゆくえ』、文春新書、二〇〇八年）。

突き詰めれば、それは池袋のイメージがよくないということになる。社会学者の北田暁大が、「西武－パルコが、『秩序／無秩序』図式を『文化』によって克服し都市を広告化する〈八〇年代〉的論理、第二の〈街〉メタファーに形を与えていくには、七三年以降の渋谷展開を待たねばならなかった」（『増補　広告都市・東京』、ちくま学芸文庫、二〇一一年）と指摘するように、辻井の戦略は池袋だけでは不可能であった。

一方、堤義明は七三年に西武鉄道社長になった。義明は康次郎の衣鉢を継いで狭山丘陵の開発に乗り出し、まず七五年に芝増上寺をはじめとする各地の文化財を集め、天台宗別格本山として狭山不動尊を建立させた。ここに康次郎の位牌を安置した康信寺が建てられたのは前述の通りである。次いで、新たに誕生した西武ライオンズの本拠地として、七九年に西武ライオンズ球場（現・西武ドーム）を開設させた。

「滝山コミューン」が確立される前年の七三年には、すでに住宅の絶対的戸数不足が解消され、住宅戸数が世帯数を上回っていた。住宅問題は、「量より質」の時代に入ったのである（前掲『日本住宅公団史』）。さらに同年のオイルショックに伴う高度成長からマイナス成長への転換によって、持ち家建設の促進は景気刺激策の柱になった。

大手民間デベロッパーは、こうした時代の転換に巧みに対応しようとしたが、公団はそうではなかった。住宅政策に詳しい本間義人は、「相変わらず住宅困窮、最低居住水準未満世帯が存在するとは言え、国民の住宅需要は多様化しつつあった。その需要実態とかけ離れて、いくら戸数を建設・供給しても需要に応えることにはならない」（『戦後住宅政策の検証』、信山社出版、二〇〇四年）と、当時の公団の戸数消化主義を痛烈に批判している。

西武沿線でも、依然として賃貸を含む大団地の建設が続いていた。七五年には、狭山事件の現場に近い入間川駅の東側から約二・五キロ離れた一帯に、総戸数三千百十三戸の狭山台団地が完成している。「遠・高・狭」と言われた公団住宅の見本のような団地であった。

八〇年代になると、辻井と増田の広告戦略が西武沿線にも波及してきた。八三年には新宿線の新所沢にパルコが開店したが、これは郊外への本格的な出店の第一店に当たっていた。パルコの社員だった三浦展《あつし》は、こう述べている。

当時、田園都市線沿線はまだそんなに地価は高くありませんでした。一方、中央線の吉祥寺から国立にかけてはかなり高く、次に高いのが、国分寺から所沢までの地域でした。国分寺から西の立川にかけての地価があまり上がらずに、北の所沢に向かって地価が高い地域が広がっていたのです。当時は西武鉄道グループがイケイケの時期だったので、おそらくこの地域の土地をどんどん買い占めていたんでしょう。ライオンズも人気が出てきていましたし。だから地価が上昇していたのかなと思います。(『郊外はこれからどうなる?』、中公新書ラクレ、二〇一一年)

ライオンズの本拠地を置くなど、西武鉄道グループによってイメージの上がった所沢に、イメージ・キャンペーンを手掛けてきた西武流通グループが合流してきたと見ることができようか。所沢で地価が上昇したのは、いったん離れた両者が「合作」したからだと言えなくもない。

しかし新所沢には、五〇年代後半に駅前に造成された団地に合わせて開店した西武ストアー、後の西友があった。「周辺地域の土着的な風景は遮断され、歴史的な奥行きを欠いた記号空間（シミュラークル）が遊歩者の身体を包囲する」（前掲『増補　広告都市・東京』）空間装置としてのパルコは、新所沢にあっては明らかに異物であった。

すでにこのとき、団地の人口は西武沿線でも減りつつあった。ひばりが丘団地の運動を受け継いだかに見えた滝山団地といえども例外ではなかった。それとは対照的に、団地内の樹木は豊かになりつつあった。

五九年からずっとひばりが丘団地に住んでいた秋山駿は、七五年に「十五年前には、ちっぽけでひょろひょろしていた樹も、いまは立派に葉っぱが繁っている。そして、季節によって色付いている」と述べ、七九年には「この団地もいやに静かになったものだ。もう二十年住んでいるが、これほど静かになるとは思わなかった。子供達の甲高い声も聞こえない。みんな大人になってしまったからである。（中略）あの熱気と活況は、どこへといってしまったのか――ピアノはなぜ鳴らぬのか？」と述べた（「静かな日常の幻想」、前掲『秋山駿批評』Ⅳ所収）。池袋や西武沿線を避けようとした辻井喬の読みは、長い目で見れば的中することになるのだ。

団地というのは、同じような世帯が一挙に入居するために、人口が一時的に急増するものの、どこの世帯も同じように年齢を重ねてゆくため、子供が抜けてゆく時期もほぼ同じで、それに伴い人口もまた減ってゆく。一方、「田園都市線沿線はまだそんなに地価は高くありませんでした」と三浦展が言うところの多摩田園都市では、長い時間をかけ、多摩丘陵を切り崩して一戸建主体の住宅地や駅周辺が開発され、七九年からは渋谷方面からの全面直通運転が始まったことも手伝い、着実に人口を増やしていった。私鉄の広告戦略は、西武沿線よりはむしろ東急沿線で開花する。

八九年から九一年にかけての東西冷戦の終結とソ連の崩壊、それに伴う社会主義の凋落は、日本における社会主義勢力の退潮を招いたばかりか、首都圏の私鉄郊外の住宅地にもじわじわと影響をもたらした。その最も鮮やかな対照は、共産党の支持基盤となっていた西武沿線の団地人口の減少や高齢化、分譲価格の下落と、新自由主義の支持基盤となる東急沿線の住宅地における若年層を含む人口増加、地価上昇ということになろうか。

もっとも、自民党政権が経済成長のエンジンとすべく、一貫して新中間階級の持家取得を推進したのを踏まえれば、社会主義の凋落を待たなくても、西武の衰退は目に見えていた。久米川、新所沢、ひばりが丘、東久留米、小平、都営村山、清瀬旭が丘など、全戸賃貸ないし賃貸主体の大団地が西武沿線に続々と建設されていた一九六八年ですら、全国的には持家が六〇・三%を占めており、公団、公社、公営を合わせた賃貸住宅は四・六%に過ぎなかった（前掲『住宅政策のどこが問題か』）。この点でいえば、たとえ分譲の団地が六〇年代後半から増えたとしても、西武沿線の住宅地はきわめて特殊だったのである。

もはや久米川団地や新所沢団地や東久留米団地などは完全に建て替えられて団地とは呼ばれなくなり、ひばりが丘団地も建て替えられつつある。建て替え計画のない滝山団地でも、団地自治会が二〇〇八年に行ったアンケートによれば、世帯主が七十歳以上の世帯が全体の四割を超えている（『高齢者住宅新聞』二〇一〇年七月二十五日）。

団地を、高度成長期に住宅不足を解消させるために建てられた過渡的な住宅として見れば、それも当然かもしれない。しかし、スターハウスが沿線の団地に建ち並び、堤康次郎亡きあとにレッドアローが走り始めた時代の西武は、首都圏の国鉄や私鉄のなかでも、明らかに異彩を放っていた。西武鉄道も、その沿線に建設された団地も、住民の意識をかなり深いところで規定していた。いささか大げさにいえば、西武鉄道＝レッドアローと公団住宅＝スターハウスは、他の沿線にはない政治意識を生み出す「下部構造」となったのである。

ここには、政治家や官僚、大手資本が住民を管理するための〈上からの政治思想〉にのっとってインフラが整備されるのではなく、逆に鉄道の利益独占や居住空間のさまざまな不備が、地域住民を主体として現状を改革してゆくための〈下からの政治思想〉を不断に創り出すという、これまで語られることがなかった戦後思想史の地下水脈が見いだせるのである。

自由な人民の力が住まうのは地域共同体の中なのである。地域自治の制度が自由にとってもつ意味は、学問に対する小学校のそれに当たる。この制度によって自由は人民の手の届くところにおかれる。それによって人民は自由の平穏な行使の味を知り、自由の利用に慣れる。地域自治の制度なしでも国民は自由な政府をもつことはできる。しかし自由の精神はもてない。束の間の情熱、一時の関心、偶然の状況が国民に独立の外形を与えることはある。だが、社会の内部に押し込められた専制は遅かれ早かれ再び表に現れる。

一八三一年から三二年にかけてアメリカに滞在したフランスの思想家、アレクシス・ドゥ・トクヴィルは、東海岸に位置するニュー・イングランドのタウンに、フランスにはない独自の地方自治制度が完備していることを発見した。右の文章は、その制度を説明した『アメリカのデモクラシー』第一巻（上）第1部第5章の一節（松本礼二訳、岩波文庫、二〇〇五年）だが、トクヴィルの驚きを表してあまりある。

よく知られているように、トクヴィルは十九世紀のフランスにおいて、デモクラシーのもとで「多数者の専制」が進行しつつあるという認識をもっていた。ところがアメリカでは、デモクラシーを獲得する上での小学校に当たる地域自治の制度が人民の自由を確立させ、一国レベルの専制を防いでいるように見えたのである。

ここで言う地域共同体とは、ニュー・イングランドのタウンのことである。タウンでは、住民総会を意味するタウンミーティングが開かれる。

トクヴィルが称賛するニュー・イングランドのタウンミーティングは、一見する限り、戦後日本の団地で設立された自治会に似ている。

ひばりヶ丘団地自治会を例にその理由を説明するなら、タウンで理事が選挙され、住民総会が招集され、「個々の重要な行政事務に携わる他の多くの役職」が任命されるように、多くの住民が加入するひばりヶ丘団地自治会でも各棟から運営委員が選ばれ、運営委員会に提出された候補のなかから、総会で会長、副会長、事務局長など「他の多くの役職」が選ばれるし、「タウンは独立の団体であり、純地域的利害について州政府に介入の権利を認める者は、ニュー・イングランドの住民の中に一人もいない」ように、ひばりヶ丘団地自治会もまた独立の団体であり、家主に当たる公団や、団地が帰属している保谷町、久留米町、田無町など、上位権力からの介入を受けないことを原則としていたからである。タウンでは財産や知識の点で平等な社会ができていたことも、団地の世帯主の所得や夫婦の学歴が似通っていることと共通する。

そもそも、全く住民がいなかったところに開発された新興の団地では、「住民はその土地につい昨日やってきたばかりである。お互いにほとんど見知らず、すぐ隣に住む人の経歴も知らない」というトクヴィルの説明がそっくり当てはまる。「下からのデモクラシー」を育てるという点で、団地は有利な条件に恵まれていたわけだ。

だが、重要な違いもある。

タウンミーティングの担い手は男性であることが、暗黙の前提となっている。政治学者の松本礼二が指摘するように、「トクヴィルは政治的民主主義の実現においてはるかにヨーロッパに先んじているアメリカ社会が平等原理を男女の間に機械的に持ちこむことなく、むしろ男女の役割の相違を強調し、家庭における夫の主導権を疑わぬ点に注目し、これを民主主義の正当な理解に基づくものとして高く評価している」からである（『トクヴィルで考える』、みすず書房、二〇一一年）。

一方、団地自治会では、通勤に時間をとられる男性に代わって、女性の参加が多くなる。トクヴィルはニュー・イングランドのタウンを「アテナイと同様、全員の利害に関係する事柄は公共の広場で、市民総会において取り扱われる」としたが、団地では男性が主に〈労働〉に従事し、多くの女性が集会所をはじめとする「公共の広場」で〈活動〉に従事する点で、アテナイなどのポリスとは正反対であった（この〈労働〉〈活動〉という語はハンナ・アレント『人間の条件』、志水速雄訳、ちくま学芸文庫、一九九四年に依拠している）。

さらに重要な違いは、タウンにおける住宅は一戸建なのに対して、団地は集合住宅であることである。前述のようにアメリカでは、団地に相当する集合住宅は、住宅が不足した第二次大戦直後ですら建てられなかった。団地に相当する集合住宅が、第二次大戦後のソ連でこそ大量に建設されたこともすでに触れた。

この集合住宅に目をつけたのが日本共産党であった。タウンでは、「一部勢力が他の部分を抑圧しようとするはずがなく、不正をこうむるのはばらばらな個人だけだが、それも大多数が満足している中では気づかれない」のに対して、団地では党派的なものが入り込み、ひばりが丘団地では自治会のなかに「多数者の専制」が発生していることが、住民の目にも明らかになった。滝山団地では、最初から共産党が自治会を設立している。自治会が住民の自由を確立させるどころか、「専制」の母体となってゆくのである。

こうなると、団地自治会はニュー・イングランドのタウンミーティングよりはむしろ、「上からの社会主義」に基づいて建設された旧ソ連の集合住宅における全入居者総会や中央住宅委員会に近くなる。アメリカのタウンミーティングと理念を共有するはずの団地自治会が、共産党の進出とともに、あたかもソ連の集合住宅の自治組織のように変質してゆくのだ。

ソ連の集合住宅には、総会や委員会のほか、同志裁判所が置かれていた。六一年七月に制定されたロシア共和国の同志裁判所規定によれば、同志裁判所というのは、社会に害を与える違法行為や非行を行った者に対し、同志裁判という公開の場で批判をすることによって、違反者を反省させるだけでなく、その他の人々に対しても社会秩序を乱す行為を憎むよう働きかけ、共産主義的な態度を育てるための組織である。集合住宅の場合、住民どうしのもめ事や住民の非行、家賃の滞納が主に扱われた（河本和子「同志裁判所にみるソヴェト国家・社会・個人」、『ロシア史研究』第89号、二〇一二年所収）。

もちろん、ひばりが丘団地や滝山団地にこうした組織はなかったが、私が通った東久留米市立第七小学校では、「集団が自己の利益や名誉を守ろうとして対象に怒りをぶっつけ、相手の自己批判、自己変革を要求して対象に激しく迫ること」、すなわち「追求」が公然と行われた（前掲『滝山コミューン一九七四』）。団地という同質的な社会に中央の政治が持ち込まれることで、「下からのデモクラシー」が変質し、自治会に代わってコミュニティの中核となる小学校を舞台に「滝山コミューン」のような世界が作り出されたことは、銘記されるべきであろう。

トクヴィルは、アメリカの地域自治を高く評価しながらも、その実態が一様ではないことを熟知していた。『アメリカのデモクラシー』では、ニュー・イングランドのマサチューセッツ州と、同じ東海岸のニューヨーク州やペンシルベニア州の違いが指摘されている。もう一度、同書第一巻（上）第1部第5章から引用してみよう。

タウンと地域の自治活動はどの州にもある。だがニュー・イングランドのタウンと同じようなものは他の州にはどこにも見当らない。

南に下るにつれて、地域自治が活発でなくなることに気づく。タウンの役職は少なく、その権利義務も小さくなる。住民は政治の運営に直接の影響力をそれほどもたず、タウンミーティングの回数は減り、取り扱う問題も少ない。選出された役職者の力が比較的大きく、選挙民の力は小さい。自治の精神の覚醒が足らず、力が不足している。

こうした相違に気づくのはニューヨーク州からである。ペンシルベニアではその違いはすでに著しい。だが北西部に進むとこの違いは目立たなくなる。北西部の諸州を建設した移住者の多くはニュー・イングランド州の出身であり、彼らは新たな祖国に母国の行政の習慣を持ち込んでいる。オハイオのタウンにはマサチューセッツのタウンと似た点がたくさんある。

同じことは、東京西部でも当てはまる。例えば、ひばりが丘団地や滝山団地、国立、たまプラーザでは、地域の自治活動は全く違う。ただしアメリカ東海岸にはない特徴として、「序」でも触れたように、鉄道というインフラ（下部構造）が住民の意識（上部構造）を規定していることを指摘できる。具体的にいえば、ひばりが丘団地や滝山団地は西武池袋線や西武新宿線の沿線に、国立は中央線沿線に、たまプラーザは東急田園都市線沿線にある。東京西部では、こうした相異なる鉄道が人の流れを作り出し、沿線住民の生活を深く規定し、区民や市民や町民という意識よりもっと強い政治意識を生み出す母体となった。

西武池袋線、新宿線と中央線は、戦前から敷かれていた点で共通する。しかし、西武沿線に空襲の被害は比較的少なく、戦前と同じ農村地帯が戦後もしばらく保たれたのに対して、より早く開発された中央線沿線は徹底して空襲を受け、焼け跡と化した点は違う。前者よりも後者のほうに社会契約説的な政治観がなじみやすいのは、このためである。東急田園都市線は、戦後に人口の希薄な丘陵地帯を切り開いて開通した線であり、一私鉄が宅地開発のため、沿線の地形をまるごと変えてしまった点で西武線や中央線とは異なる。

おそらく、東京の西部でトクヴィルが称賛したニュー・イングランドに最も近い地域は、中央線沿線の国立であろう。

国立は、堤康次郎が大正末期に計画した中では唯一成功した学園都市で、南口から幅四十四メートルの大学通りがまっすぐに伸び、通りの東西にある一橋大学の周辺に一戸建が建ち並ぶ整然とした街並みができた。立川基地に隣接していたことから、朝鮮戦争をきっかけに住民運動が起こり、東京都で初めての文教都市になった。住民の地域自治に対する関心はきわめて高く、第十五章で触れたように、市内には百を超える団体が活動を展開していた。

自治体や政府にものを言う無党派的な政治風土は、沿線で唯一、駅付近に建てられた公団の大団地である日野市の多摩平団地（現・多摩平の森）にもあり、中央線沿線に共通している（この点につき詳しくは、原武史『団地の空間政治学』、NHKブックス、二〇一二年を参照）。東日本大震災に伴う原発事故の直後の二〇一一年四月に高円寺で始まった脱原発市民デモが、たちまち中央線沿線へと広がり、国立では市内で何度もデモが行われているのも、決して偶然ではあるまい。

たまプラーザは、東急田園都市線の沿線にあり、多摩田園都市の中核として東急が計画した街である。駅ができたのは六六年四月で、中央線や西武線の駅に比べるとずっと新しい。このため、両線にとっての六〇年安保闘争のような、沿線住民の共通体験をもっていない。

東急は、集合住宅の建設を制限しつつ、長い時間をかけて丘陵地帯をゆっくりと開発し、アッパーミドルの住む一戸建主体の郊外を沿線につくってきた。総戸数を千三百戸以下におさえた公団のたまプラーザ団地ですら3DK以上の全戸分譲で、当初は自治会もなかった。はじめから東急沿線に住みたい人が住んでいるため、私鉄会社や自治体と敵対関係になりづらいという特徴がある。中央線沿線ほど地域自治が活発でなく、政治意識は新保守主義的で、七六年以降、自民党から分かれた新自由クラブの地盤となる。三浦展は、「1980年代の田園都市線沿線およびその周辺地域は、『金妻』の街として、つまりアメリカ的な郊外中流生活をいち早く実現した、非常に生活満足度の高い理想の郊外としての地位を確立しつつあった」（『団塊世代の戦後史』、文春文庫、二〇〇七年）と述べている。

一方、本書が主な考察の対象とした西武沿線のひばりが丘団地や滝山団地では、自治会の活動が非常に活発であったが、住民の不満は地元自治体よりもむしろ、西武鉄道や公団、そして自民党政府へと向かった。六〇年安保闘争に見られたように、中央線沿線と共振する政治風土を有しつつも、社会主義イデオロギーの根強さを、ここに見いだすことができる。団地の黄金時代を過ぎても、住民が変わらぬ思想をずっともち続けたのである。こうした東京西部の違いは、トクヴィルが『アメリカのデモクラシー』で描くマサチューセッツ州とニューヨーク州、あるいはペンシルベニア州の違いに匹敵しよう。

以上の推論から明らかになるのは、戦後思想史を一国レベルで語ることの危うさである。例えば平山洋介は、日本の住宅所有形態の推移を示す表によりつつ、「日本は、公営住宅が4%、公団が2%ですので、公的賃貸住宅が非常に少ない。公的住宅をほとんど建てない、という国際的にめずらしい住宅政策が可能であった理由の一つは、社宅があったからです」(山本理顕ほか『地域社会圏主義』、INAX出版、二〇一二年)と述べているが、前章で触れたように、この分析は少なくとも西武沿線には当てはまらない。

そもそも「序」に触れたように、東京、大阪のような大都市と地方では、交通機関の輸送分担率にせよ住宅所有形態にせよ、全く正反対の推移をたどってきた。いまや東京よりも、自家用車がなければ生活できず、ロードサイドには駐車場を完備した巨大スーパーが建設され、持ち家の一戸建が圧倒的な地方のほうが、アメリカにずっと近くなっている。

だが、大都市と地方を分けるだけでも、まだ足りない。同じ東京でも、「序」で触れたような東部と西部の違いは大きいからである。いや、たとえ東京西部に焦点を合わせても、それだけではまだ足りないことは、前述のような東京西部における沿線の違いを一瞥しただけでも明らかだろう。こうしたいくつもの腑分けを行うことで、ようやく西武沿線の政治思想史を正確にとらえることができるのだ。

そうだとすれば、戦後思想史研究ばかりか、これまでの政治思想史研究についても、見直しの必要が当然生じてくる。

政治思想史研究といえば、一方で正義、自由、民主主義、公共性、ナショナリズムなど、主に西洋で発生し、やがて西洋でも日本でもあまねく通用するようになった抽象概念や、そうした概念を唱えた有名な思想家の研究を指す場合が多い。その場合、どうしても先行する外国人の研究を尊重しがちになる。他方で、丸山眞男の『日本政治思想史研究』(東京大学出版会、一九五二年)のような、「日本」を単一の実体と見なすナショナル・ヒストリーが前提とされる。

本書では、普遍妥当性を前提とする抽象的思考と、一国レベルの政治思想史のどちらをも乗り越えようとした。その代わりに重視されるべきは、有名な思想家や思想史家によって言説化されることのない具体的な空間や場所に対する思考であり、前掲『団地の空間政治学』や『完本　皇居前広場』(文春学藝ライブラリー、二〇一四年)で提唱した「空間政治学」にほかならない。

それは決して、ドメスティックな狭い地域の固有性に固執することを意味しない。郊外という空間に着目することで、かえって国境の壁を乗り越え、国家と国家ではなく、地域と地域を比較するグローバルな視点を獲得できるのだ。

空間政治学における「空間」と「政治」の関係は、「空間」が「政治」を形成する場合と、「政治」が「空間」を形成する場合に大きく分けられる。ひばりが丘団地や滝山団地は前者、旧ソ連や東欧の集合住宅は後者に属するだろう。この点で両者は対照的だが、「空間」や「政治」そのものには明らかな共通性がある。

二〇〇八年から二〇一二年にかけてロシアやポーランドを訪れ、東京郊外の滝山の風景が、モスクワ郊外のノーヴィ・チェリョームシキやワルシャワ郊外のモコトゥフの風景とつながっていると認識できたこと。たとえ滝山ではノーヴィ・チェリョームシキやモコトゥフとは異なり、玄関で靴を脱ぎ、室内には障子や襖があり、畳の和室があり、押し入れがついていて、布団を出したりしまったりするとしても、ピャチエタージカ（五階建フラットタイプ）で過ごす時間には紛れもない経験の共通性があると直感できたこと。こうした経験が本書の土台をなしているのを、最後に付記しておこう。

これまでの政治思想史研究にひきつけていえば、本書が意図したのはアメリカ東海岸の自治活動の地域的差異に着目するトクヴィル的思考の復権ということになるかもしれない。しかし、このような思考はトクヴィルに始まるのではなく、注意深くたどっていけば、アテナイ、スパルタなどのポリスばかりか、異邦人の世界を含めて百五十八の国制について考察したと言われるアリストテレスにまでさかのぼれるのではなかろうか。もうひとつの政治思想史が描かれなければならないと感じるゆえんである。

新潮文庫版への解説

速水健朗

明治学院大学横浜キャンパスの原武史教室での講義におしかけたことがある。拙著『ラーメンと愛国』が授業の題材として取り上げられた際に、ゲストとしておじゃまさせていただいたのだ。授業のテーマは「ラーメンと政治」。

教室で本と著者（つまり僕）の紹介のあと開口一番、原先生はこんなことを言った。「この本では、なぜ日清食品と明星食品のインスタントラーメンの間に存在する思想の違いに言及されていないのか」と。

始めは終始気むずかしい顔をしているのがトレードマークである原先生でも冗談を言うのだなと聞いていたのだが、そのうちそれが軽口の類いなどではないということに気がついた。お湯を注ぐだけだった日清食品の「チキンラーメン」と「粉末スープ」を別の袋に分けた明星食品のインスタントラーメンでは、製品の背景となる思想に違いがあるはずである。そんなことを原先生は熱弁し始めたのだ。

それから引き続いて僕たちは、「サッポロ一番みそラーメン」と「サッポロ一番塩ラーメン」のどちらを好むかは趣味の問題ではなく、何かしらの思想性の表れであるという議論をすることになった。さらには「インスタント焼きそばだって深い」ということで、インスタント焼きそばの「ペヤング」と「ＵＦＯ」についての論戦すら繰り広げた。

このときの九〇分にわたるインスタントラーメンを巡る議論が、戦後政治史の重要な転機を見出すまでに至ったのか記憶に定かではないが、やたら楽しかったことは覚えている。

当初は、なぜこの先生は、こんな細かいことにこだわるのだろうかと不思議な気分でいた。僕はこの講義の意味がよくわかっていなかったのだ。だが、しばらく経って理解した。講義の目的は、ラーメンという日常食と「政治意識」「政治思想」、まったく結びつきそうもない両者の接点を見出し結びつけていく思考訓練だったのだろう。そして、この思考訓練は、原武史の思考・研究スタイル、著作のスタイルそのものを読み解くヒントにあふれていた。

著者、原武史の専門分野は日本政治思想史である。だが原先生は、有名思想家の研究が主流を占め、海外の研究ばかりを尊重する政治思想史研究について疑問を呈する。そうではなく、この日本で現実に起きてきたことに目を向ける方に重きを置く。そして、一見、政治とは関係なさそうな事象にこそ「政治意識」は潜んでいるかもしれないという視点を大切にしているのだ。

従って題材はインスタントラーメンのような、日常に埋もれた「商品」であってもかまわないのである。サッポロ一番の「みそ」と「塩」の違いとは何か。それぞれのファンであるということに単なる趣味嗜好以外の何か背景があるに違いない。発売開始年の違いは？　その時代背景は？　こうした問いの末に浮かび上がるのは、単なる「消費者像」を超える「政治意識」なのだ。一見、何気なく選択している生活の背景には、それを規定する何か（マルクスが言う「下部構造」、つまり政治や文化を規定するのは経済であるという理論）が隠れている。それを見つけ出すことが原武史の流儀である。

本書『レッドアローとスターハウス　もうひとつの戦後思想史』は、まさにこうした流儀で書かれたものである。

本書において著者が「下部構造」として考えたのは「鉄道」「団地」「天皇」の三つである。「鉄道」は、レッドアローに象徴される西武鉄道であり、「団地」はスターハウスに象徴される「ひばりが丘団地」、またはそれに代表される西武沿線上の団地群である。

教科書の政治史年表の一九六〇年の項目には、この年は安保闘争の年であり、人々がデモを行い、火焔瓶を投げた「政治の季節」の始まりと記されるだろう。だが、著者はこの六〇年を、皇太子夫妻の団地視察というイベントの年であると捉える。それは、同時に大都市郊外に「大団地が次々とできてゆく時代」のターニングポイントでもあった。当時の郊外の新興団地に移り住んだ新住民たちは、電話も保育園もないという環境に身を置き、独自の「自治意識」を抱き始め、親睦会、自治会といった集団を形成するようになっていく。後の日本共産党書記局長不破哲三は、初期のひばりが丘団地住民であり、その後「団地」を拠点に党の活動を活発化していく。団地という場にも火焔瓶を投げない「政治の季節」が訪れていたのだ。

団地も元はと言えば、二〇世紀初頭に共産主義の平等という思想を背景に生まれたインフラストラクチャーである。こうした背景も、団地の政治性を捉えるに当り、重要な要素として語られる。

戦後日本が模したアメリカ的な生活、アメリカナイゼーションとは裏腹にソ連的共産主義的な生活とそれに伴った思想がこの西武沿線には、草の根的に芽生えていた。東急沿線ではまったく違った。東急の五島慶太は、イギリスの田園都市を理想とした沿線の宅地開発に力を入れたが、西武の堤康次郎は宅地開発に興味を示さなかったのだ。そのため、西武沿線の団地の多くは、日本住宅公団や都営など公共の集合住宅である。そのような背景の下、堤康次郎が強い反共親米という政治思想を抱いていたにもかかわらず沿線住民は革新政党の支持基盤になっていったのだ。「鉄道」「団地」をインフラストラクチャーとして捉え、そこから芽生える文化や政治意識を考察するというのは比較的わかりやすいが、「天皇」の要素は少し複雑かもしれない。著者は当時の皇太子夫妻による「ひばりが丘団地」の視察に代表される西武線と天皇家を結ぶエピソードから戦後の天皇の役割を論じ、さらに西武グループに君臨した堤康次郎の「総帥」としての在り方が近代天皇制を模したという「西武天皇制」論を大胆に展開する。

東急沿線と西武沿線、または中央線沿線と西武沿線といった具合に、その思想、住民意識の源泉を著者は掘り起こしていく。これはまさに「サッポロ一番」の「みそ」と「塩」の違いを検証していった僕が見学した授業のそれと同じである。

本書の三つの基盤、「鉄道」「団地」「天皇」は、原武史という研究者を規定する三つの構成要素でもある。原先生は、ひばりが丘団地、滝山団地といった集合住宅＝「団地」で育ち、「鉄道」に愛を注ぐようになり（だが「鉄道おたく」呼ばわりすると怒り出す）、研究分野として「近代天皇制」を選択した。著作のテーマも、この三つ、またはそのミックスでつくられている。

サントリー学芸賞受賞作の『「民都」大阪対「帝都」東京――思想としての関西私鉄』のテー

マは、そのまま「鉄道」である。鉄道会社の成り立ちとその沿線の住民意識についての考察がなされている。主著『可視化された帝国』は、「天皇」と「鉄道」の関係から、近代の「国民統合」がいかに成し遂げられたかを説いたもの。つまり、「鉄道」と「天皇」がミックスされている。そして、講談社ノンフィクション賞受賞作である『滝山コミューン一九七四』は、もっとも「団地」要素が強く出た著作である。

話は変わるが僕と原先生の接点は、実は「団地」である。数年前に獨協大学で僕が「団地団」としてオープンセミナーに登壇したときに初めてお目にかかったのだ。「団地団」とは、団地や工場の写真を撮る写真家の大山顕、『攻殻機動隊 STAND ALONE COMPLEX』『交響詩篇エウレカセブン』などの脚本家である佐藤大、物書きを職業とする速水健朗（僕）とで結成した集団である（今はさらにメンバーが増え、漫画家の今井哲也、小説家の久保寺健彦、山内マリコがいる）。僕らは、映像作品や漫画の中に描かれる団地について研究し、イベントなどで発表を行っている。原先生とはアプローチは違うが、団地に興味を持ち研究をする同志。その僕らの発表を原先生はわざわざ訪ねて来てくださった。

僕らのイベントに顔を出したりすることもまさにそうなのだが、原武史は学者らしからぬことに首を突っ込む人物でもある。

例えば、長年にわたり連載を行っている鉄道エッセイでは、駅の立ち食いそば屋の質が落ちたといった類いの愚痴をこぼしたり、大宮の鉄道博物館を「車両フェチのための『車庫』」と批判したり、世の新幹線至上主義を嘆いてみたりと手厳しいことをよく書いて時に物議を醸したりしている。鉄道の世界は、数あるマニアの世界の中でも、特に細かいことにツッコミを入れられる恐ろしい世界なのだが、原先生はそれにもひるまず鉄道マニアそのものにも苦言を呈すことも多い。そもそも学者の世界では専門論文以外の文章を公表することを良く思わない傾向があり、特に政治学の世界ではそれが色濃い。まだ大学に定職を得ていない時代の原先生も、年配の先生に「ああいう連載はやめた方がいいですよ」とアドバイスを受けたりしてきたようだが、本人はそれを受け入れることはなかった。

また『滝山コミューン一九七四』は、自分の少年時代のことを書いた半自伝的な内容で、学者が書くものではないといった類いの批判も受けたはずである。研究者としての評判、学界内だけの評価を考えるなら、これらは余計な仕事ということになるはずだ。

だが鉄道についてあれこれ書くのも、自分の記憶をもって団地のことを書くのも、自分の生活の細部の「小文字」の政治をおろそかにしないという著者のスタイルと不可分のものなのだろう。むしろ「物議を醸すエッセイスト」の側面は、原武史の余技ではなく、自らの思索を規定する「下部構造」そのものなのだ。

（平成二十七年二月、編集者・ライター）

【対談】東京を、西から考える

是枝裕和・原武史

西武沿線の団地で育つということ

是枝　僕が団地で育ったことが大きいと思うのですが、映画を始めてからずっと「団地を撮りたい」という想いがありました。団地ってなかなか撮影許可が下りないんです。いつも挫折して、結果的にアパートで撮ることになる。『空気人形』[*1]も、完成した映画は街のあちこちに散らばって住んでいる人たちの話ですが、本当は団地で撮るつもりだった。同じ棟のいくつもある部屋のひとつにビニールでできたダッチワイフと暮らしている男がいる、という設定なんですけど、ダッチワイフが出てくるという段階でOKしてもらえなかったんですよ。

原　ダッチと団地、似ていますね。団地ワイフ（笑）。

是枝　そういうシャレが通じる相手ではなかった（笑）。団地のイメージが悪くなるという理由で門前払いされました。

原　残念ですね。僕は先日、是枝監督の『海街ｄｉａｒｙ』[*2]を拝見したのですが、ものすごく引き込まれました。四姉妹が住んでいる古そうな家から江ノ電の極楽寺の駅までちょっと離れていて、「間に合わない」といいながら駆けていくシーンがありますよね。周りに海もあって山もあって、四季折々の風景が展開していくのが、まさに鎌倉ならではだなと。真っ平らな台地の上でさんは20年近く団地にいらしたんですよね。

人工的なものに取り囲まれている、是枝さんや僕が育った団地とはまったく違う世界です。是枝

是枝　9歳で越してきて、28歳までいました。

原　それなのに真逆の世界をあれほど叙情豊かに描けるのが不思議。どうしてなんですか。

是枝　そんなことをいうと団地の人に悪いような（笑）。実は『海街ｄｉａｒｙ』の次の作品は[*3]僕が育った清瀬の旭が丘団地を舞台にしていて、実際に僕が住んでいた３ＤＫと同じ間取りの部[*4]屋を借りて撮影したんです。そこに主人公の母親がひとりで暮らしているのですが、その母親役を演じている樹木希林さんに撮影中、「あなた、よくこんなところで育ったわねえ」といわれました。団地のある種の無機質さを感じておっしゃったんだと思います。「いやいや、団地もそんなに悪くないですよ」と応えましたけど。

僕は生まれたときから団地にいたわけではなくて、小学校3年の9月までは練馬の北町というところに住んでいたんです。東武線の東武練馬と下赤塚の間の、江戸を語れるほどの下町ではありませんが、古い商店街があって、地元のお祭りなどもちゃんと残っていて、文化的で教育熱心な場所です。そこで、原さんの『レッドアローとスターハウス　もうひとつの戦後思想史』に読書運動に熱心な先生がいた学校として登場する北町小学校に通っていました。担任の先生も文章を読んだり書いたりすることに関して厳しくて、いまでもよく覚えています。いろんな事情でそこから清瀬に引っ越したとき、小学3年生ながら「大丈夫か、俺」って思ったんですよ。東武線から西武線になって電車自体は明るくなったのですが、小学校や団地の持っている雰囲気があまり進歩的でない感じというか……。同じ東京なんだけど、都落ちした感じが子どもにもわかった。

だから団地で育った子とは団地に対する距離感がちょっと違っていて。もっとも違ったのはお祭りです。練馬にいたときは、普段は神社の祠《ほこら》に入っている神輿を出して担いだりするのが楽しくて、神聖な感じがしていたのですが、団地のお祭りは団地の集会所でやるんですよね。

原　練馬区だと家の近くに神社があったり、近所に氏子がいたりして、神社と街が有機的につながっているけれど、団地にはそういうものがない。もともと何もなかった雑木林みたいな場所をある日突然、人工的に開発して、そこへ何の縁もゆかりもない人が一挙に何千人も移り住んでくるのが団地です。商店街や小学校を立ち上げて、ゼロから街をつくる。祭りも人工的につくるわけで、誰が主催するかをめぐって対立が生まれたりする。ある党派がつくった祭りに反発して別の党派が新しい祭りをつくったりして、そこに政党が絡んでいることも多いです。

是枝さんは二十三区内から移って来られたので都落ちした、田舎に来たという感覚がおありなんでしょうけど、僕は生まれたときから団地で、ひばりが丘団地、久米川団地、滝山団地と、多摩地域の団地を転々としてきました。1DKの賃貸から2DKの賃貸、3DKの分譲になって、僕の場合は引っ越すことが出世なんですよ。昇り詰めていく過程であって、都落ちという感覚はない。

是枝　3DKの分譲は旭が丘団地でも特別でした。いま、都落ちという言葉を敢えて使いましたけど、団地の暮らしにはすぐに馴染んだんです。家自体は立派になって、それまではバラック小屋のようなところに住んでいたので、母親は「台風が来ても逃げなくて済むね」と喜んでいました。でも、まさかそこに40年も住みつづけるとは母親本人は思っていなかった。賃貸の団地から抜け出せないジレンマみたいなものが母親に残っていて、それが新作のテーマにもなっています。

ところで僕たちが育った西武沿線の団地は、ちゃんと語られることがあまりなかったですよね。

原　ないです。

是枝　原さんの『滝山コミューン一九七四』が出たときに、団地ではないけど同じ清瀬で育った友人が「僕らが育った空間と時間のことが書かれたおもしろい本がある」といって勧めてくれたんです。

原　そうだったんですか。

是枝　彼が勧める本は必ず読むようにしているのですが、読んだら本当におもしろかった。公団住宅という言葉でひと括りにされているもののなかに、微妙なディテールの差があるじゃないですか。2DKなのか3DKなのか。1階なのか3階なのか。何階建てなのか。賃貸か分譲か。そういった差異を見ていくことで、いままで目を留めることのなかった自分の生活のディテールが語られる対象として立ち上がる、そのことがうれしかったんです。

それで『レッドアローとスターハウス　もうひとつの戦後思想史』も読ませていただいて、いかに自分が「西武」という一企業の思惑のなかで生きてきたかに気づいたわけです。ぜんぜん否定しているわけではないですよ。子どものころ、家族でどこかに行くとしたら豊島園か西武園でしたし、池袋に出て西武デパートで買い物して、上の階のレストランでご飯を食べるのが結構な楽しみでした。

原　そのあとは屋上の遊園地ですね。

是枝　大学生になると池袋のリブロ[*5]に行くようになって。

原　今年（2015年）閉店すると聞きました。

是枝　ショックです。西武とパルコ[*6]がカッコ良かった時代に大学生だったので、リブロで本を読むことは自分にとって文化的な体験だったんです。

原　パルコは昔、東京丸物《まるぶつ》という百貨店だったことは覚えていらっしゃいます？

是枝　いや、知りませんでした。

原　西武百貨店は60年代後半から急激にのし上がってくるんです。丸物を買収し、東急の牙城だった渋谷に殴り込みをかけた。もうお亡くなりになっていますが、当時、西武百貨店の社長だった堤清二さんに何度かお会いしてお話を伺ったことがあります。彼はまるで暴君のような父親の康次郎が嫌いで、年を取るにつれてそうでもなくなっていったとはいえ、とにかく反発していた。64年に康次郎が亡くなり、西武グループが分裂します。物流部門は清二が、鉄道部門は異母弟の義明が受け継ぎました。

是枝　映画になるような話ですね。

原　義明は康次郎を忠実に継承していくわけです。一方、清二は池袋にしがみついていては鉄道の支配から抜けられないと考えました。それで渋谷に進出したり、西友という大衆的なスーパーをつくったりしたのですが、要するにアメリカのようにモータリゼーションが進めば、これからはロードサイドに人が集まるようになる。だから、西武沿線の駅前に西武百貨店の小型版である西武ストアーをつくるという、それまでのやり方から脱却しなければいけないと考えていたようです。60年代安保のときにマッカーサーに甲冑を献上するくらい、親米反ソが信条だった康次郎がモータリゼーションを予見していなかったことが不思議なのですが、とにかく清二は早くから西武沿線からの独立を考えていました。

鉄道からの脱却といえば、それをもっと上手にやったのが東急です。五島慶太は早くからアメリカを視察し、必ず自動車の時代が来るといって、渋谷を通る高速道路を自前でつくろうとしました。結局実現しませんでしたが、彼の構想が後に東名や第三京浜につながり、東急沿線は自動車の所有を前提とする街づくりが早くからなされていました。それに比べて西武沿線の団地というのは、自動車に対して敵対する雰囲気がありませんでしたか。

是枝　駐車場がなかった。

原　そうでしょう。住民が車を持つことを想定しなかったんです。

是枝　外から団地を訪れる人は道に停めていました。2時間経つと駐禁を貼られるから、30分おきに表に車を見に行って。

原　公共の交通機関にしても、西武鉄道と西武バス以外は使ってはいけないという雰囲気がありませんでした？

是枝　ありましたね。というか、原さんの本を読んであったと思いました。住んでいたころはそれが当たり前だったので、腹も立たなかった。通勤バスがあまりにも混み過ぎていて、積み残しが出るんですよね。団地内の5丁目、2丁目、交番前というバス停を通って駅に行くのですが、2丁目と交番前は通過することがよくあって、交番前に住んでいる人はわざわざ始発の5丁目にまで行っていました。

原　滝山団地もまったく同じです。問題になって、バスの本数を増やせという要求を団地住民が西武本社に出していました。自家用車を買うという発想がなかったんですね。イトーヨーカドーを団地につくる話が持ち上がったときも、住民は大反対しました。そんなものをつくったら近隣の住民が自動車で来るようになる、それが許せないというわけです。普通なら便利になると歓迎するところなのに、自治会が猛反対して3年も遅れた。店ができたあとも、しばらくは駐車場をつくらせなかった。不思議なメンタリティーですよ。

是枝　個人的に西武鉄道のことをもう少しお聞きしたいのですが、清瀬駅の隣の東久留米駅は長い間、北側だけしか開発されなかったですよね。改札が北にしかなくて、どうしてだろうとみんなでいろいろ勝手なことをいっていました。他の駅ではそういうことがあまりないと思うんですけど。

原　出口のある側しか栄えない傾向はほかの駅でも結構あります。清瀬駅も昔は北側にしか出口がなかった。たまたまなのか、政治的な理由があるのかは、場所によって違いますが。

是枝　それから僕は高校は（国鉄）武蔵境にある都立武蔵高校に通っていたのですが、旭が丘から向かうルートが3つあって、まずは新座駅まで自転車で出て（国鉄）武蔵野線に乗り、西国分寺駅で（国鉄）中央線に乗り換える行き方。ふたつ目は清瀬駅から西武池袋線に乗り、秋津駅から新秋津駅まで歩いて武蔵野線に乗り換え、西国分寺で中央線に乗り換える行き方。3つ目は清瀬から西武池袋線の反対方向に乗り、ひばりヶ丘駅で武蔵境行きのバスに乗り換える行き方。ひとつ目は自転車の距離が長いのでやめるとして、問題はふたつ目の秋津駅です。武蔵野線の新秋津駅との距離が微妙に離れていて、毎朝、改札を出た人たちの間ですさまじい競争が繰り広げられていました。

原　想像に難くないです。

是枝　信じられないほどのレースになるんです。なぜあの微妙な距離を残したんだろう。

原　西武的な風景ですね。西武は池袋、高田馬場、国分寺、拝島、東飯能でしか同一の駅でＪＲや他社線との乗り換えができず、西武新宿や本川越、西武秩父には近くにＪＲや他社線の駅があるもののやはり少し離れている。東武、東急、京王、小田急、京急などほかの私鉄に比べて、ＪＲや他社線との接続が圧倒的に悪いです。

是枝　意図的にそうしているんでしょうか。

原　西武新宿のように、本当は新宿駅東口に乗り入れたかったのに挫折したケースもあるので必ずしもそうとはいえませんが、西武沿線はほかから流れて来づらい分、自閉的な感じがしますね。滝山団地やひばりが丘団地がある西武新宿線と西武池袋線に挟まれた地域は特にそう。バスも西武一社に独占され、西武でしか動けないから、西武に支配される度合いが強くなる。池袋線や秩父線の場合、いったん池袋に出ないと他所に行けない仕組みになっているのは、堤康次郎の陰謀というか、西武百貨店に立ち寄らせる魂胆があるのかもしれません（笑）。

是枝　（笑）うまくハメられましたね。

原　私鉄が運賃を値上げするとき、必ず沿線住民の反発が起こりますが、西武沿線の団地の自治会の反発が特に激しいんです。なかでも滝山団地の反対運動は猛烈で、運輸省にまで直談判するので、よく新聞に取り上げられていました。本を書いたときにわかったのですが、それだけ積もりに積もった不満があるんですね。生活を堤一族に牛耳られているという不満は根強いです。

是枝　原さんの本を読んで、自分がいかに西武の掌の上で転がされていたかがよくわかりました。

団地のなかの微妙な差異

是枝　新作はひとことでいうと「こんなはずじゃなかった。みんながみんな、なりたかった大人になれるわけじゃない」ということをテーマにしていて、団地も「こんなはずじゃなかった」モチーフのひとつです。本当はもうちょっと違うかたちになろうとしていたと思うんです。西武沿線の団地も西武線も西武園も。さきほど賃貸から分譲に移るのが出世だという話がありましたが、旭が丘団地の場合、分譲に移る以外にも、西武住宅といって道を挟んだ西武の土地に一戸建てを建てるのが、すごろくでいうところの〝あがり〟だったんですね。子どもも世代がみな出ていったいま、分譲の団地や西武住宅に高齢化した夫婦が残されています。反対に賃貸は住人が比較的入れ替わっていて、若い人が住んでいる。かつて見上げていた分譲が停滞していて、賃貸は人の出入りがあるという逆転現象が起きています。

原　よくわかります。

是枝　久しぶりに団地に行っていちばん驚いたのが、その逆転でした。

原　僕は先日、ゼミ生を滝山団地に連れていった際に、かつて通った東久留米市立第七小学校を40年ぶりに訪れたのですが、40年前とまったく変わっていなかった。校舎も体育館もそのままです。もとは団地住民のためにつくられた小学校だったのですが、校長先生の話によると、現在は周辺の戸建てに住む児童が圧倒的に多くて、団地の子は減っているそうです。また賃貸と分譲の比率でいうと、分譲のほうが戸数が多いこともあって昔は分譲の児童が多かったのですが、いまは逆転していて賃貸から来る子ばかりだと。賃貸には若い人が越してくるのに対し、分譲は高齢化していて子どもがいない。旭が丘は分譲と賃貸の比率はどれくらいですか。

是枝　分譲が約２００世帯で、賃貸の10分の１です。僕が通っていた小学校は当時、賃貸の子が

7割、分譲の子が2割弱、残りの1割は近くの農家の子が多かった。昭和40年代だから、農家の子たちはまだほっぺが赤いんですよ。他所から移ってきた団地の子とは顔つきがちょっと違う。それで団地のなかでは、分譲の子はいい洋服を着ていて、小洒落ている。遊びに行くとお母さんもお洒落で、賃貸のお母さんたちとはちょっと違う匂いがして、出てくるケーキも違うみたいな。

原　微妙な差異があった。

是枝　住んでいる棟や部屋の番号をいえば、間取りがわかるような。映画のなかにも「どこ住んでるの」「226」「あ、分譲ね」という台詞があるんですが、均一化されているように見えて、実は微妙な差異がある。そのことをなんとかして伝えたかったんです。

原　滝山団地は約3200戸のうち約2000以上が分譲という、極めて珍しい比率です。そこでは分譲が当たり前というか、普通の感覚でした。

是枝　賃貸がバカにされることはなかった？

原　それはなかったですね。なぜかというと、表面的にはみな同じ5階建ての中層フラット棟で、あまり分譲と賃貸の違いがわからない。家のなかにまで入ればわかるんですが。差別的な発想はなくて、みな同じ団地の子という発想でした。「みんな」というフレーズのほうが強かった。本来は優位なはずの戸建てに住んでいる子たちが、マイノリティーであるという理由でコンプレックスを持っていたくらいです。

是枝　おもしろいですね。旭が丘では分譲の芝生が立ち入り禁止だったんです。賃貸の子たちは「あいつら、芝生の上で遊べなくて可哀想」と思っていました。大人になってから気づきましたが、意外にも賃貸が分譲をからかっていたんです。差別とはちょっと違った意味合いの差異があった。

原　逆に戸建てに住んでいる子や農家の子のほうが一段下みたいなイメージがありましたね。

是枝　滝山団地は分譲が多いということは、分譲を出て戸建てに移るケースはそれほどないということですか。

原　なくて、それが大きな問題なんです。小学校4年から6年までの3年間、組替えがなくて児童数もほぼ同じ。それが滝山コミューンの世界です。

是枝　流動性がなくなっていくんですね。旭が丘は賃貸を出て埼玉県新座の西武住宅に移るケースがあったけど、転校はしていなかったですね。越境していたのかな？

原　滝山団地は東久留米内で完結していたけれど、ひばりが丘団地では越境がありました。ひばりが丘団地は完成した当時でいえば田無町、保谷町、久留米町、現在でいえば西東京市と東久留米市にまたがっていて、最初は保谷町にしか小学校がなかったんです。中原小学校といって、秋*7元康もそこの出身です。ひばりが丘団地はできた当時、皇太子夫妻が訪れたほどものすごいステータスがあって、中原小学校は文化人や知識人の子どもが通う学校のイメージでした。そのあと、久留米町に小学校がないのは問題だといって団地住民が町に働きかけて、第五小学校ができたんです。その運動に関わっていたひとりが、のちに共産党委員長になる不破哲三です。それまでは越境していた。旭が丘の場合も、もしかしたら新座のほうに小学校がなかったのかもしれないですね。新座と清瀬って、以前は市外局番が同じじゃなかったですか？

是枝　そうだったかな。清瀬は0424でした。

原　新座もそうだったから同じです。番号で思い出したのですが、僕は中学受験をして慶應に入って、横浜にある校舎に2時間かけて通っていたんです。そこでものすごく団地に対する幻想を打ち破られた。

是枝　慶應には団地から来ている子なんていない？（笑）

原　クラスにひとりでした。僕だけ郵便番号が5ケタで住所がやたら長いんですよ。外に出たときに初めて自分のいる環境がいかに変わっているか、わかりました。

是枝　僕は高校まで公立だったので、そこまでのギャップはなかったです。

原　慶應の友達の家に遊びにいくと、戸建てで広くて、お手伝いさんがいて、お母さんが美人で。自分の母が急にブスに見えてきて（笑）。

是枝　それはちょっと癪に触りますね（笑）。

変わりゆく原風景と団地の未来

原　僕が育ったのは東久留米、是枝さんは清瀬で、このふたつの市は隣り合ってはいるけれど、実は結構違うところもある。清瀬は市のほぼ中央を西武池袋線が横切っていて、是枝さんがおられたのは埼玉に接している北側ですよね。

是枝　そうです。「埼玉県清瀬市」で年賀状が届いていました。〝東京の盲腸〟と呼ばれているところです。

原　東久留米と接している南側はやたら病院が多い。

是枝　多いですね。小学校5年生のとき、サイクリング車を買ってもらってみんなで遠出できるようになったのですが、初めて南側に行くと、団地と明らかに風景が違う。結核の療養所があって、当時は具体的にはわかっていなかったのですが、近づいてはいけないような感じがありました。いまだからいいますが、息を止めて自転車で走り抜けるようなことをしていた。北と南では空間を形成しているものが違うということは、子どもながら明快にわかっていました。

原 『滝山コミューン一九七四』で触れたように、僕も6年生のころ、担任に連れられてあの周辺をサイクリングしたことがあります。野火止用水が流れている向こう側にハンセン病療養所の多磨全生園があって、いまはけっこう有名になりましたが、当時は全生園といわれてもピンと来なかった。そこが何なのかわからないながらも、「こういうところがあるんだな」と非常に強い印象を受けました。

旭が丘団地の周辺って、雑木林というか武蔵野の面影が残っていますよね。カブトムシやクワガタが捕れるような。

是枝 住んでいた団地のすぐ隣が雑木林で、カブトムシはそれほど捕れませんでしたが、クワガタは捕れました。

原 そういう環境がいまの是枝さんに与えている影響はどんなものなんでしょうか。

是枝 越してきたときはクワガタが捕れること自体が驚きで、なんて田舎に来たんだろうと思いました。いまはアスレチック遊具ができて安全な遊び場になっていますが、僕が子どものころは鬱蒼としていたんです。牛を殺して食っている変な男が住んでいる、という噂があるくらい、闇が深くて低学年だと近づけなかった。動物の骨なんかが落ちていて、みんなで走って逃げたことを覚えています。そういう異界がすぐそばにあった。実際は近くの農家が死んだ牛などを捨てに来ていたんだと思いますけど……。交番と2丁目の周りは商店街があるのですが、5丁目の先は完全に森でしたね。森を抜けると武蔵野線の新座駅に出る。そういう空間があったことは経験としてはおもしろかったですが、自己形成に大きく影響しているかどうかはわからないです。

原　なぜそんな質問をしたかというと、僕が非常に尊敬している作家の奥泉光[*8]さんが新所沢団地の出身なのですが、雑木林に囲まれた小宇宙のようなところで育ったことが作風に影響を与えているとおっしゃっていて。その感覚は僕もなんとなくわかるような気がするんです。団地というのは突然開発されて、そこだけものすごく新しい街になるんだけど、一歩外に出ると豚を飼っているような古い農家が現れたりする。探検する喜びのようなものが小学生のころの僕にはありました。

是枝　なるほど。僕が通ったのは清瀬の第五小学校[*9]という小学校で、子どもの数がいちばん多かった時期です。生徒が溢れて、確か4年生のときは校庭に建てられたプレハブで授業を受けていました。すごく寒くてストーブを焚いていたのを覚えています。そのあとすぐ裏に第九小学校ができて、生徒が2校に分かれた。いまはその九小は跡形もなくて、五小も校舎が新しくなりました。自分の育った原風景はだいぶかたちを変えています。

原　団地には必ずといってもいいほど自治会や管理組合ができますよね。自治会や管理組合の方針によって建て替えるか、URに断固抵抗してこのままでいいと頑張るかのふたつに大きく分かれます。URに勧められるまま建て替えると多くの場合、我々が住んでいたような中層フラットタイプの団地は取り壊され、外見は民間のマンションと変わらない高層棟が建つ。ひばりが丘、久米川、東久留米、新所沢も高層化しました。しかし僕が住んでいた滝山団地は賃貸、分譲ともに建て替えがない。旭が丘と同じく築40年以上経っていますが、奇跡的に残っています。

是枝　旭が丘団地も賃貸は建て替えがないのですが、理由があるんでしょうか。

原　自治会が抵抗する場合があります。有名なのが松戸の常盤平団地[*10]。総戸数約5000という、とてつもない規模の団地で、中沢卓実[*11]という活動家の自治会長がいるんです。この人がURの前身の公団の時代から建て替え反対の姿勢を貫いていて、建て替えにはまったくメリットがないと言い続けている。ヨーロッパには築何百年の建物が平気である、50年でコンクリートの寿命が尽きるはずがない、と。非常に珍しいケースで、住民の多くが合意しています。

建て替えのデメリットのひとつは不便を強いられることです。団地住民は高齢化していて生活が厳しい人も多い。また、高層化するとエレベーターになるわけです。階段ならではの近所付き合いがなくなり、孤立する。常盤平団地は全国に先駆けて孤独死ゼロ運動に取り組んだことでも有名です。老人の憩いの場がものすごく充実していて、昼間からコーヒーを飲んだり、将棋を指したりしているんですよ。建て替え反対の理由としてはほかに、風景に対する愛着もあるでしょうね。成長した木が刈り取られるし、高層化すれば影が長くなって暗くなりますから。

是枝　団地の運命をひとりの活動家が握っているんだ。

原　そこではその男性がすごいリーダーシップを発揮しています。でも他の団地では女性が強い自治会もあります。自治会同士が対立したり、団地同士の微妙な関係もあったりして、おもしろいですよ。

是枝　原さんも書かれていましたが、最初は人工的で無機質だと思われていた団地の空間が、何十年の間に木々が成長し、5階を超えるくらいの高さになって、いまでは逆に団地が森に包まれているかのようになっている。芝生も昔は野球をする場所だったのが、いまは立ち入り禁止だから青々としています。そして歩いているのはお年寄りばかりで、子どもの声がほとんど聞こえない。なんだか死後の世界みたいというとあれですけど、不思議な空間が広がっている。

原　最近、ちょっとした団地ブームみたいなものが起きていて、ああいう空間が若い人には魅力的に映るようですね。新しい民間マンションの周辺には自然があまりないのに対して、団地は棟と棟の間のスペースが贅沢に取ってあって、そこに植えられた樹木がものすごく成長していたりする。滝山団地内の道路も桜が咲くと綺麗で、40年の間に自然が人工物を追い越して圧倒するようになっています。

いま、そういう空間が西武沿線に増えています。東急沿線のような戸建てが主体の若い街にはないものです。また団地は戸建ての街とは違って遊歩道が整備されている。団地住民でなくても、遊歩道を自由に歩きながら、こんなに贅沢な空間があったんだという感動を味わえるわけです。

西武はそのことをもっと宣伝すべきだと思うんですけど。

是枝　なんとなく東急が勝って西武が負けたというイメージがありますよね。

原　それは違うといい続けています。

是枝　これから逆転するんでしょうか。

原　するといい続けています。東久留米市役所で行われた講演でも「いまは負け続けているように見えるかもしれないけど、滝山団地は１００年このまま保たれれば世界遺産になります」といいました。

是枝　お話を聞いていると、西武に対して愛情と憎悪の両方があるような（笑）。

原　そうです。愛情と憎悪がないまぜになっています。それだけ稀有な、貴重な体験だったと思う。私も是枝さんも1962年生まれですが、団地は高度経済成長期のある時期にできた住宅で、当時は先進的な住宅として脚光を浴びる存在だった。住みたいと思っても30回くらい抽選に落ちるのが当たり前で、高嶺の花だったんです。団地族という言葉も生まれた。

それとモスクワやワルシャワを訪れて驚いたのですが、旧社会主義の国々に我々が住んでいたのとそっくりな団地がゴロゴロあるんです。つまり我々は、資本主義国の日本では珍しく、社会主義的な環境で暮らしていたともいえる（笑）。

是枝　わかります。

原　でも団地の黄金時代はせいぜい15年くらいしか続かなかった。我々はその黄金時代を過ごした世代なんです。僕にはその誇りがあるし、その体験を後世に語り継ぐ使命感を持っています。といったら大げさかな。

是枝　使命感か（笑）。最初にもいいましたが、何度か団地での撮影にチャレンジして実現しなかったときに、すごく悔しくて。自分が体験した団地の暮らしのディテールみたいなものって、経験していない人にはなかなか伝わらないんですよ。新作をなんとかして団地で撮ったのは、その悔しさがあったからかもしれない。「思いがけずこんなかたちになってしまった団地だけど、そこにはいろんな感情があるんだ」という想いを作品にぶつけました。

住んでいたときは、自分の母親が賃貸に住んでいることが恥ずかしいという感覚があったんです。エレベーターができると孤立化が進むという話がありましたが、母親の場合は反対で、団地をいつか出て行くと思っているから他の住人とあまり仲良くしないんですよ。特に音が響く上下の部屋とはなるべく付き合わないようにしていた。結局、出られないままでしたが、そういった母親の屈折した思いも踏まえつつ、でも団地という場所を否定的には描きたくはないという気持ちがずっと根っこにありました。これは使命感なんですかね。

原　使命感がなければ映画はつくれないでしょう。

＊1　是枝監督7作目の映画で、2009年9月公開。心を持ってしまった空気人形が、彼女の持ち主、想いを寄せるレンタルビデオ店の店員らと織りなす群像劇をファンタジックに描いた。主演はペ・ドゥナ、ほか板尾創路、ARATA（現・井浦新）などが出演。

＊2　是枝監督10作目の長編映画。2015年6月公開。吉田秋生による同名のコミックスを原作に、監督自身による脚本で映画化。海辺の街（鎌倉）で暮らす三姉妹が、家を出ていた父の死をきっかけに異母妹を引き取って四人で生きてゆく。主演は綾瀬はるか、長澤まさみ、夏帆、広瀬すず。

＊3　『海よりもまだ深く』のこと。対談が行われた2015年4月の時点で撮影は完了していたが、タイトルは公表していなかった。

＊4　東京都清瀬市（建設当時は北多摩郡清瀬町）に立地する公団住宅。1967年に入居開始。『海よりもまだ深く』のロケ地でもある。最寄駅はバスで約15分の西武池袋線清瀬駅。

＊5　リブロ池袋本店。西武百貨店内の書店「西武ブックセンター」を前身とし、1985年にリブロとして独立。先鋭的なアート・人文・思想書を紹介する独自の棚づくりでセゾン文化の中核を担ったが、2015年7月に西武百貨店との出店契約が満了したため閉店。書店チェーンのリブロは現在西武グループから外れている。

＊6　1969年、池袋の東京丸物の後に1号店となるファッションビル池袋PARCOが開業。73年に劇場を併設した渋谷PARCOがオープン、若者文化や流行の発信地となった。現在パルコグループとして国内外でショッピングセンターを運営する他、演劇、音楽、映像、出版などのエンターテインメント事業を展開。

＊7　作詞家。1958年東京都生まれ。高校時代に放送作家として頭角を現し、その後作詞家として美空ひばりの『川の流れのように』などのヒット曲を多数手がける。近年はAKB48などアイドルグループの総合プ

ロデューサーとして活躍。

＊8　小説家・近畿大学教授。1956年山形県生まれ。86年にすばる文学賞に応募した「地の鳥天の魚群」が最終候補となり、小説家としてデビュー。94年、『石の来歴』で芥川賞受賞。代表作に『滝』『ノヴァーリスの引用』『「我輩は猫である」殺人事件』『神器』『ビビビ・ビ・バップ』など。

＊9　旭が丘団地が入居開始した1967年に清瀬第五小学校が設立、その7年後に清瀬第九小学校が設立。2002年、両校が統合して清明小学校が設立。

＊10　千葉県松戸市に立地するUR賃貸（建設当時は公団）住宅。1960年に入居開始。ピーク時には2万人超が住んでいた。

＊11　NPO法人孤独死ゼロ研究会理事長。1934年新潟県生まれ。団地内で孤独死が相次いだことをきっかけに2002年より孤独死防止対策に取り組み、全国で講演活動などを行っている。

是枝裕和（これえだ・ひろかず）◇映画監督、テレビディレクター。1962年、東京都生まれ。早稲田大学第一文学部文芸学科卒業。1987年、テレビマンユニオンに参加、主にドキュメンタリー番組の演出を手がける。2014年、制作者集団「分福」を立ち上げる。

1995年、初監督映画『幻の光』が第52回ヴェネツィア国際映画祭で金のオゼッラ賞を受賞。1998年作の『ワンダフルライフ』がナント三大陸映画祭でグランプリを受賞。2004年、『誰も知らない』で主演の柳楽優弥が第57回カンヌ国際映画祭最優秀男優賞を受賞。2013年、『そして父になる』が第66回カンヌ国際映画祭コンペティション部門審査委員賞を受賞。2015年、『海街diary』が第68回カンヌ国際映画祭コンペティション部門に正式出品。2016年、『海よりもまだ深く』が第69回カンヌ国際映画祭「ある視点」部門に正式出品。2017年、『三度目の殺人』が第74回ヴェネツィア国際映画祭コンペティション部門に正式出品。2018年、『万引き家族』が第71回カンヌ国際映画祭でパルム・ドール（最高賞）を受賞。その他の長編映画監督作品に『DISTANCE』（2001年）、『花よりもなほ』（2006年）、『歩いても 歩いても』（2008年）、『空気人形』（2009年）、『奇跡』（2011年）が、ドキュメンタリー映画に『大丈夫であるように―Cocco終らない旅』（2008年）がある。

主なテレビ作品にはドキュメンタリーの「しかし…」（1991年、フジテレビ、ギャラクシー賞優秀作品賞）、

「もう一つの教育～伊那小学校春組の記録～」（同年／フジテレビ／ATP賞優秀賞）など。また2012年には初の連続ドラマ『ゴーイング マイ ホーム』（関西テレビ・フジテレビ系）で全話脚本・演出・編集を手掛ける。著書には『映画を撮りながら考えたこと』（ミシマ社）、『雲は答えなかった 高級官僚 その生と死』（PHP文庫）、『歩くような速さで』（ポプラ社）、対談集に『世界といまを考える1』『同2』『同3』（PHP文庫）などがある。

また個人として2013年度芸術選奨文部科学大臣賞、2016年に第8回伊丹十三賞、2018年度朝日賞を受賞。

※本対談は『レッドアローとスターハウス もうひとつの戦後思想史』新潮文庫版の刊行を記念して2015年4月9日、東京・神楽坂la kagūにて開催されたトークイベント「東京を、西から考える」をまとめ、『是枝裕和対談集 世界といまを考える3』（是枝裕和、PHP文庫、2016年）に収録されたものを一部改めて再録した。構成・堀香織

新潮選書版あとがき

二〇一八年十一月のある休日、私はもう一度、ひばりが丘団地、滝山団地、多磨全生園の三カ所を訪れた。第一章で触れたように、本書を書くためにひばりが丘団地を訪れたのが二〇〇七年十二月だったから、それからもう十一年近くがたったことになる。

あのときと同じように、ひばりヶ丘駅から団地経由武蔵境駅ゆきの西武バスに乗った。突然右折して狭い路地へと入るルート自体は変わっていなかった。けれども「ひばりが丘団地」のバス停を降りてみると、かつての住棟はそっくり消えていた。その代わりに、前回訪れたときには団地の北側にしかなかった「ひばりが丘パークヒルズ」と呼ばれる九階建や十二階建などの高層棟が、四階建の中層フラット棟があった地区にも整然と建ち並んでいる。「ひばりが丘団地自治会」がまだ存在するように、団地住民という意識が完全に消えたわけではないものの、団地はもはやバス停の名称でしかなくなったのだ。

道路を隔てた反対側の、団地ができた当初は西武ストアーがあった場所には、前回訪れたときにはなかった真新しい建物ができていた。建物には、特別養護老人ホームであることを示す看板が立っている。団地夫人のための高級スーパーから、介護が必要な高齢者のための福祉施設へ――この変化こそ、団地の栄枯盛衰を端的に物語っていた。

かつての団地には、四階建の中層フラット棟よりも高く伸びたアカマツやケヤキが至るところにあった。棟と棟の間の芝生に植えられたイチョウやモミジも棟とほぼ同じ高さにまで伸び、黄葉や紅葉に染まる秋には団地にいろどりを添え、大量の落ち葉が風に舞っていた。第一章でも記したように、年月を経るうちに住民の数は少なくなり、コンクリートの壁面ははがれ、「自然が人工を圧倒するようになった」のである。

ところが団地がなくなり、十二階建などの高層棟に建て替えられると、完全に人工が自然を圧倒するようになる。確かにアカマツやケヤキは残されているが、それより住棟の方がはるかに高くなり、木々は巨大な影に覆われてしまっている。コンクリートやアスファルトの占める割合は、団地とは比べものにならないほど大きくなっている。そのせいか歩いていても、住んでいる人々の生活の匂いのようなものは全く感じられない。

正確に言えば、四階建の中層フラット棟が南側に一棟だけ残っていた。94号棟である。ここは「日生オアシスひばりが丘」という名のサービス付き高齢者向け住宅となり、階段の脇にエレベーターが備え付けられていた。だがそれを除けば、かつての団地の風景が保たれている。ずっとひばりが丘団地に住み続けて高齢になり、それでも団地から離れたくないと思っている住民のための施設のようにも見えた。

前回訪れたときに唯一残されていたスターハウスの53号棟もあった。団地ができた当時はランドマークとしての役割を果たしていたスターハウスも、いまでは高層棟に周りを取り囲まれ、小さく見える。53号棟の前の広場には、皇太子夫妻が一九六〇年九月に訪れた旧74号棟２０８号室のベランダの部分だけが保存されている。

高層棟が建ち並ぶひばりが丘パークヒルズ（2018年11月、撮影＝新潮社写真部）

ひばりが丘パークヒルズに唯一残されたスターハウスの前には、1960年に皇太子夫妻が訪れた旧74号棟のベランダ部分が（2018年11月、撮影＝新潮社写真部）

近くの高層棟のエレベーターに乗って十二階に上がれば、Yの字をしたスターハウスが真下に眺められるはずだ。その周辺にはコンクリートの住棟が林立しているが、建っている方向がバラバラでおよそ統一性がなく、隙間にかろうじてアカマツやケヤキが残されている。平坦な台地が広がり、遠くには秩父や筑波の山々が稜線を描く風景も眺められるだろう。おそらくベランダのある南側からは、富士山や丹沢、奥多摩の山々が見渡せるに違いない。このパノラマばかりは高層棟でなければ見られない特典といえる。

公園では、若い夫婦が小さな子供を遊ばせている姿が目立った。もともとここは、ひばりヶ丘駅からバスで五分、歩いても十五分程度の便利なところにある。建て替えによって団地の高齢化に歯止めがかかり、若年層が戻ってきたことは容易に想像できる。けれども彼らは、ひばりが丘団地の歴史につき、果たしてどれだけ知っているだろうか。団地の時代を知らなければ、団地住民という意識ももたないのではないか。

団地の西側の、二階建のテラスハウスが並んでいた地区には、民間の分譲住宅が建ち並んでいた。テラスハウスに沿うようにして植えられていた桜並木は、きれいになくなっていた。ここは毎年春になると、住棟をはるかに凌ぐ高さにまで成長したソメイヨシノが見事に咲き誇り、秋の紅葉や黄葉と同様、自然が人工を圧倒したものだった。その並木が消えた道路は、まるで定規で引いたように直線状に整備されていた。

ただしこの地区にも一棟だけ、テラスハウスが保存されていた。118号棟である。先に見た94号棟とは異なり、「ひばりテラス118」という名のコミュニティスペースやカフェに生まれ変わっていた。地域の集まりやサークル、カルチャー講座の会場、パーティールームなどに活用でき、誰でも利用可能となっている。

ここは若い家族と高齢者、古くからの住民と新住民が交流するための拠点としてつくられたという。高層棟に建て替えられることで民間のマンションと同様、気密性が高くなり、住民どうしの関係が希薄になることに対する危機感が背景にあるのだろう。カフェではテーブルを囲んで住民らしき高齢者のグループが親しげに談笑し、若いスタッフがきびきびと働いている。かつての団地自治会で見られたような、「闘おう」「勝ち取ろう」といったスローガンを掲げた看板やビラもなく、政治的な空気は感じられなかった。

無味乾燥な高層棟や分譲住宅が建ち並ぶなか、残された旧団地の住棟はかえって異彩を放っていた。コンクリートの住棟とはいえ、そこには何十年にもわたって住んできた人間の温もりが、いまなお伝わってくる。


ひばりが丘団地から滝山団地に行くバスは、本数が非常に少ない。このためタクシーに乗り、滝山団地へと移動した。

ケヤキ並木の続く滝山中央通りに入る。滝山三丁目、団地センター、滝山五丁目のバス停を次々に通り過ぎてゆくと、団地ができたときと寸分の狂いもない風景が次々と現れた。本書で記したように、この団地は全国の団地で唯一、総戸数が三千戸を超えながら、分譲が賃貸の倍もあり、全棟が五階建の中層フラット棟で統一されている。滝山六丁目に当たる1街区、2街区、3街区と、滝山二、三丁目に当たる第二団地に分かれているが、すべての街区で遊歩道の両側に住棟が整然と並んでおり、同質感はきわめて高い。

私が住んでいた2街区の遊歩道を歩いてみた。棟と棟の間には手入れの行き届いた芝生が敷き詰められていて、自然と人工がよく調和している。芝生に植えられたモミジがあちこちで鮮やかに染まっている。2街区と3街区の境界に当たる道路沿いのソメイヨシノもちゃんとあった。解体寸前のひばりが丘団地のような荒れ果てたところはみじんもなく、ひばりが丘パークヒルズにはない落ち着いた空気が漂っていた。

西武沿線には、ひばりが丘団地のほか、新所沢団地や東久留米団地などのように完全に建て替えられた旧公団住宅がある一方、滝山団地のほか、小平団地や清瀬旭が丘団地などのように、ほぼ原型をとどめている旧公団住宅もある。是枝裕和さんが監督した、団地を舞台とする二〇一六年の映画「海よりもまだ深く」も、是枝さん自身が九歳から二十八歳までを過ごした清瀬旭が丘団地や滝山団地で撮影が行われた。

しかし滝山団地もご多分に漏れず、人口減少と高齢化が進みつつある。いまや団地住民の二人に一人が六十五歳以上の高齢者になっている。公園で遊ぶ子供たちの姿はもちろん、遊歩道を行き交う住民の姿もほとんどない。若年層が戻ってきたひばりが丘パークヒルズよりもいっそう静まり返っている。

もし団地の老朽化および住民の高齢化→建て替えによる高層化→若年層の増加というプロセスが、過疎化した団地を救う唯一の方法であれば、ひばりが丘パークヒルズは模範例といえる。滝山団地もまたひばりが丘団地同様、古くなった五階建の中層フラット棟をすべて解体し、まるごと高層棟に建て替えるしかないということになろう。

だが果たして、それが唯一の方法なのだろうか。

滝山団地にそっくりなワルシャワ、モコトゥフ地区の団地（2016年10月、筆者撮影）

二〇一六年十月にワルシャワの郊外、モコトゥフ地区の団地を訪れたときの記憶がよみがえる。この地区には、滝山団地とそっくりの、五階建の中層フラットタイプの住棟が並んだ団地があった。圧倒的な既視感に襲われたとき、六〇年代から七〇年代にかけて滝山団地が建設されたことの世界史的な意味に思い当たった。

滝山でもモコトゥフでも、第二次世界大戦によって生じた慢性的な住宅不足と、戦後の冷戦体制のもと、社会主義が影響力をもっていた時代の平等思想を背景として団地が建てられた。全国でも珍しい、五階建の中層フラット棟が整然と並ぶ風景こそは、社会主義が輝きを失っていなかった時期の貴重な遺産にほかならない。この点を踏まえるなら、団地を解体してひばりが丘パークヒルズと変わらない風景にしてしまうのではなく、むしろ保存して後世に残すことで、団地の価値はかえって高まるのではないか。

URが管理する1街区には、ベランダのある南側を一部増築した棟や、ひばりが丘団地の94号棟同様、同じ住民の高齢化に対応して階段の脇にエレベーターを設置した棟があった。それでも外観は変わっていない。エレベーターを設置すれば、高齢者でも階段の昇降はしなくてすむようになる。94号棟がサービス付き高齢者住宅として活用されているように、建て替えをしなくても団地を活性化する方法はあるということだ。

ベルリンでは、主に一九二〇年代から三〇年代にかけて建てられた「ジードルンク」と呼ばれる六つの集合住宅群が、ヴァイマール共和国時代のモダニズムを象徴する住宅建築として、世界遺産に登録されている。これらの住宅群は、すでに築百年近くが経つにもかかわらず大切に保存され、実際に使われている。もし滝山という地区全体が現在のままの景観を保存することができれば、モコトゥフなどとともに冷戦時代の貴重な住宅建築として、世界遺産に登録されることも決して夢ではあるまい。

滝山団地と多磨全生園の間を結ぶバスはないため、タクシーを呼んだ。タクシーは新小金井街道と所沢街道を経由し、全生園前の信号を右折して正門を入った。

その途端に喧噪は消え、ケヤキやナンジャモンジャなどの木々に取り囲まれる。タクシーを降りて歩いて行くと、事務本館、治療棟、病棟、センターと呼ばれる不自由者棟、売店などが次々と現れる。一般舎と呼ばれる平屋建の住宅群は園の東側にある。いまでもヒイラギの生け垣によって周りを囲まれているが、誰でも園内を通行できる。

多磨全生園の、かつて平屋建の住居が並んでいた場所（2018年11月、撮影＝新潮社写真部）

ピーク時の一九四三（昭和十八）年には千五百十八人に達した多磨全生園の入所者数は、いまでは百七十人を切り、平均年齢は八十五歳を超えている。広大な園内を散歩する近隣住民の姿はあっても、入所者の姿はほとんど見かけない。

東側まで歩いてみて、異変に気づいた。一般舎のうち、生活が自立している夫婦が暮らしていた住宅群（夫婦舎）が、まるでクシの歯が欠けたようになくなっていたのである。平屋建が等間隔に並んでいたはずのところが、軒並みさら地になったり農園になったりしている。どうやら入所者が、一般舎に隣接するマンション形式の新しい住棟に引っ越したため、空き家になっていた二十一棟を取り壊したらしい。ひばりが丘団地と同じようなことが、より小規模ながら多磨全生園でも起こっていたということだ。

一方、園の北側を東西に貫く「資料館通り」沿いにある桜並木や、園の中央部を東西に貫く

「中央通り」沿いにあるケヤキ並木などは全く変わっていなかった。いまでは二百五十二種、三万本の樹木が、四季折々にさまざまな色合いを添えている。解体寸前のひばりが丘団地同様、自然が人工を圧倒するようになっているのだ。

全国のハンセン病療養所から、入所者が一人もいなくなるのはもはや時間の問題といえる。すでに岡山県の邑久《おく》光明園では民間の特別養護老人ホームが建てられ、同じく岡山県の長島愛生園では邑久光明園とともに歴史的な建物を保存し、二つの療養所のある瀬戸内海の島、長島の世界遺産登録を目指している。

多磨全生園には保育園はあるものの老人ホームはなく、園の歴史についてはもっぱら隣接する国立ハンセン病資料館が展示コーナーを設けている。現在は入所者自治会や東村山市などが一体となり、園内の樹木や神社、納骨堂などを保存して記念公園とする「人権の森」構想を打ち出しているが、世界遺産の登録を目指す動きはない。日本で初めてのハンセン病療養所であるにもかかわらず、邑久光明園や長島愛生園とは異なり、戦前の建物がほとんど残っていないことが最大の理由のように思われる。

園の南側には、男子独身寮として使われた「山吹舎」と呼ばれる木造平屋建の家屋がある。一見古そうなこの家屋もまた、一九二八（昭和三）年に建てられた当時のものではなく、二〇〇三年に復元されたものだ。入所者が一人もいなくなれば、かつての団地を思わせる一般舎の平屋建はすべて解体されることになるだろう。

ひばりが丘では「変わってしまった風景」「人工が自然を圧倒する風景」を、滝山では「ほぼ変わらない風景」「自然と人工が調和する風景」を、そして多磨全生園では「変わりつつある風景」「自然が人工を圧倒する風景」を見たことになる。

けれどもこの三者には、まぎれもない共通点がある。遠くに富士山や秩父などの山々を望む平坦な地形。関東ローム層の乾いた土の匂い。屹立するケヤキの木々。まるで孤島のように周囲から隔絶した集合住宅。西武池袋線と西武新宿線という二つの線に挟まれ、西武沿線の風土が最も濃縮されたところにあるという地理的な環境……。

ひばりが丘パークヒルズと多磨全生園は、過疎化の進んだ西武沿線の集合住宅がこれから歩むべき二つの方向性――高層住宅として再生し、新たな住民が増えるのか。それとも住民がいなくなり、自然に帰るのか――を示しているのかもしれない。そうしたなかで、滝山団地がどちらでもない方向を歩もうとしているのが、改めて注目される。

だが住民自身は、この団地の歴史的な価値に気づいているようには見えない。

高齢化の問題が解決できない限り、たとえ既存の棟にエレベーターを取り付けても、建て替えに向けた動きは必ず出てくる。その場合、滝山もまたひばりが丘と同じ運命をたどることになる。西武沿線ならではの光景が失われ、相互乗り入れに伴い「元町・中華街ゆき」の東急や東京メトロの車両が走っている西武池袋線同様、どこの沿線なのかわからない没個性的な街並みが出現することになるのである。

二〇一九年三月十六日、池袋と西武秩父を結ぶ池袋線と秩父線に新型特急車両「Ｌａｖｉｅｗ（ラビュー）」が営業運転を始めた。これに伴い、レッドアローは一九年度末までに池袋線と秩父線から引退する。新宿線にはまだ残るものの、六九年十月のデビュー以来、ちょうど半世紀にして事実上役割を終えることになる。

「Ｌａｖｉｅｗ」のＬは「贅沢なリビングのような空間」、ａは「矢のような速達性」、ｖｉｅｗは「大きな窓から移りゆく眺望」を意味している。ａだけにかろうじて「アロー」の痕跡をとどめてはいるが、「レッド」は影も形もない。

三月十六日、私は池袋15時発の特急「むさし」に乗った。西武鉄道のチケットレスサービスＳｍｏｏｚで、この特急の車両がＬａｖｉｅｗであることを知り、ネットですぐ予約しておいた。発車の十五分前に行くと、「むさし」はすでに特急専用ホームに入線していて、撮り鉄たちが盛んに写真を撮っていた。

初めて見るＬａｖｉｅｗは、全体が丸みを帯びていて、車体の色はシルバーで統一されていた。「ｖｉｅｗ」の名にふさわしく、窓が異様に大きい。窓枠が上は荷棚の近くから下はシートの座面と同じ高さのところまであるから、外からでも車内がよく見える。通路を中央に二列に並んだシートは柔らかい黄色で、まるでソファのような感じがする。

車内に入ると、窓が大きいせいか明るい。座席の折り畳み式のテーブルも丸かった。例えばＪＲ九州のクルーズトレイン「ななつ星ｉｎ九州」には、有田焼の洗面鉢が設けられるなど、随所に九州らしさを醸し出す工夫が凝らされているが、そうした西武沿線との関わりを実感させるものは全くなかった。それどころか、デザインを監修した建築家の妹島《せじま》和世が「いままでに見たことのない車両」をめざしたというように、西武鉄道の特急であることをできるだけ消し去ろうとしているようにすら感じられた。

満席の客を乗せて、池袋を定時に出発する。さすがに初日のせいか、通過する駅のホームや線路端には、突然現れた斬新な車体に目を見張る人たちがいた。そうかと思うと、あらかじめ来るのがわかっていて、しきりにカメラを向ける人たちもいた。

たとえ西武鉄道の特急であることを消し去っても、沿線の風景そのものが変わるわけではない。清瀬―秋津間では、松林だけが残る東京府立清瀬病院の跡を眺めることができたし、秋津―所沢間では武蔵野の面影を残す雑木林が眺められた。けれどもそれらは、宅地化や駅前の再開発が進む沿線にあって、かろうじて残された風景にすぎなかった。大きな窓から外の景色に目を凝らしている客はあまりいなかった。

所沢を過ぎたところで、上りの池袋ゆき特急「ちちぶ」とすれ違った。角張った車体。側面に引かれた赤い帯。すぐにレッドアローだとわかる。

レッドアローと比べてみると、Ｌａｖｉｅｗの車体がいかに革新的かがよくわかる。Ｌａｖｉｅｗには、レッドアローのような西武沿線の風土を反映した思想性が全く感じられない。むしろ脱思想性が前面に押し出されている。これならいくら時代が移り変わろうと、一向に古びないのではなかろうか。

関東平野がしだいに尽き、秩父の山々が迫ってきたかと思うと、列車は終点の飯能に着いた。時計の針は15時38分を指している。あっけない初乗りであった。大きな窓が威力を発揮するのは、線路がいよいよ秩父の山中へと分け入ってゆく飯能を過ぎてからだろうが、西武秩父まで行く特急は「ちちぶ」だけだ。

Ｌａｖｉｅｗの出現は、西武沿線の街並みの没個性化と軌を一にしている。逆に言えば、別に西武池袋線や秩父線を走らなければならない必然性もないわけだ。将来的には、この列車が東京メトロを介して東急東横線に乗り入れる可能性もあるだろう。西武らしさを極力排除しているのは、そのための布石ではないか。西武は東急にない斬新な車両を製造することで、東急よりも優位に立とうとしているのかもしれない。

スターハウスに代表される公団住宅が建て替えられ、レッドアローが引退することで、戦後の西武沿線に一時的にせよ花開いた社会主義の時代は、名実ともに終わりを告げる。Ｌａｖｉｅｗは、西武沿線に新たな時代を告げるさきがけとなるのか。それに合わせるかのように、滝山団地もまた建て替えられてしまうのか。

ひばりが丘団地、久米川団地、滝山団地と沿線の団地を転々とした元住民として、そうはならないことをひそかに祈っている。

二〇一九年三月

原　武史

この作品は平成二十四年九月新潮社より刊行ののち平成二十七年四月、
新潮文庫版として刊行されたものに増補を施した。

新潮選書

レッドアローとスターハウス——もうひとつの戦後《せんご》思想史《しそうし》【増補新版《ぞうほしんぱん》】

著　者………………原《はら》 武史《たけし》

発　行………………2019年5月20日

発行者………………佐藤隆信
発行所………………株式会社新潮社
〒162-8711　東京都新宿区矢来町71
電話　編集部 03-3266-5411
読者係 03-3266-5111
https://www.shinchosha.co.jp
印刷所………………大日本印刷株式会社
製本所………………株式会社大進堂

乱丁・落丁本は、ご面倒ですが小社読者係宛お送り下さい。送料小社負担にてお取替えいたします。
価格はカバーに表示してあります。

ISBN978-4-10-603843-3 C0331

団地の時代　原武史　重松清

今なぜ、団地が新しいのか？　同世代の政治学者と作家が戦後の「住まい」の形を体験的にたどりながら、団地の可能性を語り尽くす。刺激に満ちた日本論。《新潮選書》

「男はつらいよ」を旅する　川本三郎

すぐ恋に落ち、奮闘努力するもズッコケる車寅次郎は、何故かくも日本人に愛されたのか？　著者もまた旅に出て、失われたニッポンを求めるシネマ紀行文。《新潮選書》

山崎豊子と〈男〉たち　大澤真幸

山崎豊子は、戦後日本の文学の中で「真に男らしい男」を描きえた唯一の作家であった。なぜか？　三島由紀夫、松本清張らと比較、その驚きの理由に迫る！《新潮選書》

鉄道復権　自動車社会からの「大逆流」　宇都宮浄人《きよひと》

なぜ世界の人々は続々と鉄道に乗り換えているのか。欧州発の大転換を、ビジネス・環境・高齢化・地域再生の側面から徹底分析。脱停滞の交通経済学。〈交通図書賞受賞〉《新潮選書》

通信の世紀　情報技術と国家戦略の一五〇年史　大野哲弥

明治四年、日本の「通信戦争」は一本の海底ケーブルに始まった。政治、外交、軍事、諜報、経済……あらゆる資源を呑みこみ続ける技術と戦略の興亡。《新潮選書》

天皇と葬儀　日本人の死生観　井上亮

初めて火葬された持統、山中に散骨された淳和、葬儀もなかった後土御門、国民的行事になった明治、そして次なる儀式は……124代の「葬られ方」総覧。《新潮選書》

「維新革命」への道
「文明」を求めた十九世紀日本
苅部直
明治維新で文明開化が始まったのではない。日本の近代は江戸時代に始まっていたのだ。十九世紀の思想史を通観し、「和魂洋才」などの通説を覆す意欲作。
《新潮選書》
未完のファシズム
―「持たざる国」日本の運命―
片山杜秀
天皇陛下万歳！　大正から昭和の敗戦へと、日本人はなぜ神がかっていったのか。軍人たちの戦争哲学を読み解き、「持たざる国」日本の運命を描き切る。
《新潮選書》
輿《よ》論《ろん》と世《せ》論《ろん》
日本的民意の系譜学
佐藤卓己
戦後日本を変えたのはヨロン（公的意見）かセロン（世間の空気）か？　転換点の報道や世論調査を分析、メディアの大衆操作を喝破する。刺激的な日本論！
《新潮選書》
明治神宮
「伝統」を創った大プロジェクト
今泉宜子
近代日本を象徴する全く新たな神社を創ること―西洋的近代知と伝統のせめぎあいの中、独自の答えを見出そうと悩み迷いぬいた果ての造営者たちの挑戦。
《新潮選書》
日本神話はいかに描かれてきたか
近代国家が求めたイメージ
及川智早
明治の王政復古により、『古事記』『日本書紀』に載る神話の図像化に拍車がかかった。原典からの逸脱・変容の軌跡に、近代日本の心性と目論見をさぐる。
《新潮選書》
歴史を考えるヒント
網野善彦
「日本」という国名はいつ誰が決めたのか。その意味は？　関東、関西、手形、自然などの言葉を通して、「多様な日本社会」の歴史と文化を平明に語る。
《新潮選書》